図解 & 徹底分析

IFRS会計基準「リース」

あずさ監査法人 [編]

中央経済社

© 2024 KPMG AZSA LLC, a limited liability audit corporation incorporated under the Japanese Certified Public Accountants Law and a member firm of the KPMG network of independent member firms affiliated with KPMG International Cooperative ("KPMG International"), a Swiss entity. All rights reserved.
The KPMG name and logo are registered trademarks or trademarks of KPMG International.

ここに記載されている情報はあくまで一般的なものであり，特定の個人や組織が置かれている状況に対応するものではありません。私たちは，的確な情報をタイムリーに提供するよう努めておりますが，情報を受け取られた時点及びそれ以降においての正確さは保証の限りではありません。何らかの行動を取られる場合は，ここにある情報のみを根拠とせず，プロフェッショナルが特定の状況を綿密に調査した上で提案する適切なアドバイスをもとにご判断ください。

コピーライト© IFRS® Foundationのすべての権利は保護されています。有限責任 あずさ監査法人はIFRS財団の許可を得て複製しています。複製及び使用の権利は厳しく制限されています。IFRS財団及びその出版物の使用に係る権利に関する事項は，www.ifrs.orgでご確認ください。

免責事項: 適用可能な法律の範囲で，国際会計基準審議会とIFRS財団は契約，不法行為その他を問わず，この書籍ないしあらゆる翻訳物から生じる一切の責任を負いません（過失行為または不作為による不利益を含むがそれに限定されない）。これは，直接的，間接的，偶発的または重要な損失，懲罰的損害賠償，罰則または罰金を含むあらゆる性質の請求または損失に関してすべての人に適用されます。

この書籍に記載されている情報はアドバイスを構成するものではなく，適切な資格のあるプロフェッショナルによるサービスに代替されるものではありません。

「IFRS®」はIFRS財団の登録商標であり，有限責任 あずさ監査法人はライセンスに基づき使用しています。この登録商標が使用中及び（または）登録されている国の詳細についてはIFRS財団にお問い合わせください。

改訂にあたって

　国際会計基準審議会によるIFRS第16号「リース」（2016年1月）の公表を受けて，有限責任 あずさ監査法人が刊行した『図解＆徹底分析　IFRS「新リース基準」』（2016年7月）は幸いにも多方面から高評価をいただき重版を重ねて参りました。今般，同書を大幅に改訂し新たに『図解＆徹底分析　IFRS会計基準「リース」』として刊行に至ったことは，さらに幅広い読者の要望に応えられるものと当法人及び携わった編集・執筆者にとって大きな喜びであります。

　東京証券取引所によると，2016年4月時点で東京証券取引所上場会社のうち，IFRS会計基準をすでに適用している，もしくは適用を決定・予定している会社数は128社（時価総額140兆円）に上りました。2024年5月時点ではそれが274社（時価総額354兆円）にまで拡大しています。また，わが国の会計基準においても，企業会計基準委員会が2023年5月にIFRS第16号の基本的考え方を取り入れる方向でリース基準の見直しが進められており，改正基準の適用も数年内と，現実的な時間軸が見えてきています。

　このようにIFRS会計基準，中でも「リース」会計基準を正しく理解し適用するニーズが高まっています。そうした中で本書を改訂するにあたり，読者の皆様に支持された豊富な図表・設例による解説という旧版の特長を維持しつつ，旧版では対応しきれなかった実務上の課題及びそれらに対する追加的なガイダンスを提供することを目指しました。2019年から実務に適用される中でさまざまな課題が認識されており，それらへの対応を中心に大幅に加筆・修正を行っています。

　また，IFRS第16号の初めての実質的な改訂となった「セール・アンド・リースバック取引におけるリース負債」（2022年9月）についても，変動リース料を伴うセール・アンド・リースバックの設例を使った詳細な解説を追加しています。

本書は，とりわけ旧版では十分なガイダンスを見つけられなかった実務担当者の皆様に喜んでいただけるものと自負しております。特に，「リース」に関するIFRS会計基準についての理解を深めるうえで，より多くの読者の皆様のお役に立てれば幸いです。

　最後に，旧版に引き続き改訂の企画段階から出版まで大変貴重な助言をいただきました中央経済社の末永芳奈氏に，この場を借りて厚くお礼申し上げます。

2024年7月

有限責任 あずさ監査法人　理事長

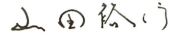

- 2024年4月に国際会計基準審議会（以下，「IASB」という）はIFRS第18号「財務諸表における表示及び開示」を公表，2027年には現行のIAS第1号「財務諸表の表示」に差し替えられることとなりました。従前IFRS会計基準の解説書では「純損益及びその他の包括利益の計算書」を指す場合に「包括利益計算書」の表現を使うことが一般的に行われていましたが，IFRS第18号ではIAS第1号で用いられていた「包括利益計算書」の表現が使用されていません。そのため，本書でも「包括利益計算書」の表現は用いず，IFRS第18号で用いられている「財務業績の計算書」もしくは，その他の包括利益に関する部分を含まない場合は「純損益計算書」の表現を用いています。
- 現在，企業会計基準委員会では，リースの借手の会計処理を国際的な基準と整合させるための基準開発を行っています。新たな基準のもとでは借手の処理はIFRS会計基準での処理に近いものになることが想定されていますが，その適用はまだ先となるため，現基準による比較のほうが実務上読者に資すると考えられることから，本書では現行の日本基準（企業会計基準第13号及び企業会計基準適用指針第16号等）を前提に解説を行っております。

はじめに

　有限責任 あずさ監査法人は，国際会計基準審議会（IASB）によるIFRS第16号「リース」の公表を受け，2016年2月に速報的な位置付けの解説冊子「概説　IFRSの新リース会計」をウェブサイトに掲載し，幸いにも各方面から好評をいただきました。当該冊子をさらに充実，発展させ，より包括的で詳しい解説を望む読者の要望に応えるものとして，本書の刊行に至ったことは当法人にとって非常な喜びであります。

　2016年4月に東京証券取引所よりリリースされた「『会計基準の選択に関する基本的な考え方』の開示内容の分析」によると，分析対象の東証上場会社3,194社（時価総額486兆円）のうち，IFRSをすでに適用している，もしくは適用を決定・予定している会社は128社（同140兆円），IFRS適用に関する検討を実施している会社は213社（同84兆円）とのことです。

　このように，もはやIFRSは国外の企業のみが採用する会計基準ではなく，IFRSについての知識は財務情報を読み解くうえで必須となりつつあります。

　連結，収益認識，金融商品と，ここ10年程の間に，IASBからは次々に大型の会計基準が公表されてきました。2016年1月に公表されたIFRS第16号「リース」は広範囲の企業に大きな影響を与えるという意味で，一連の改訂の中の最後の大型基準といわれています。リース基準の改訂プロジェクトは米国財務会計基準審議会（FASB）と共同で進められ，最終的に完全なコンバージェンスには至らなかったものの，米国においてもIFRSと基本的な考え方を共有する新リース会計が翌2月に公表されました。このような国際的な流れを受けて，将来的に日本基準も影響を受けるかどうかは現時点では明らかではありません。しかしながら，今般のリース会計の改訂はその影響度が非常に広範囲なものであるため，今後の日本基準の動向にかかわらず，単に財務報告にとどまらないビジネスの局面にも影響を与えるものとみられています。

　なお，本書が解説冊子「概説　IFRSの新リース会計」の内容からさらに充実，発展させた事項は，具体的には下記の点です。

- 会計処理の意味をイメージとして理解できるよう，図表を多用し，多くの設例を追加して具体的に解説
- IFRS第9号「金融商品」やIFRS第15号「顧客との契約から生じる収益」との関係性も丁寧に説明
- 会計処理がどのような意図で設けられたかを納得感をもって理解できるよう，改訂に至った経緯などの情報を適宜に提供
- 現行日本基準，米国の新リース会計との違いについてもわかりやすく比較および解説

　また，現時点では基準公表から間もないため，当然，基準の解釈がまだ定まっていない論点も多くあります。しかし，暫定的にではあってもどのように適用すると考えられるかを解説することで，読者が基準の文言をどのように捉えればよいかをより深く理解できるように努めています。

　本書がIFRSの新リース会計についての理解を深める上で，読者の皆様のお役に立てれば幸甚です。また，本書をより良いものにするため，読者の忌憚ないご意見，ご助言をいただければ幸いです。

　最後に，中央経済社の末永芳奈氏には，本書の刊行にあたり企画段階から出版まで大変貴重な助言をいただきました。この場を借りて厚くお礼申し上げます。

2016年7月

有限責任 あずさ監査法人
理事長

酒井 弘行

目　次

第1章

リース会計の適用範囲 ……1

1 リース会計の適用対象 ……………………………………… 3

  1　**リースの定義**　4

    (1)　概　　要　4

    (2)　リースか否かの判断　4

  2　**対象資産の特定**　6

    (1)　対象となる資産はどのような資産か　6

    設例1－1　資産の一部が特定されているかの判定　7

    (2)　「資産を特定する」とはどのように行われるか　8

    設例1－2　契約に使用権を移転する資産が明記されていないものの,

         黙示的に特定されているケース　9

    設例1－3　土地の指定された一部の地表部分（対象資産の特定）　10

    (3)　対象資産の特定と「実質的な入替権」　10

  3　**顧客による使用の支配**　14

    (1)　資産の使用による経済的便益のほぼすべてを享受する権利　14

    設例1－4　借手が経済的便益のほぼすべてを享受する権利を有して

         いないケース　15

    (2)　特定された資産の使用を指図する権利　17

    設例1－5　使用方法と使用目的を決定する権利の考え方　19

    設例1－6　すでに生産されたアウトプットの分配に関する意思決定

         20

    設例1－7　使用方法と使用目的があらかじめ決定されているケース

         21

2 リース会計の適用単位 ……………………………………… 25

  1　**契約の結合**　25

  2　**会計単位の識別**　26

設例1-8	複数のリース要素　29
設例1-9	非リース要素ならびに財またはサービスを移転しない活動及びコスト　29

3　対価の配分　30

(1)　借　　手　30

設例1-10	構成要素への対価の配分　31

(2)　貸　　手　33

(3)　変動対価の配分　35

設例1-11	変動対価の配分（借手）：変動支払いの全額が一部の構成要素に配分される場合　36
設例1-12	変動対価の配分（借手）：変動支払いがすべての構成要素に配分される場合　36

第2章

39

借手の会計処理

1　当初認識・測定 ･････････････････････････････････ 41

1　概　　要　41

2　リース負債・使用権資産の測定方法　42

2　事後測定の会計処理 ･･･････････････････････････ 47

1　リース負債　47

2　使用権資産　48

3　使用権資産の減損　51

3　例外的な免除規定 ･････････････････････････････ 53

1　短期リースについての免除規定　54

2　少額資産のリースについての免除規定　55

4　ケース解説 ･･･････････････････････････････････ 60

設例2-1	借手の会計処理　60

目　次　iii

第3章

63

貸手の会計処理

1 リースの分類 ………………………………………… 65

 1　リースの分類規準　66

  (1)　ファイナンス・リースに分類される例及び指標　66

  (2)　契約日とリース開始日が乖離する場合の留意点　68

  (3)　土地と建物の両方を含むリースの場合の留意点　69

  (4)　土地の長期リースの場合の留意点　71

2 ファイナンス・リースの会計処理 ………………………… 73

 1　当初認識時の会計処理　73

 2　製造業者または販売業者であるファイナンス・リースの貸手　75

 3　当初認識後の会計処理　78

 4　債権への減損規定の適用　80

  設例3－1　引当マトリックスによる信用損失引当金の計算　81

 5　ファイナンス・リースの会計処理の設例　82

  設例3－2　ファイナンス・リースの会計処理（製造業者または販売
   業者ではないケース）　82

  設例3－3　ファイナンス・リースの会計処理（製造業者または販売
   業者のケース）　84

3 オペレーティング・リースの会計処理 …………………… 89

 1　当初認識時及び認識後の会計処理　89

 2　他のIFRS会計基準との関係性　89

 3　オペレーティング・リースの会計処理の設例　91

  設例3－4　オペレーティング・リースの会計処理　91

iv

第4章

93

当初測定における個別論点

1 リース開始日 ……………………………………………… 95

2 リース期間 ……………………………………………… 96

  1 解約不能期間 97

  2 契約に強制力がある期間 98

    (1) 解約権とペナルティ 99

    設例4-1 解約権とペナルティ 100

    (2) 契約に強制力があるかどうかの評価 101

  3 リース期間の見積り 103

    (1) 延長オプション・解約オプション 103

    設例4-2 更新に関する経済的インセンティブ 105

    (2) リース期間と関連資産の耐用年数 106

  4 リース期間に係る実務上の論点 107

    (1) リース開始日に解約不能期間が確定していないリース契約 107

    (2) 自動的に継続または更新され続けるリース契約 108

    設例4-3 契約期間が特定されていないリース 108

    (3) 使用期間が無期限の契約 110

    (4) 解約オプションの行使が条件付きであるリース契約 110

3 リース料 ……………………………………………… 112

  1 固定リース料 114

    設例4-4 実質的な固定リース料 115

  2 変動リース料 116

    設例4-5 変動リース料の会計処理（借手） 117

    設例4-6 変動リース料の会計処理（貸手） 119

  3 残価保証 121

    設例4-7 残価保証の会計処理 123

  4 購入オプション 123

  5 解約損害金 124

  6 リース・インセンティブ 126

    設例4-8 リース・インセンティブ等が含まれる借手の使用権資産

　　　　　　　及びリース負債の当初測定　126

　　7　その他の論点　129

　　　⑴　付加価値税　129

　　　⑵　固定資産税等　129

4　割　引　率　131

　　1　借手の割引率　131

　　2　貸手の割引率　133

5　当初直接コスト　135

　　　⑴　借手の処理　135

　　　⑵　貸手の処理　136

6　原状回復コスト　137

第5章

139

事後的な変更

1　事後的なリースの条件変更　……………………………　141

　　1　借手のリースの条件変更　142

　　　⑴　追加された使用権を別個のリースとして取り扱う場合　142

　　　⑵　別個のリースとして取り扱う要件を満たさない場合　143

　　　⑶　短期リースの免除規定を適用している場合　146

　　　⑷　マスターリース契約の場合　146

　　　⑸　設　　例　147

　　　　設例5-1　別個のリースとして会計処理する借手の条件変更　147

　　　　設例5-2　契約上のリース期間を延長する借手の条件変更　148

　　　　設例5-3　リース対象資産が減少する借手の条件変更　150

　　　　設例5-4　リース対象資産の増加とリース期間の短縮の両方を含む
　　　　　　　　　借手の条件変更　153

　　　　設例5-5　リースの対価のみが変更される借手の条件変更　156

　　　　設例5-6　条件変更の発効日が，追加の原資産のリース開始日より
　　　　　　　　　前である場合　157

　　　　設例5-7　最低リース数量の定めがあり，各リースがそれぞれの使

用権資産の独立価格で異なる日に開始されるマスターリース契約　159

2　貸手のリースの条件変更　160

1．ファイナンス・リースの条件変更　160

⑴　追加された使用権を別個のリースとして取り扱う場合　160

⑵　別個のリースとして取り扱う要件を満たさない場合　161

⑶　設　　例　165

設例5−8　別個のリースとして会計処理する貸手の条件変更　165

設例5−9　別個のリースとして会計処理されず，オペレーティング・リースに分類が変更される貸手の条件変更　166

2．オペレーティング・リースの条件変更　167

2 その他の事後的な見直し ……………………………… 169

設例5−10　非リース要素を含む契約の事後的な見直しに伴う，借手による対価の再配分　170

1　リース期間　172

⑴　借手の場合　172

設例5−11　延長オプションの行使可能性の変化に伴う借手のリース期間の見直し　173

設例5−12　行使が当初想定されていない解約オプションを行使したことに伴う借手のリース期間の見直し　175

⑵　貸手の場合　177

2　購入オプションの行使可能性　178

設例5−13　借手の購入オプション：当初認識後の再評価　179

3　変動リース料　180

設例5−14　マーケットレントレビューによる変動リース料の事後的な見直し　181

4　残価保証　185

5　無保証残存価値　185

6　原状回復コスト　185

目　次　vii

第6章

187

セール・アンド・リースバック取引及びサブリース

1　セール・アンド・リースバック取引 ……………………… 189

　1　セール・アンド・リースバック取引の概要及び判定　189

　　設例6−1　建設中の資産を借手が支配しているかどうかの判定　194

　2　セール・アンド・リースバック取引の会計処理　195

　　設例6−2　セール・アンド・リースバック取引の会計処理（オフマーケット調整を含む）　198

　　設例6−3　「セール・アンド・リースバックに係るリース料」を予想リース料に基づいて決定するアプローチ　206

　　設例6−4　「セール・アンド・リースバックに係るリース料」をリース期間にわたり均等なリース料として決定するアプローチ　208

　　設例6−5　IFRS第15号の売却要件を満たさない場合の会計処理　210

2　サブリース ………………………………………… 213

　1　サブリースの概要　213

　2　サブリースの貸手によるサブリースの分類　214

　　設例6−6　サブリースの貸手によるサブリースの分類　214

　3　サブリースの貸手としての会計処理　216

　　⑴　原則的な取扱い　216

　　⑵　使用権資産が投資不動産に該当する場合の取扱い　217

　4　サブリースにかかる会計上の論点　218

　　⑴　サブリースがオペレーティング・リースに該当する場合　218

　　　設例6−7　サブリースがオペレーティング・リースに該当する場合　219

　　⑵　サブリースがファイナンス・リースに該当する場合　222

　　　設例6−8　サブリースがファイナンス・リースに該当する場合　222

　　⑶　サブリースのリース分類における会計単位　225

　　⑷　共同支配の取決めがリースの当事者となる場合　227

viii

設例6－9 共同支配事業の事業者のうちの1社がリース契約を締結
し，共同支配事業にサブリースする場合　228

第7章

231

表示・開示

1　借　　手 ・・・　233

1　借手の表示　233

(1) 財政状態計算書における表示　233

(2) 純損益計算書における表示　234

(3) キャッシュ・フロー計算書における表示　235

2　借手の開示　237

(1) 定量開示　238

(2) 満期分析の開示　240

(3) その他の開示事項　242

定性的開示①　変動リース料　245

定性的開示②　解約及び延長オプション　248

2　貸　　手 ・・・　252

1　貸手の表示　252

2　貸手の開示　252

(1) ファイナンス・リースの貸手の開示　253

(2) オペレーティング・リースの貸手の開示　255

第8章

257

初度適用

1　初度適用の概要 ・・・　258

(1) 原則的な方法　258

(2) 初度適用における例外措置　258

(3) リース会計への適用　259

目　次　ix

2 初度適用アプローチの概要 ……………………………… 260

　1 借手における初度適用アプローチ　260

　　(1) 原則的アプローチ　260

　　(2) 修正遡及アプローチ　260

　2 貸手における初度適用アプローチ　261

3 初度適用における免除規定 ……………………………… 263

　1 リースの定義　264

　2 リース負債と使用権資産の測定（借手における修正遡及アプローチの会計処理）　264

　　(1) リース負債の測定　264

　　設例8-1　リース負債の測定　265

　　(2) 使用権資産の測定　267

　　設例8-2　使用権資産の測定　268

　3 その他の免除規定　270

　　(1) 割引率　270

　　(2) 残存期間12か月以内のリース・少額資産のリース　270

　　(3) 当初直接コスト　271

　　(4) いわゆる「後知恵」の利用　271

4 初度適用に係るその他の論点 …………………………… 273

　　(1) 原状回復義務に係る負債　273

　　(2) 過去に企業結合に関して認識した金額　275

　　設例8-3　企業結合を修正再表示しない場合におけるリースの取扱い　276

第9章

277

米国におけるリース会計の概要

1 リース会計におけるコンバージェンス ………………… 278

2 米国基準とIFRS会計基準の主な差異 ………………… 280

　1 適用範囲　280

　2 リースの分類　280

3　借手の会計処理　282

　　4　貸手の会計処理　288

　　5　契約の変更　291

　　　(1)　借手の契約変更　291

　　　(2)　貸手の契約変更　291

　　6　リース料の事後的な見直し　293

　　7　セール・アンド・リースバック及びサブリース　293

　　　(1)　セール・アンド・リースバック　293

　　　(2)　サブリース　294

3　財務諸表の比較：米国基準とIFRS会計基準におけるリース会計
　　　　‥‥‥‥‥‥‥‥‥‥‥‥‥‥‥‥‥‥‥‥‥‥‥‥‥‥‥‥‥　295

　　　(1)　財政状態に対する影響　295

　　　(2)　経営成績に対する影響　295

　　　(3)　キャッシュ・フローに対する影響　295

4　重要なポイント　‥‥‥‥‥‥‥‥‥‥‥‥‥‥‥‥‥‥‥‥‥　297

　　　(1)　連結パッケージ取り込みのための差異把握　297

　　　(2)　借手への影響　297

　　　(3)　サブリース　298

付録　日本基準との比較　一覧　‥‥‥‥‥‥‥‥‥‥‥‥‥‥‥　299

第1章

リース会計の適用範囲

本章のまとめ

　リース会計の範囲は，IFRS第16号「リース」に定められたリースの定義に従い実質に基づき判断する必要がある。リースの判断でポイントとなるのは，第一に，対象資産が特定されているか，第二に，（特定された資産の）使用を支配する権利がサプライヤーから顧客に移転しているか（すなわち，使用期間全体を通じて資産の使用から得られる経済的便益のほぼすべてを顧客が享受し，かつその資産の使用目的と使用方法を決める権利を顧客が有するか）である。

　なお，リースか否かの判断における「顧客」及び「サプライヤー」は，当該取引がリースである場合にそれぞれ「借手」及び「貸手」に該当する。1「リース会計の適用対象」において，「借手」及び「貸手」の用語を使用せずに「顧客」及び「サプライヤー」という用語を使用しているのは，リースの識別の判断の段階は契約がリースを含むか否かを判断する段階であり，契約がリースを含まない場合もあるためである。

　契約の一部がリースである場合には，リース要素と非リース要素を分けて，各構成要素に対価を配分したうえで，リース要素にのみIFRS第16号を適用することになる。ただし，借手については，貸手と比較して関連情報の入手が困難であることに鑑みて，原資産のクラスごとに，非リース要素を区別せず各リース要素とこれに関連する非リース要素を含めた全体を単一のリース要素とみなすことを認める簡便法も設けられている。

【IFRS第16号と日本基準の主な差異】

トピック	対応する節	IFRS第16号	日本基準
リースの定義及び識別	1 リース会計の適用対象	貸手が，特定の資産を使用する権利を，対価と交換に借手に一定期間移転する契約をいう。資産の特定と使用の支配に関する詳細なガイダンスが定められている。	リースの定義はほぼ同様であるが，詳細な定めはなく，実務上は契約の法形式で判断されることが一般的である。

| 会計単位の決定 | 2 リース会計の適用単位 | リース会計の適切な会計単位を識別するために，契約の結合とリース要素の識別に関するガイダンスが設けられている。借手は各リース要素とこれに関連する非リース要素を区別せず全体を単一のリース要素として会計処理する簡便法を，原資産のクラスごとに選択できる。 | 土地と建物等を一括したリース取引について，合理的な方法により土地と建物に分割する規定があるものの，会計単位についての包括的な定めはない。 |

1 リース会計の適用対象

　IFRS第16号の適用対象は，特定の資産を使用する権利を一定期間にわたって対価と交換に移転する取引であるが，以下については明示的にIFRS第16号の適用対象外とされている（IFRS16.3）。

- 鉱物，石油，天然ガス及びこれらに類似する非再生資源の探査または使用のためのリース
- IAS第41号「農業」の適用対象となる，借手が保有する生物資産のリース
- IFRIC解釈指針第12号「サービス委譲契約」の適用対象となる契約
- IFRS第15号「顧客との契約から生じる収益」の適用対象となる，貸手が供与する知的財産のライセンス
- IAS第38号「無形資産」の適用対象となる，映画フィルム，ビデオ録画，演劇脚本，原稿，特許権及び著作権などの項目について借手がライセンス契約に基づいて保有する権利

　ここで留意すべきは，無形資産に係る使用権の移転についてのIFRS第16号の取扱いは，貸手と借手で違いがある点である。

　まず，貸手については，知的財産とそれ以外で違いがある。知的財産については，対象資産が物理的に存在せず，その使用許諾に際しては，通常，ライセンス契約の形態をとることが多いと考えられる。一般的には，知的財産の使用権の移転がすべてライセンス供与の範疇に含まれるのかは必ずしも明確ではない。この点，IFRS®会計基準上は，IFRS第15号において「ライセンスは企業の知的財産に対する顧客の権利を設定する」とされている（IFRS15.B52）ことを踏まえると，企業の知的財産にかかる権利の移転は，貸手から見てすべてIFRS第15号の適用対象であり，IFRS第16号の適用を受けないとも考えられる。一方，貸手がライセンス供与した知的財産以外の無形資産に関する使用権の移転については，IFRS第16号が適用される。

　次に，借手については，無形資産をIFRS第16号の適用範囲外とすることに概念的な根拠があるものではないが，まずは無形資産の会計に関する包括的な見直しが必要であり，その検討を待つことなくIFRS第16号の借手の会計処理

の適用を無形資産に強制すべきではないとされた。一方で，他の基準において扱わない以上，IFRS第16号の適用範囲から完全に除外すべきではないとも考えられた（IFRS16.BC71）。そのため，すでに現時点でIAS第38号上の取扱いが明らかな一部の無形資産についてはIFRS第16号の適用の対象外としたうえで，それ以外についてはIFRS第16号の適用を企業の任意としている（IFRS16.4）。

図表1−1　無形資産のリースと適用基準

借手

― 無形資産のリース ―

映画フィルム，ビデオ録画，演劇脚本，原稿，特許権及び著作権などの，ライセンス契約に基づく権利
▶ IAS第38号の適用対象（IFRS第16号の適用対象外）

IFRS第16号の適用は **任意**

IFRS第16号を適用しない場合の処理については明記されていない

貸手

― 無形資産のリース ―

ライセンス供与した知的財産
▶ IFRS第15号の適用対象（IFRS第16号の適用対象外）

IFRS第16号の適用対象

1　リースの定義

(1) 概　　要

IFRS第16号は，リースとは何かについて，「資産（原資産）を使用する権利を，対価との交換により，一定の期間にわたり移転する契約または契約の一部である」と定義している（IFRS16.A）。

(2) リースか否かの判断

企業は，契約時点において，契約がリースであるか，またはリースを含んでいるかを，特定された資産の使用を支配する権利の移転の有無により評価しな

ければならない（IFRS16.9）。この評価は，契約条件が変更された場合を除き，見直されることはない（IFRS16.11）。

　契約がリースであるか否か，あるいはリースを含んでいるか否かを判定するにあたり，ポイントとなるのは使用期間全体を通じて次の2点を満たすかどうかである。

(a) 使用権の対象となる資産は，特定されているか（本節2「対象資産の特定」参照）

(b) 特定された資産を使用する権利は顧客に移転しているか。すなわち，使用権の支配が顧客に移転しているか（本節3「顧客による使用の支配」参照）

「使用期間」とは，「資産が顧客との契約を履行するために使用される期間（非連続の期間を含む）」と定義されている（IFRS16.A）。企業は資産を永続的に使用することが認められる契約を締結する場合がある。例えば，土地所有者は，電力会社に対して，その土地上にパイプラインを永続的に設置する権利を付与することがある。当法人の見解では，「永続」はリースを識別するにあたっての特定の一定の期間には該当せず，したがって，永続的な契約は特定の一定期間にわたって原資産を使用する権利を移転するものには当たらないため，リースの定義を満たしていないと考える。

　図表1－2は，契約がリースに該当するか否かの検討をまとめたものである（IFRS16.B31）。なお，詳細については本節2「対象資産の特定」以降で解説する。

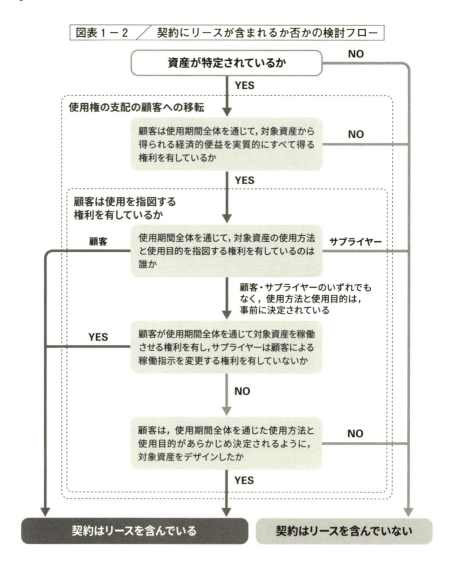

図表1-2　契約にリースが含まれるか否かの検討フロー

2　対象資産の特定

(1) 対象となる資産はどのような資産か

　リースの対象となる資産は，資産全体である必要はなく，ビルの一部のフロ

第1章　リース会計の適用範囲　7

ア等，資産の一部ということもありうる。IFRS第16号では，資産の一部にリース会計を適用する場合に，物理的に別個な資産は，「特定された資産」になるが，物理的に別個でない資産（ただし，対象資産が有する能力のほぼすべてに該当する場合を除く）は，「特定された資産」にはならない（IFRS16.B20）。資産の一部が特定されているか否かの相違について，次の設例で見ることにする。

設例1−1　資産の一部が特定されているかの判定

ケース	資産の一部が契約上特定されている	資産の一部が契約上特定されていない
ケースの内容	A社はB社との間で，ある特定の保管倉庫を借りる契約を締結した。この保管倉庫は5つの区画に物理的に仕切られており，A社に割り当てられたのがどの区画かは契約に明記されている。A社は契約に明記された3つの区画（保管倉庫の60％に当たる）を独占的に利用することができる。	C社はD社との間で，ある特定のガスの貯蔵タンクを借りる契約を締結した。契約上，C社がガスを貯蔵できる量は，タンクの最大貯蔵量の60％までである。D社は，残りの40％の容量を他の顧客のために使用することができる。
ケースの分析	資産の一部（3つの区画）が，契約に明記されて物理的に特定できるため，契約上特定されている。ただし，契約上は資産が特定されているとしても，「資産が特定されているか」の結論を出す前に，B社が実質的な入替権を有していないかの検討が必要である（後述(3)「対象資産の特定と「実質的な入替権」」参照）。	資産の一部が契約上特定されていない。なぜなら，C社が有するガスの貯蔵タンクの容量の60％の権利は，他の顧客に提供される残りの容量と物理的に区分できず，ガスの貯蔵タンクの容量のほぼすべてを表すものでもないからである。

　C社とD社の契約においては，対象資産は特定されない。対象資産が特定されない場合，これ以上の分析を行うことなく当該契約にはリースは含まれないと判断される。

　また，当法人の見解では，契約により，ある土地の指定された一部の地表部分を使用する権利が顧客に付与されている場合，土地全体ではなく，土地のう

ちの指定された地表部分それぞれが，資産が特定されているか否かを評価するための個別の会計単位であると考える。この際，顧客が地表を使用する土地の地下部分に対する権利が他の第三者に付与されていても，問題にはならない。

IFRS解釈指針委員会は，地下権に関する特定の契約がリースを含んでいるか否かについて議論し，その議論の中で，地下空間が契約上資産として特定できるかを検討した。議論された具体的な前提は以下のとおりである。

- パイプライン運営者（顧客）は，土地所有者から，石油パイプラインを20年間にわたり地下空間に埋設する権利を対価と交換に獲得する。パイプラインが埋設されることとなる地下空間の正確な場所と寸法（軌道，広さ及び深さ）は，契約上明記されている。
- 土地所有者は，パイプラインの上の地表を使用する権利を保持するが，20年の使用期間の全体を通じて，所定の地下空間にアクセスする権利や当該地下空間の使用を変更する権利を有さない。
- 顧客は，検査，修繕及び維持管理の作業（必要な場合にはパイプラインの破損箇所を入れ替えることを含む）を行う権利を有する。

IFRS解釈指針委員会は，上記契約において，所定の地下空間は，土地の残りの部分とは物理的に別個のものであると指摘した。契約条項には，パイプラインの軌道，広さ及び深さが規定されており，それにより物理的に別個の地下空間であることが明確化されている。空間が地下にあるからといって特定された資産となり得ないことはなく，また地下空間は契約で定められており，他の空間と区別することができる。

⑵ 「資産を特定する」とはどのように行われるか

顧客にその使用権を移転する対象となる資産は，契約に明記されることにより特定されることが通常である。しかし，契約が賃貸借の形態をとらず，使用権移転の対象となる資産が契約に明記されていなくても，資産が顧客によって使用可能となった時点において資産が実質的に特定されている可能性があることに留意しなければならない（IFRS16.B13）。IFRS第16号に基づき検討を要するケースについて，次の設例で見ることにする。

第1章　リース会計の適用範囲　9

| 設例 1 － 2 | 契約に使用権を移転する資産が明記されていないものの，黙示的に特定されているケース（IFRS16.設例 8 参照） |

前提条件

　製造業者E社は，F社との間で，特定の種類，品質及び数量のシャツを 3 年間にわたり製造する契約を締結した。シャツの種類，品質及び数量については，契約で特定されている。E社は，F社の仕様を満たすシャツを製造できる工場を 1 つしか有していないため，当該シャツを自社で保有する他の工場で製造することはできない。また，第三者から調達することはできない。

分析

　この契約により識別されるE社が提供する財またはサービス（履行義務）は，仕様に適合したシャツを製造し，F社に引き渡すことである。E社は，この契約をIFRS第15号「顧客との契約から生じる収益」に従って会計処理することになる。ただし，契約の一部にリースが含まれる場合には，IFRS第15号第 7 項（注）に従い，該当する部分にIFRS第16号を適用し，残りの金額にIFRS第15号を適用するため，初めにIFRS第16号の適用対象である「リース」が含まれていないかの検討が必要となる。

　このケースでは，契約に，シャツを製造するための工場がどの工場でなければならないか明記されていない。しかし，E社は，特定の工場を使用することでのみ，契約で約束した義務を果たすことができる。この場合，E社は単にシャツの製造を請け負っているのみならず，シャツを製造するための当該特定の工場を使用する権利自体をF社に引き渡している可能性がある。E社が工場を多数保有しているとしても，指定された種類，品質及び数量のシャツを製造できるのは特定の工場のみであるため，E社がF社に自社工場の使用権を譲渡したかもしれないと考えたとき，どの工場の使用権を移転したのかは明白である。他の工場では製造は代替できないためである。このような場合，黙示的にではあるものの使用権を移転する対象資産は特定されている。

　（注：IFRS第15号第 7 項によると，顧客との契約の一部がIFRS第15号から適用除外され他の基準の範囲に含まれる場合，企業はまず，当該他の基準における区分あるいは測定の要求事項を適用しなければならない。）

10

設例1－3　土地の指定された一部の地表部分（対象資産の特定）

前提条件

　土地所有者が所有する10,000㎡の土地の区画があり，発電事業者はこの土地の区画に150基の風力発電機を設置するため，以下の条件で土地所有者と契約を締結する。

- 各風力発電機を設置するスペースの面積は25㎡であり，土地所有者の土地の区画上のどこに風力発電機を設置するかは発電事業者が決定する。
- 土地所有者は，風力発電機が設置されるエリアを除き，土地の区画を引き続き使用する。
- 発電事業者は風力発電機へのアクセスのために土地の区画上を往来できる。

分析

　このケースでは，風力発電機が設置された土地のそれぞれのエリア（すなわち，各25㎡）が，別個の特定された資産であると考えられる。なぜなら，契約時点では土地の区画内のどこに風力発電機を設置するかは具体的に決まっていないが，どこに風力発電機を設置するかを発電事業者が決めた時点で，土地の区画のどの部分を発電事業者が使用するかが特定されるからである。

(3)　対象資産の特定と「実質的な入替権」

　契約で対象資産が明記されていても，IFRS第16号の観点からは顧客が「特定された資産」の使用権を有していないケースもある。それは，契約に明記された対象資産のサプライヤーが，使用期間全体を通じて，当該資産を代替資産に入れ替える実質的な権利（実質的な入替権）を有する場合である。この場合には，IFRS第16号の適用に際して顧客は「特定された資産」の使用権を有していないことになる（IFRS16.B14）。実質的な入替権を有するとは，次の両方を満たしている場合をいう。

> (a)　使用期間全体を通じて，サプライヤーが，対象資産について，代替資産に入れ替える実質上の能力を有している。例えば，顧客はサプライヤーが資産を入れ替えることを妨げることができず，かつ，サプライヤーが代替資産を容易に利用可能であるか，または合理的な期間内に調達できる場合である。

(b) そのような入替えを行うことにより，サプライヤーが経済的便益を得ることが可能である。すなわち，資産の入替えに関連する経済的便益が，資産の入替えに関連するコストを上回る場合である。

　ここで上記(a)には「使用期間全体を通じて」とあるのに対し，(b)にはこれに対応する表現はない。この点に関し，基準をどのように読むべきかが議論となり，IFRS解釈指針委員会で取り上げられた。IFRS解釈指針委員会で検討された入替権とは，サプライヤーが，使用期間全体を通じて契約上特定された資産を代替資産に入れ替える実質上の能力を有しているものの，入替権の行使により経済的便益を得られるのは使用期間の一部（契約期間のうち，少なくとも当初3年間は該当しない見込み）に限定されるというものである。

　IFRS解釈指針委員会は，このケースにおいて，サプライヤーの入替権は使用期間の全体を通じては実質的ではなく，契約上の資産は特定された資産に該当すると指摘した。なぜなら，サプライヤーが使用期間全体を通じて代替資産に入れ替える実質上の能力を有しているものの，サプライヤーは少なくとも契約当初3年間は契約上の資産を入れ替える権利の行使により，経済的便益を得るとは見込まれていないからである。

　対象資産が適切に稼働しなかったり，新たな機能を有する機種へのアップグレードが利用可能になったりする場合に，修繕やメンテナンスのために，サプライヤーが対象資産を入れ替える権利・義務を有することは，「特定された資産」の使用権を顧客が有していないことを必ずしも示唆するものではない。したがって，このような権利・義務は入替権の評価に際しては考慮しない（IFRS16.B18）。

　一定の条件（一定の時点，一定の事象の発生）に該当したときに初めて入れ替える権利または義務が発生するようなケースは，実質的な入替権がある場合には該当しない。なぜなら，サプライヤーは使用期間全体を通じて入れ替える実質上の能力を有しているわけではないためである（IFRS16.B15）。

　どのような場合において，サプライヤーが入替コストを上回る経済的便益を得ると期待されるかの検討・評価には，判断が要求される。検討・評価にあたって考慮すべき要素の例には，以下のようなものが考えられる。

• 契約を履行するための他の資産の入手可能性
• 対象資産を入れ替えることで，その資産は他にどのような用途に使用できるのか。サプライヤーが得る追加的な経済的便益は何か。

- 資産の入替えで発生するであろうコスト（例：資産の移動に係るコスト，一時的に資産が使用できなくなることによるコスト）
- 資産の入替えの実行可能性（例：資産のサイズ，場所が遠隔地かどうか）

　入替権が実質的であるかどうかの判定は，契約時点における事実と状況に基づいて判定される。その際には，契約時点で発生する可能性が高いとは見込めないような将来の事象を考慮してはならない。例えば，次のような事象は，契約時点では発生の可能性が高いと合理的に見込めないため，入替権が実質的であるか否かを判断するうえで考慮しない（IFRS16.B16）。

(a) 将来的に，対象資産の使用について市場価格よりも高い使用料を支払う顧客が現れることを仮定する
(b) 契約時点において実質的に開発されていない新技術が，今後導入されることを仮定する
(c) 対象資産についての顧客の実際の使用状況や資産の実際のパフォーマンスが，契約時点において予想されていた顧客の使用状況や対象資産のパフォーマンスと比べて，相当程度に異なるケースを仮定する
(d) 使用期間における対象資産の市場価格と，契約時点における予想市場価格が著しく乖離することを仮定する

　対象資産が顧客の敷地内で管理されている場合には，サプライヤーの敷地内で管理されている場合よりも入替コストがより多く発生すると一般的には想定されるため，サプライヤーが得られる経済的便益を入替コストが上回る可能性は高くなると考えられる（IFRS16.B17）。

　このようにさまざまな要素を検討したとしても，実質的な入替権が存在するか否かの評価が顧客にとって困難な場合もありうる。資産を入れ替えることによる経済的便益が入替コストを上回るかどうかの分析はサプライヤーの視点で行われるためである。よって，実質的な入替権が存在するか否かの評価が顧客にとって困難な場合には，顧客はサプライヤーに実質的な入替権がないものとして検討を進めることとされている（IFRS16.B19）。

Point & 分析　使用する資産が特定されているか否かは，リースとサービスの識別にあたってのポイントである。リースでは特定された資産について，その使用権が移転するが，サービスではサービスの提供に使用される資産がそもそも特定されないケースが多い。使用権の対象資産が特定されなければ使用権が移転することもない。以下の３つのシナリオは，入替権を含む５年間

の船舶使用契約に関するものである。

【シナリオ1】

　船員は船のオーナーであるG社が供給することが決まっている。船員の給料も，G社が支払う。契約期間にわたり，G社は顧客であるH社の同意なしに使用する船舶を変更してもよい。G社は同一仕様の船舶を多く所有しており，近くで係留されている。よって，G社は契約で識別されている船舶を他の船舶に入れ替えることがわずかのコストで容易に実施可能である。使用する船舶を適宜変更することで，状況の変化に合わせて保有する船舶を最も効率的に使用することが可能になるので，G社は船舶の入替えによって経済的な便益を受けると考えられ，この状況は使用期間にわたって継続すると考えられる。

　このシナリオでは，G社に与えられた資産の入替権は実質的であるため，H社との契約において，船舶は特定された資産ではない。したがって，契約はリースを含んでいない。

【シナリオ2】

　船のオーナーであるI社は，使用期間にわたって顧客であるJ社の同意なしに船舶を入れ替える権利を有している。しかし，J社に供給されている船舶はカスタマイズされており，I社は，同様のカスタマイズが行われている船舶をほかに保有していない。また，同様のカスタマイズがされた船を他社から簡単に調達することも不可能である。

　このシナリオでは，I社は，同様のカスタマイズが行われた船舶を容易に調達することができないため，I社は船舶を入れ替える実質上の能力を持っていない。また，たとえI社が自社の代替船舶を合理的な期間内でカスタマイズすることができるとしても，必要なカスタマイズを行うコストは入替えによる経済的便益を超える可能性が高いといえる。よって，I社の入替権は実質的ではない。

【シナリオ3】

　顧客であるK社は，契約上，船舶のオーナーであるL社が資産の入替えを行うことに同意している。ただし，K社は，L社が同様にカスタマイズされた船舶が容易に調達できるのか，あるいは入替えによるL社の経済的便益が入替えに係る想定コストを上回るのかについて判断することができず，この入替権が実質的かどうかを決定することができない。

　このシナリオでは，K社は，L社に付与された入替権は実質的ではないと仮定することになる。すなわち，K社が使用する船舶は資産として特定されており，対象契約はリースに該当する（リースを含んでいる）可能性がある。

14

3　顧客による使用の支配

　リースの定義を満たす取引とは，対象資産が特定され，当該資産の使用を顧客が支配する取引である。「顧客が対象資産の使用を支配している」とは，使用期間全体を通じて顧客が次の2つの権利の両方を有する場合をいう（IFRS16.B9）。

(a)　顧客が資産の使用による経済的便益のほぼすべてを享受する権利
(b)　顧客が特定された資産の使用を指図する権利

(1)　資産の使用による経済的便益のほぼすべてを享受する権利

①　「経済的便益」

　経済的便益には，対象資産を使用して得られるアウトプットの獲得やアウトプットを売却したときに得られるキャッシュ・フローが含まれる。また，顧客が直接使用して得られる便益ばかりではなく，顧客が第三者に使用させる（サブリース）ことで間接的に得られる経済的便益も含まれる（IFRS16.B21）。

　契約において，顧客が資産の使用から得られたキャッシュ・フローの一部分を対価としてサプライヤーまたは他の当事者に支払うことが要求されている場合には，対価として支払われるキャッシュ・フローは，顧客が資産の使用から得る経済的便益の一部とみなす。例えば，顧客が資産の使用によって得た経済的便益の一部をサプライヤーに支払うという条項（例：テナントスペースを借り上げるにあたり，売上の一定率をサプライヤーに支払う）が設けられていたとしても，そのようなサプライヤーへの義務があることによって，顧客が経済的便益のほぼすべてを享受することの妨げとはならない（IFRS16.B23）。

②　「ほぼすべて」

　「ほぼすべて」の経済的便益を享受する権利を有するかの判定に際しては，定められた使用権の範囲で，顧客が経済的便益のほぼすべてを享受する権利を有するかを検討する。例えば，自動車を賃貸借する契約において，その車を使用する権利が一定のエリア内に限定されているとしても，当該エリア内で車を使用することによる経済的便益のほぼすべてを顧客が享受する権利を有しているのであれば，本要件は満たされる。また，一定の走行距離が上限として定め

第1章　リース会計の適用範囲　15

られていたとしても，当該上限走行距離内での経済的便益のほぼすべてを享受する権利を有しているのであれば，同様に本要件は満たされる（IFRS16.B22）。

一方，自動車のカーシェアリング契約を締結した場合，顧客が借りる自動車は複数の利用者との共同使用であり，他の利用者が自動車を使用している間は，顧客の意思に関係なく顧客は自動車を使用できないため，経済的便益のほぼすべてを享受する権利は有していないと考えられる。

なお，顧客が自力で，もしくは，容易に入手可能な他のリソースを調達することによって，経済的便益を享受することができるか，それとも，サプライヤーから他のリソースを調達しなければ経済的便益を享受できないのかは，顧客が経済的便益を享受する権利を有しているか否かの判定にあたり考慮する必要はない（IFRS16.BC125(c)）。

設例 1 － 4　借手が経済的便益のほぼすべてを享受する権利を有していないケース（IFRS16.設例 8 参照）

前提条件

設例 1 － 2 に次の前提条件を追加する。

F社の仕様を満たすシャツを製造できる製造業者E社の唯一の工場には製造ラインが 1 つのみである。しかし，F社の注文を履行するためのシャツの製造にすべて対応したとしても，当該工場の稼働能力にはまだ余裕があり，E社はそのF社からの注文に支障が生じない範囲で，他の注文に応じるための作業に本工場を使用することができる。

分析

この契約はリースを含んでいない。

工場は設例 1 － 2 で見たように，特定された資産である。しかし，E社は，F社からの受注に対応している期間中に，同時に並行して他の顧客との契約を履行するために同じ工場を使用することができる。すなわちF社は，工場の使用による経済的便益の「ほぼすべて」を享受する権利を有していない。したがって，この契約については，「顧客による使用の支配」の 2 つの要件のうち 1 つ目が満たされていないため，2 つ目の要件，すなわち使用の指図に関する分析を行うことなく，リースは含まれないと判定できる。

IFRS解釈指針委員会は，いわゆるバーチャルPPA（Virtual Power Purchase Agreement（仮想電力購入契約））において，資産の使用から得られる経済的便益のほぼすべてを享受する権利をどのように考えるべきか議論した。議論された具体的な契約内容は以下のとおりである（図表1－3）。

- 契約には，風力発電事業者の特定の発電施設が明記されており，風力発電事業者は，当該施設で発電したすべての電力をスポット価格で電力網に供給する。顧客は，電力網から電力を購入する。両者の間に直接的な電力売買はない。
- 契約上，風力発電事業者は，電力網に供給したすべての電力量につき，スポット価格と契約固定価格との差額を顧客と授受する。
- 当該契約により，風力発電事業者は，対象発電施設からのすべての電力量を固定価格で顧客に売却したのと同じ経済的効果を得ることができ，一方，顧客は，対象発電施設に係るすべての再生可能エネルギークレジットを獲得する。

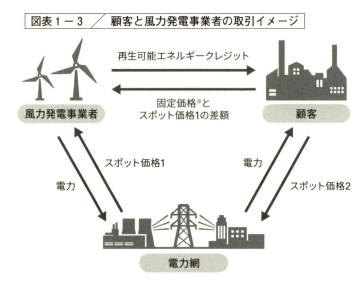

図表1－3　顧客と風力発電事業者の取引イメージ

※固定価格：顧客と風力発電事業者との契約においてあらかじめ定められた価格

当該契約は，明示的なリース契約ではないものの，発電施設が特定されており，発電施設からの発電量すべてが契約対象になっているため，発電施設に対する使用の支配が顧客に移転しているのであれば，当該契約はリースを含むことになると考えられる。

IFRS解釈指針委員会は，このケースにおいて，顧客が風力発電施設の使用

による経済的便益のほとんどすべてを享受するかどうかを評価する際に，風力
発電施設が生産する実際の電力及び再生可能エネルギークレジットという２種
類の考慮すべき経済的便益があることに着目した。IFRS解釈指針委員会は，
顧客が再生可能エネルギークレジットについてはそのすべてを受け取る一方，
風力発電施設が生産する電力については価格変動リスクを引き受けたにすぎず
電力そのものを受け取る権利を有していないため，顧客は風力発電施設の使用
からの経済的便益のほとんどすべてを享受しておらず，したがって，リースは
存在しないと結論付けた。

⑵　特定された資産の使用を指図する権利

「資産の使用を指図する権利」とは，次のいずれかに該当する場合をいう
（IFRS16.B24）。

⒜　顧客は，使用期間全体にわたり資産の使用方法と使用目的を指図することがで
きる（図表１－４状況A）。
⒝　資産の使用方法と使用目的があらかじめ決定されており（図表１－４状況B），
かつ，
　• 使用期間全体にわたり，顧客は，資産を自身で稼働させるか，または，自身が
決めたとおりに他者に稼働させる権利を有しており，サプライヤーはこれを変
更できない（図表１－４状況B－１）。
または，
　• 顧客が，資産（または資産の特定の部分）のデザインに関与することで，使用
期間全体にわたる資産の使用方法と使用目的があらかじめ決定されている（図
表１－４状況B　２）。

| 図表1－4 ／ 顧客が「資産の使用を指図する」状況 |

状況A	状況B	左記以外の場合
使用方法と使用目的について顧客が自ら指図できる	使用方法と使用目的について事前に決まっており，かつ ①【B-1】 顧客が資産を稼働させる権利を有する場合 ②【B-2】 顧客がデザインに関与した場合	
顧客が"使用を指図する"場合に該当	③状況【B-1】，【B-2】以外	

① 状況A：資産の使用方法と使用目的の指図

　状況Aの評価に際しては，資産の使用期間全体にわたって，契約に定められた範囲で，対象資産の使用方法と使用目的の変更に最も関連性がある意思決定権を誰が保有しているかを検討する。意思決定権に「関連性がある」とは，その意思決定により使用から得られる経済的便益に影響を与えることをいう。最も関連性のある意思決定は，通常，資産の性質や契約条件によって異なる（IFRS16.B25）。

　使用方法と使用目的の変更を指図する権利をサプライヤーが有する場合には，使用権の支配が顧客に移転しておらず，リースとはならない。状況Aの評価に際して検討する使用方法と使用目的を変更する権利を与える意思決定権の例としては，次のようなものがある（IFRS16.B26）。

- 対象資産を使用して得るアウトプットを変更する権利。例えば，船積用コンテナを輸送に使用するか倉庫として使用するかを決定する，あるいは小売りスペースでの販売における製品ミックスを決定する権利
- 対象資産を使用してアウトプットを得る時期を変更する権利。例えば，機械や発電所をいつ使用するかを決定する権利
- 対象資産を使用してアウトプットを得る場所を変更する権利。例えば，船舶やトラックの行先や，機器をどこで使用するかを決定する権利
- 対象資産を使用してアウトプットを製造するか否か，また，アウトプットの量を変更する権利。例えば，発電所を稼働して電力を発電するか，また，どの程度発電するかを決定する権利

第1章　リース会計の適用範囲　19

　対象資産の使用方法と使用目的を意思決定する権利とならないものとしては，資産の稼働や維持管理に限定された意思決定権が挙げられる。対象資産の使用にあたり，資産の稼働や維持管理が不可欠であるとしても，稼働や維持管理に限定された権利は，使用方法と使用目的を指図する権利ではないためである。ただし，使用方法と使用目的があらかじめ決まっている場合（後述②「状況B：契約期間の開始前，あるいは期間中に行われる使用方法と使用目的の決定」参照）については，顧客が資産を稼働させる権利を有することで，顧客が資産の使用を指図する権利を有する可能性がある（IFRS16.B27）。

| 図表1－5 ／ 使用方法・使用目的に関する意思決定 |

使用方法・使用目的に関する意思決定

- アウトプットを発生させる？
- アウトプットは何？
- どこでアウトプットを発生させる？
- どれだけの数量のアウトプットを発生させる？
- いつアウトプットを発生させる？

- サプライヤーの防御権
- 稼働に関する決定権
- 資産に保険を掛けるかどうかについての決定権
- 維持管理に関する決定権

契約上の権利

| 設例1－5 | 使用方法と使用目的を決定する権利の考え方（IFRS16.設例9C参照） |

前提条件

　製造業を営むM社は，10年にわたり，特定の発電所が発電する電気をすべて購入する契約を電力供給会社であるN社と締結した。M社は，発電所が発電する電力のすべてに対する権利を有し，N社は他の契約を履行するために発電所

を使用することができない。M社は，電力供給の量及び時期に関する指示をN社に対して行う。発電所がM社のために電力を発電していない場合は，発電所は稼働しない。N社は，業界慣行に従って発電所の稼働及び維持管理を行う。

分析

　当該契約は，一定期間にわたって顧客に特定の発電所の使用権を移転している（リースを含む）可能性がある。ここではその検討の一環として，顧客が資産の使用を指図する権利を有しているかを検討する。

　この点，M社は，発電所の使用を指図する権利を有している。なぜなら，M社は使用期間全体を通じて，発電所が電力を発電するのかどうか，いつ，どのくらい発電するのかを決定する権利，すなわち，発電所の使用方法と使用目的についての関連性のある決定を行う権利を有しているからである。N社は他の目的で発電所を使用することが禁止されているため，発電する電力の時期及び量に関するM社の意思決定が，実質的に，発電所がいつ電力を発電するのか及び発電するのかどうかを決定する。

　発電所の稼働及び維持管理は，その効率的な使用に不可欠であるが，発電所の使用方法と使用目的を指図する権利に関連しない。したがって，N社は使用期間中に発電所の使用を指図する権利を有しておらず，N社が請け負う稼働及び維持管理は，発電所の使用を指図するM社の権利に影響しない。

設例１－６　すでに生産されたアウトプットの分配に関する意思決定

前提条件

　顧客O社は太陽光発電開発事業者であるP社に依頼し，太陽光発電プラントを設置し，20年にわたってP社にこれを稼働及び維持管理してもらう契約を締結した。同プラントはO社のエネルギー需要を満たすようにP社が設計したものであり，O社は発電されたすべての電力を買い取る権利を有し，P社はO社が要求するときにはいつでも発電した電力を売る義務を有している。ただし，O社には電力を購入する義務はなく，O社が購入しなかった電力の余剰分は，P社により他社に売却される。

第1章　リース会計の適用範囲　21

分析

　すでに生産されたアウトプットを，誰がどれだけ獲得するかについて決定する権利は，発生したアウトプットをどのように使用するかについての意思決定権にすぎず，そもそも，アウトプットを生産するか，生産する場合，どれくらいの量を生産するかについての意思決定権には当たらない。

　この例では，太陽光発電プラントから電気を購入するか否かのO社の決定は，発電された電力が誰に販売されるかということに影響するだけであり，同プラントを使用して，いつ，どこで，どれくらいの電力を発電するかの決定には影響を及ぼさない。したがって，O社が保有する意思決定権は，使用方法と使用目的の決定に関する権利ではない。

② 状況B：契約期間の開始前，あるいは期間中に行われる使用方法と使用目的の決定

　使用方法と使用目的についての関連性のある決定は，さまざまな方法によりあらかじめ行うことが可能である。例えば，資産のデザインや，資産の使用に係る契約上の制限により，使用方法と使用目的に関連性のある決定があらかじめ行われることがある（IFRS16.B28）。

　使用方法と使用目的に関連性のある決定があらかじめ行われている場合で，かつ，顧客とサプライヤーがそれぞれ資産の異なる側面のデザインに関与している場合は，顧客が資産の使用を指図しているかどうかの評価が難しくなる。このとき，一般的には，より重要なデザインに関する決定を行った当事者が，資産の使用を指図していると考えられる。

設例 1 ─ 7　使用方法と使用目的があらかじめ決定されているケース（IFRS16.設例 9 A参照）

前提条件

　製造業を営むQ社は，20年にわたり，特定の太陽光発電システムを使用して得られる電気をすべて購入する契約を電力供給会社であるR社と締結した。Q社は，契約前に，この太陽光発電システムのデザインを行い，専門家を雇用して必要な設備や敷地について事前に決定を行っている。R社は太陽光発電シス

テムを建設・所有し，稼働及び維持管理する。また，Q社とR社ともに，使用期間中に電気を発電するのかどうか，いつ，どのくらい行うのかを決定する権利を有していない。なぜなら，それらの決定は，太陽光発電システムのデザインにより事前に決定されているからである。R社は太陽光発電システムの建設・所有に関する税額控除を享受し，Q社は，太陽光発電システムの使用に関する再生可能エネルギー税額控除を享受する。

分析

　この例は，電気の供給契約であるが，実際には特定の太陽光発電システムを独占的に使用して電気の供給が行われるため，太陽光発電システムの使用権自体が電気の購入者に移転しているとも考えられる。ここで，特定された資産である発電設備の使用方法と使用目的は，発電設備のデザインにより事前に決定されている。かつ，Q社自身が発電設備のデザインに関与している。このため，Q社は発電設備の使用を指図している。さらに，Q社が発電設備から供給される電力をすべて購入している，かつ，Q社が発電設備の使用による副産物である再生可能エネルギー税額控除を享受している。すなわち経済的便益の「ほぼすべて」を享受するという要件も満たされている（電力供給会社であるR社は，発電設備からの経済的便益を税額控除の形で享受するが，その経済的便益は発電設備の使用ではなく発電設備の所有に関するものであるため，この評価の際には考慮されない）。よって，本件の電力供給契約には発電設備のリースが含まれていると考えられる。

　なお，実務上，再生可能エネルギーを利用する発電所（例えば，太陽光発電や風力発電など）からの電力購入契約は，すべての使用方法と使用目的があらかじめ決定されている稀な例と考えられる。このような契約では，通常，稼働及び維持管理は発電事業者が行うことから，デザインへの関与についての分析が重要となる。しかしながら，このような契約では，発電事業者と顧客の双方がデザインに関与していることも多く，使用方法と使用目的に関連性のある決定に最も影響を与えるデザインに関与したのが，発電事業者なのか顧客なのかを判断するのは難しい場合も多い。当法人の見解では，それらの発電設備に関して，使用方法と使用目的を事前に決定するように顧客がデザインに関与したかどうかの評価にあたり，発電設備（例えば，タービンやソーラーパネルな

ど）に関する（外観のデザインよりも）技術的な仕様や発電設備の具体的な位置及びレイアウト等を考慮すると考える。顧客がこれらの要件について細かく指定をしたうえで発電設備を建設する発電事業者を選定して発注・契約するような場合，使用方法と使用目的についての関連性のある決定に，より関与しているのは顧客であると考えられる。

顧客が使用を指図する権利を有しているか否かの評価に際しては，顧客がデザインに関与することで資産の使用方法と使用目的が事前決定される状況（図表1－4状況B－2）でない限り，使用期間全体にわたって，使用方法と使用目的を決定する権利だけを考慮することが必要である。その場合，使用期間に先だってどのような決定が行われたかは考慮しない。例えば，顧客が使用期間前に製品の仕様等のアウトプットを指定できるだけである場合は，顧客は当該資産の使用を指図する権利を有していない。このような顧客は，資産の使用に関する意思決定を行うその他の権利が伴わなければ，財・サービスを購入する他の顧客と同様の権利を有しているにすぎないためである（IFRS16.B29）。

これに対し，製造機械のデザインに顧客が関与することにより，その機械を使ってどのような製品をどのように生産するかが事前に確定してしまうのであれば，顧客は製造機械の使用を指図する権利を有していることになる。

IFRS解釈指針委員会は，対象資産の使用方法と使用目的に関する関連性のある決定の多くが事前に決定されているが，顧客がその残りの決定を行う権利を有している場合に，その顧客が資産の使用を指図する権利を有しているか否かについて議論した。議論された具体的な前提は，以下のとおりである。

- 特定された資産（船舶）が存在し，顧客は使用期間全体にわたり，その船舶の使用から得られる経済的便益のほとんどすべてを享受する権利を有している。
- 船舶の使用方法と使用目的に関する関連性のある決定の多くは，契約で事前に決定されているが，使用期間全体にわたって残りの決定を行う権利は顧客が有している。顧客が有するこの決定権は，船舶の使用から得られる経済的便益に影響を与えるものであり，船舶の使用方法と使用目的に関する関連性のある決定事項である。
- 船舶の運用と維持管理は，サプライヤーによって行われる。

船舶の使用方法と使用目的に関する多くの決定が，契約で事前に決定されていることにより，顧客の使用権の範囲が定められているものの，顧客は，その範囲内で，資産の使用方法と使用目的の変更に最も関連性のある決定を行う権

利を有している。したがって，上記前提においては，対象資産の使用方法と使用目的に関する関連性のある決定の多くが事前に決定されているものの，顧客は船舶の使用方法と使用目的を使用期間全体にわたり指図する権利を有していると考えられる。したがって，当該契約はリースを含んでいると考えられる。

　また，顧客の使用権が制限される場合がある。例えば，サプライヤーが資産の使用権を移転する際に，対象資産に対してサプライヤーが保持し続ける権利を保護する（例えば残価が毀損しないようにする）ために，一定の条件を付す場合がある。具体的には，資産の最大使用量を定めたり，使用する場所や使用時期を制限したり，特定の運用手順の遵守を求めたり，使用目的の変更があった場合に報告を求めたり，といった条件である。このように，サプライヤーの権利を保護するために，契約上顧客の権利の内容に制限が定められていた（サプライヤーの「防御権」）としても，それのみでは，顧客が資産の使用を指図することの妨げとはならず，取引はリースと判定される可能性がある（IFRS16. B30）。

日本基準との比較

　日本基準においては「「リース取引」とは，特定の物件の所有者たる貸手が，当該物件の借手に対し，合意された期間にわたりこれを使用収益する権利を与え，借手は，合意された使用料を貸手に支払う取引をいう」とされており，リースの定義自体はIFRS第16号におけるものと大きく異なるわけではない（リース基準第4項）。しかし，特定の物件とは何を指すか，使用収益する権利を与えるとはどのようなことか，といった観点からの規定はない。実務においては「賃貸借契約」，「リース契約」といった契約上の法形式によって，リース会計の対象となるかどうかが判断されることが一般的であると考えられる。

第1章　リース会計の適用範囲　25

2 リース会計の適用単位

　会計処理を行う単位は，必ずしも契約と同一ではない。複数の契約が一体で
1つのリース契約としての経済的実質をなす場合がある。逆に，1つの契約の
中に複数のリース要素が含まれていたり，リース要素以外のサービス要素が含
まれていたりする場合もある。IFRS第16号は，本会計基準を適用する際の会
計単位の識別について定めているが，その考え方は，収益認識の会計基準であ
るIFRS第15号における考え方に準ずるものと考えられる。

1 契約の結合

　複数の契約が，同一の相手（相手の関連当事者を含む）と，同時に，または
ほぼ同時に締結され，かつ，次のいずれかを満たす場合，当該複数契約は1つ
の契約とみなして会計処理する（IFRS16.B2）。

(a) 当該複数契約が1つのパッケージとして交渉されているため，一体として考え
　なければ，商業取引としての目的を理解することができない。
(b) 個別契約において支払われるリースの対価の額が，他の契約の価格または他の
　契約における履行の影響を受ける。
(c) 当該諸契約において移転される原資産の使用権，または各契約で移転される複
　数の資産の使用権が，単一のリース要素（後述 2 「会計単位の識別」参照）を構
　成している

Point
&
分析
　収益認識の会計基準（IFRS第15号）における契約の結合の要件は次のと
おりであり，IFRS第16号の要件と実質的に同一と見られる。
【IFRS第15号の要件】
　同一の顧客（顧客の関連当事者を含む）と同時またはほぼ同時に締結し
た複数の契約が以下のいずれかに該当する場合は，これを結合して単一の
契約として取り扱う（IFRS15.17）。

(a) 契約が単一の商業的目的を有するパッケージとして交渉されている。

(b) 1つの契約で支払われる対価の金額が，他の契約の価格または履行に左右される。

(c) 複数の契約で約束した財またはサービスが単一の履行義務である。

IFRS第15号において，契約の結合対象は「同時またはほぼ同時」に締結された契約とされており，IFRS第16号も同様である。IFRS第15号では，同時またはほぼ同時に締結された契約に結合対象を限定した理由について，同時またはほぼ同時に締結されたかどうかに関係なく，すべての契約が結合の対象となりうることとすると，「企業があまりにも多くの契約を結合することになって，企業の履行を忠実に描写しないという意図せざる結果が生じるおそれがあるからである」とし，「当事者による契約の確約の間の期間が長いほど，交渉に影響を与える経済的状況が変化している可能性が高いことに留意した」と述べている（IFRS15.BC75）。ただし，「ほぼ同時」が具体的にどの程度のタイムスパンを指すのかについては具体的な説明はない。

IFRS第16号の適用に際しても，IFRS第15号と同様に，「ほぼ同時」について数値的な基準は示されていないため，状況に応じた判断が必要と考えられる。

2 会計単位の識別

契約の中にリース要素とリース以外の要素が含まれている場合には，原則として，当該契約を（複数の）リース要素と，それ以外のリースに該当しない要素（非リース要素）に区別し，それぞれ会計処理することが求められる（IFRS16.12）。ここで，次の両方に該当する場合，リース要素内の各対象資産（原資産）を使用する権利をそれぞれ別個のリース要素として分離する（IFRS16.B32）。

(a) 借手が，ある原資産から単独で，または借手が容易に入手可能な他の資源を組み合わせることにより，使用による便益を受けることができる。容易に入手可能とは，貸手または第三者により，分離して別個に販売されたり，リースされたり，サービスを受けたりするものであるか，あるいは（貸手から，または他の取引，出来事・事象により）すでに借手が入手していることをいう。

(b) 原資産が契約に含まれる他の原資産に高度に依存していない，かつ，他の原資産と高度に関連していない。例えば，借手が，他の原資産の使用権に重要な影響を与えることなしに，原資産をリースしないと決定できる場合には，原資産と他の原資産とは高度に依存しておらず，高度に関連していないことが示唆される。

このようにして識別された構成単位を１つの会計単位として，その単位ごとにリース会計の会計処理を行う。ただし，特性が類似するリースが複数存在する場合，これをポートフォリオとしてまとめて一括して会計処理を行うこと（「ポートフォリオ・アプローチ」）も，個々のリースごとに会計処理を行った結果と比べて重要な相違が生じないことが合理的に想定できる場合には，認められている（IFRS16.B1）。

> **Point & 分析**　契約に含まれる別個のリース要素を識別するためのIFRS第16号の要件は，契約に含まれる履行義務を識別するためのIFRS第15号の要件と類似している。
>
> **【１つ目の要件：「単独で，または容易に入手可能な資源と組み合わせることによる便益の享受」】**
>
> 資産を使用する権利が１つのリース要素に該当するか否かを検討するうえでの１つ目の要件は，IFRS第15号第27項(a)及び第28項における「（当該財またはサービスが）別個のものとなりうるかどうか」という要件に基づくものである。この要件は，原資産そのものの特性に基づくものである。貸手（またはその他の企業）が通常は別々にその資産をリースしているという事実は，顧客が，資産の使用による便益を，それ単独で，または容易に入手可能な他の資源と組み合わせて得ることができることを示唆している。
>
> **【２つ目の要件：「高度に依存，または高度に関連している」】**
>
> ２つ目の要件は，IFRS第15号における「（財またはサービスを移転する約束が）別個のものである」という要件のうち，第27項(b)及び第29項(c)の「契約の観点においても別個である」の一部分に基づくものである。IFRS第15号は，契約の観点において別個とはならない指標の１つとして，２つ以上の財またはサービスが相互依存性または相互関連性が高いため，互いに著しく影響を受けることを挙げている。
>
> なお，上述のとおり，契約に含まれる別個のリース要素を識別するためのIFRS第16号の２つ目の要件は，財またはサービスが別個のものであるかを識別するためのIFRS第15号の２つ目の要件の一部分と整合した形であるものの，IFRS第15号の２つ目の要件と完全には同じではない。これは，IFRS第15号の規定が，収益の適切な配分と認識を確保するため，顧客との契約における企業の約束の性質の識別に焦点を当てて開発されたのに対し，IFRS第16号の規定は，顧客が資産を使用する権利を獲得しているか，及びその結果として当該取引に関連する資産・負債を認識すべきか否かを識別するためのものであり，両者の目的が異なっているためであると説明されている（IFRS16.BC125(b)）。

リースが土地と建物の両方の要素を含む場合，貸手においては，上記のIFRS第16号B32項のガイダンスにかかわらず，まずは土地の要素と建物の要素について，それぞれ別個にリースの分類（ファイナンス・リースまたはオペレーティング・リース。第3章「貸手の会計処理」参照）を検討する（IFRS16.B55）。すなわち，土地と建物が別個のリース要素であるか否かを検討するよりも先に，土地と建物につきそれぞれ別々にリースの分類を検討する。土地と建物が異なるリース分類になる場合は，それぞれを別個のリース要素として会計処理する。一方，土地と建物が同じリース分類になる場合は，IFRS第16号B32項のガイダンスに従って両者が高度に依存・関連しているかを判断し，それぞれを別個のリース要素とするか，両者を1つのリース要素とするかを決定する。

なお，土地の要素の価値に重要性が乏しい場合は，貸手は，土地と建物を1つの単位として扱い，リースの分類に係るガイダンスを適用してリースの分類を行うことができる（IFRS16.B57）。

Point ＆ 分析

建物の賃貸借契約を締結した場合，建物には必ず土地（底地）が伴うため，当該契約には建物のリースだけでなく土地のリースが黙示的に含まれることがある。建物のリースに加えて土地のリースが含まれるかどうかは，建物のリースが単一テナントへのリースなのか，複数テナントへのリースなのかにより，判断が異なる場合が多い。

単一テナントの建物のリースの場合，通常，底地である土地のリースが含まれる。なぜなら，複数テナントへのリースとは異なり，底地を単一のテナントが占有しているため，底地全体が単一の特定された資産となる可能性が高く，借手はその底地の使用を支配する権利を有していると判断される可能性が高いからである。その場合，借手については，土地のリースが含まれるとしても，通常，上記のIFRS第16号B32項のガイダンスに従って土地と建物をまとめて1つのリース要素として会計処理する。一方，貸手については，上記のとおり，底地部分が重要でないか，または建物のリースと土地（底地）のリースが同一のリース分類となる場合を除き，底地である土地のリースを建物のリースから切り離して別個に会計処理することが要求される。

一方，複数テナントの建物のリースには，土地のリースが含まれないことが多い。例えば，貸手が高層マンションを所有していて，そのマンションの各住戸を入居者に賃貸する場合，各住戸の入居者は，その土地を共同利用しているだけであり，どの入居者も，そのマンションの土地の物理的

第1章　リース会計の適用範囲　29

に区分された一部分の使用権を有しているわけではないからである。

設例1-8　複数のリース要素

前提条件

借手であるA社は，ある建物の1階から5階までを賃借する15年の不動産賃貸借契約を締結する。これらのフロアには，共用のエレベーターまたは階段を利用してアクセスすることができるものの，フロアごとにアクセス制限が設けられている。各フロアには，必要な設備（例：化粧室）が設けられており，それぞれ別々に利用することができる。A社は，大規模改修なしに各フロアをサブリースすることができる。

分析

A社は，以下の理由により，各フロアを使用する権利は，それぞれが独立したリース要素であると結論付けた。

- A社は，各フロアをそれぞれ単独で，使用による便益を得ることができる。
- 各フロアの使用は，建物内の他のフロアの使用に依存するわけではなく，高度に関連しているわけでもない。A社は，フロアごとにアクセス制限を設けることができる。また，各フロアは大規模改修なしでサブリースすることができる。

リース契約によって借手が課される料金には，貸手において発生した事務コストの請求や固定資産税等，借手に財またはサービスを移転しない活動及びコストが含まれることがある。そのような支払いは，独立の構成要素を構成するものではなく，契約全体の対価の一部として，個別に識別可能な各構成要素に配分されることになる（IFRS16.B33）。

設例1-9　非リース要素ならびに財またはサービスを移転しない活動及びコスト

前提条件

B社は，オフィスビルを賃借した。不動産賃貸借契約上，賃料と共益費が固

定額で設定され，このほか，当該オフィスビルについて掛けられた火災保険の保険料の実費がB社に請求されることになっている。保険契約の名義ならびに保険金の受取人はビルのオーナーである。

［分析］

　共益費とは，一般に共用部分の維持や管理，清掃等のサービスにかかる費用をテナントに請求するものである。当法人の見解では，そのようなサービスは非リース要素として識別されることになると考える。

　一方，保険料の実費精算に関しては，本来ビルのオーナーが負担すべき保険料に係るコストがテナントに転嫁されているにすぎず，これに対応する財またはサービスの移転は行われていないと考えられる。対応する財またはサービスの移転がない保険料の支払いを別個の構成要素として扱うことはできない。

　なお，契約上，賃料（及び保険料），共益費と記載された金額が必ずしも各リース要素，非リース要素の対価の額を示しているとは限らない。

　同契約のもとでの支払対価の総額を次項に説明する方法で各構成要素に配分する必要がある。

3　対価の配分

　契約にリース要素が含まれる場合には，契約で合意した対価を各リース要素及びリース要素以外の部分（非リース要素のすべて）に配分する（IFRS16.12）。IFRS第16号における配分の考え方は次のとおりである。

(1)　借　　手

　借手は契約の対価を各リース要素及びその他の非リース要素の独立価格の比率で各構成要素に配分する（IFRS16.13）。リース要素と非リース要素の独立価格の比率は，貸手（または類似するサプライヤー）が各構成要素（または類似する構成要素）について請求するであろう価格に基づいて算定する。しかし，借手が各要素の価格に関するマーケット情報にアクセスすることは通常困難であり，観察可能な価格が容易に入手できない場合も考えられる。そのような場合には，適切な見積りによることが必要となる。見積りに際しては，観察可能

第1章　リース会計の適用範囲　31

な情報を最大限利用することが求められる（IFRS16.14）。

　独立価格の見積りに際しては，IFRS第15号の「取引価格の各履行義務への配分」における独立販売価格の見積りの手法（IFRS15.79）が参考になるのではと考える場合もあるかもしれない。実際，貸手については一定の要件を満たす場合，残余アプローチ（IFRS15.79(c)）を使用して独立販売価格を見積もることが明示的に認められている（後述(2)「貸手」参照）。当法人の見解では，以下の要件のいずれかを満たす場合，借手は独立価格の見積りに残余アプローチを使用することができると考える。

- 借手が同一または実質的に同一の財またはサービスを同じ期間に購入できる価格が大きく異なる（すなわち，購入価格の変動性が高いため，代表的な独立価格が過去の取引または他の観察可能な証拠から識別可能でない）。
- 借手が同一または実質的に同一の財またはサービスを購入できる価格が，その財またはサービスがこれまで単独で販売されたことがないため，まだ確立されていない（すなわち，購入価格が不確定である）。

　一方，当法人の見解では，以下の場合には借手は残余アプローチを使用できないと考える。

- 観察可能なコストや，貸手が原価に上乗せするマージン情報などにより，何らかの別の方法で観察可能なインプットを最大限に利用した独立価格の合理的な見積りが可能である。
- 残余アプローチを使うと，ゼロまたはそれにほぼ近い値として独立価格が算定されてしまい，対象構成要素が別個の財またはサービスを移転するという事実と整合しない。

設例 1 −10　構成要素への対価の配分

〔 前提条件 〕

　借手であるC社は，貸手であるD社から特殊な機械を2年間リースすると同時に，その機械をC社が製造プロセスにおいて効果的に使いこなすためのコンサルティング・サービスの提供をD社から受ける契約を締結した。この機械は特殊であり，新しい技術を使用している。D社は，この機械を単独では販売またはリースしておらず，また，その他のサプライヤーが販売またはリースしている類似の機械もない。D社はこの機械に保険を掛けている。

契約の対価は，1年目が1,000万円で，2年目が800万円である。このような価格設定となっているのは，D社が1年目により多くのコンサルティング・サービスを提供することを想定しているためである。契約の対価には，保険料相当額も含まれている。

分析

コンサルティング・サービスは対象資産の使用権の移転と関連がないため非リース要素である。また，保険料相当額は，借手に対する財またはサービスの移転を伴うものではないため，独立の構成要素にならない。したがって，機械のリース要素と，コンサルティング・サービスの非リース要素が識別される。

貸手であるD社がこの特殊な機械を単独で販売またはリースしておらず，また，実質的に同等のコンサルティング・サービスも単独で提供していないことから，借手であるC社は，独立価格を見積もって対価を配分する。

C社は，以下のとおり，リースとコンサルティング・サービスの独立価格を見積もった。

- 市場で提供されている類似のサービスに基づくコンサルティング・サービスの観察可能な独立価格をC社が調べたところ，400万円であった。
- 今回リースした機械は特殊なもので，新しい技術を用いた新型モデルである。したがって，市場には確立された販売価格は存在しない。C社は，コンサルティング・サービスに関して観察可能な独立価格があることから，この状況において，残余アプローチによる見積りが合理的かつ適切であると結論付けた。

以上から，C社は以下のとおり，対価を配分した。

（単位：万円）

構成要素	独立価格	配分された対価
機械のリース	1,400（1,800 − 400）	1,400
コンサルティング・サービス	400	400
合計	1,800	1,800

ここで，借手は，借手に財またはサービスを移転しない活動及びコストを全額リース要素に配分できるかが論点となる。例えば，不動産賃貸借契約では，

リース対象の資産に関連して貸手が負担した費用（例：固定資産税や保険料）を借手に請求することがある。その契約に非リース要素も含まれる場合に，固定資産税や保険料の請求額全額をリース要素に配分することができるかという点がこの論点である。IFRS第16号は，対価の配分に関する規定について例外を設けていない。したがって，固定資産税や保険料を含む対価の全体が，独立価格の比率に基づき，すべての識別された構成要素に配分されることになる。ただし，契約のすべての要素が独立価格で価格設定されていて，リース要素の独立価格に固定資産税や保険料の請求額相当が含まれる場合，独立価格の比率で配分することにより，結果的に固定資産税や保険料が全額リース要素に配分されることになる。

　また，構成要素を区別して契約対価を各要素に配分することは実務上煩雑であるため，借手は，各リース要素とそれ以外の非リース要素をそれぞれ区別することに代えて，各リース要素とこれに関連する非リース要素すべてを一括して単独のリース要素とみなす簡便法を，原資産のクラスごとに選択することも認められている（IFRS16.15,BC135）。

(2) 貸　　手

　各リース要素と，それ以外の非リース要素について，IFRS第15号における考え方に基づき各要素の独立販売価格の比率で対価を配分する（IFRS16.17）。IFRS第15号における独立販売価格の考え方を要約すると，以下のようになる。

- 独立販売価格とは，企業が約束した財またはサービスを独立に顧客に販売する際の価格である（IFRS15.77）。
- 独立販売価格の最良の証拠は，企業が当該財またはサービスを同様の状況において独立に同様の顧客に販売する場合の，当該財またはサービスの観察可能な価格である（IFRS15.77）。
- 契約に記載された価格や定価は，財またはサービスの独立販売価格である可能性があるが，そうであると推定してはならない（IFRS15.77）。
- 独立販売価格が直接的に観察可能ではない場合には，適切に見積もらなければならない。見積りに際して，合理的に利用可能なすべての情報を考慮し，観察可能なインプットを最大限使用するとともに，類似した状況においては見積方法を首尾一貫して適用しなければならない。適切な方法には次のものが含まれるが，これらに限定されない（IFRS15.78,79）。
  - (a) 調整後市場評価アプローチ：顧客が当該財またはサービスに対して支払ってもよいと考えるであろう価格を見積もる（例：類似した財またはサービスにつ

いての企業の競争相手からの価格を参照して，企業のコストとマージンを反映するように必要に応じて当該価格を調整する）。
(b) 予想コストにマージンを加算するアプローチ：履行義務の充足に要するコストの見積額に，適切なマージンを加算して見積もる。
(c) 残余アプローチ：取引価格の総額から契約で約束した他の財またはサービスの観察可能な独立販売価格の合計を控除した額を参照して見積もる。ただし，この方法の使用が認められるのは，次のいずれかの場合に限定される。
 (i) 企業が同一の財またはサービスを異なる顧客に（同時またはほぼ同時に）広い範囲の金額で販売している（すなわち，代表的な独立販売価格が過去の取引または他の観察可能な証拠から識別可能でないため，販売価格の変動性が高い）。
 (ii) 企業が当該財またはサービスについての価格をまだ設定しておらず，当該財またはサービスがこれまで独立して販売されたことがない（すなわち，販売価格が不確定である）。

以上をまとめると，図表1－6のとおりである。

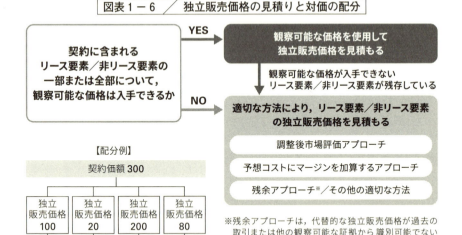

契約がリース要素及び非リース要素を含む場合，貸手は，IFRS第15号に従って，対価を各リース要素及び非リース要素に配分する。ただし，その契約にリース要素と非リース要素の双方を対象とした延長オプションが含まれる場合，IFRS第15号に基づく契約期間（IFRS15.11）とIFRS第16号に基づくリー

ス期間（第4章「当初測定における個別論点」参照）とでは，算定方法が異なるため，期間の長さが異なるという結論に至る場合がある。契約期間とリース期間が異なる場合，どちらの期間に基づいて各構成要素に配分する対価を決定するかによって，対価が異なる結果となる可能性がある。当法人の見解では，こうしたケースにおいて，企業はIFRS第16号に基づいて算定されるリース期間に基づき各構成要素に対価を配分すると考える。

(3) 変動対価の配分

　契約に複数の構成要素が含まれており，その契約の対価の一部は変動，一部は固定となっている場合，変動支払いをどのように配分すべきか，すなわち，一部の構成要素だけに変動支払いを配分できるかという疑問が生じる。1つの構成要素における履行の状況，もしくはその変動によって全体の支払額が変わるような場合に，この論点はより大きな問題になる可能性がある。

　IFRS第15号のもとでは，以下の要件をいずれも満たす場合，変動対価の全額を，一部の履行義務のみに配分する（IFRS15.85）。

> - 変動対価の支払条件が，その履行義務を充足するための企業の努力に直接的に関連している。
> - 契約に含まれるすべての履行義務及び支払条件を考慮した場合に，変動性のある対価全額を，一部の履行義務に配分することが配分の目的と整合している。

　貸手における対価の配分はIFRS第15号の規定に従うとされているため（IFRS16.17），このガイダンスは，貸手については直接的に適用される。一方，借手についてはIFRS第16号には具体的なガイダンスがないが，当法人の見解では，借手がリース要素を含む契約において変動支払いを配分する場合についても，貸手に適用されるアプローチを以下のように適用することが認められると考える。

> - 変動支払いが，特定の構成要素の独立価格に相当するものであり，かつ，その他の支払いが他の構成要素の独立価格に相当する場合，変動支払いはその特定の構成要素に配分され，その他の支払いは他の構成要素に配分する。
> - 変動支払いが，特定の構成要素の独立価格に相当するとはいえない，もしくはその他の支払いが他の構成要素の独立価格に相当するとはいえない場合，固定部分，変動部分の両方を含む合計の対価を，その契約のすべての構成要素に配分する。

| 設例 1 −11 | 変動対価の配分（借手）：変動支払いの全額が一部の構成要素に配分される場合 |

前提条件

借手であるE社は，清掃サービスを含む，5年間の不動産賃貸借契約を締結する。E社の5年間の支払額には以下が含まれる。

- 5年間で合計500万円の固定額の支払い（100万円／年）
- 清掃の1時間当たり固定金額に基づく変動額の支払い：5年間の見積額は200万円（40万円／年）

E社は，契約には不動産のリースと清掃サービス（非リース要素）の2つの要素が含まれていると結論付けた。この2つの要素には，観察可能な独立価格が存在する。

- 不動産のリース：500万円（固定額）
- 清掃サービス：清掃時間に基づいて決定される。1年につき40万円と見積もられる。

分析

契約対価の合計700万円（500万円の固定支払いと200万円の変動支払い）は，以下のとおり，構成要素に配分する。

構成要素	固定支払い	変動支払い
不動産のリース	500万円	−
清掃サービス	−	清掃時間に基づく支払い（見積額200万円）

変動支払いは，清掃サービスにのみ配分される。なぜなら，変動支払いは清掃サービスの独立価格を表し，固定支払いはリース要素の独立価格を表すからである。

| 設例 1 −12 | 変動対価の配分（借手）：変動支払いがすべての構成要素に配分される場合 |

前提条件

借手であるF社は，メンテナンスサービスを含む，5年間の不動産賃貸借契

約を締結する。F社の5年間の支払額は以下より構成される。

- 5年間で合計500万円の固定額の支払い（100万円／年）
- 年間売上の2％の変動額の支払い（200万円と見積もられる）

F社は，契約には，不動産のリースとメンテナンスサービス（非リース要素）の2つの要素が含まれていると結論付けた。この2つの要素の独立価格は，以下のとおり決定した。

- リースの観察可能な独立価格：500万円
- 予想されるコストに適切なマージンを加算した金額に基づく，メンテナンスに関する見積独立価格：200万円

分析

この場合，契約対価の合計（500万円の固定支払いと年間売上の2％として計算される200万円の変動支払い）は，以下のとおり，構成要素に配分する。

（単位：万円）

構成要素	独立価格	割合	固定支払い分	変動支払い分
不動産のリース	500	71.43%	357	年間売上の2％×71.43%（予想支払額：143）
メンテナンス	200	28.57%	143	年間売上の2％×28.57%（予想支払額：57）
合計	700		500	年間売上の2％（予想支払額200）

設例1-11とは異なり，年間売上の2％として決定される変動支払いはメンテナンスサービスの独立価格を表していない。したがって，2つの構成要素の独立価格の比率に基づき，固定支払いと変動支払いの両方をリース要素と非リース要素に配分する。

日本基準との比較

日本基準では契約の結合についての言及はない。また，構成要素の識別についても，土地と建物を一括したリースについては，これを原則として分割するよう求めるにとどまっている（リース適用指針第20項）。契約に役務提供が含まれている場合についても，原則リースからは分離すべきとしつつも，一般に契約における重要性

が乏しいことが多いとして，重要性がある場合にどのように構成要素を識別・分離するかについては述べられていない（リース適用指針第14項）。

39

第2章

借手の会計処理

本章のまとめ

　IFRS第16号「リース」における借手の会計処理は，すべてのリースを資金調達を伴う「使用権資産」の取得として扱う。この結果，原則としてすべてのリースについて，リース開始日において使用権資産とリース負債を認識することが要求される。

　リース負債はリース開始日におけるリース料の未決済分の割引現在価値で当初測定する。事後測定においては，リース料の支払いに応じて実効金利法に基づく利息の支払いとリース負債の元本の返済を認識する。

　一方，使用権資産は，今後支払うべき対価としてのリース負債の計上額にすでに支払済みの対価を加算し，これに残価保証により支払うと見込まれる額やリースの終了に際して発生が見込まれる原状回復コストの見積りなどを加えた取得原価で当初測定する。事後測定においては，原則として減価償却計算を行ったうえで減損会計を適用するが，企業が有形固定資産や投資不動産の測定にそれぞれ再評価モデルや公正価値モデルを適用している場合は取扱いが異なる。

　なお，実務上の負担に配慮して短期リース及び少額資産のリースについては免除規定が設けられており，当該免除規定による場合には使用権資産及びリース負債を認識せずに，リース期間にわたって原則として定額による費用計上を行う。

【IFRS第16号と日本基準の主な差異】

トピック	対応する節	IFRS第10号	日本基準
リース会計モデル	1 当初認識・測定	免除規定を適用する短期リース及び少額資産のリースを除くすべてのリースについて，単一の使用権モデルを適用する。	・解約不能かつフルペイアウトの要件を充足するか否かにより，ファイナンス・リース取引とオペレーティング・リース取引に分類される。 ・ファイナンス・リース取引については，さらに所有権移転ファイナンス・リース取引と所有権移転外ファイナンス・

			リース取引に分類される。
当初認識・測定	**1 当初認識・測定**	リース負債は，リース料の未決済分の割引現在価値，使用権資産は，リース負債の当初測定額に必要な調整を加減した取得原価で当初測定される。	ファイナンス・リース取引については，所有権が移転するか否か，貸手の購入価額が明らかか否かにより，貸手の購入価額，リース料総額の現在価値，または見積現金購入価額でリース資産及びリース債務を計上する。
負債から発生する利息の処理	**2 事後測定の会計処理**	リース負債からの支払利息は実効金利法で計上し，他の簡便的な方法は明示的には設けられていない（一般的な重要性の範囲での判断）。	リース債務からの支払利息を実効金利法でなく定額法で計上する方法や，そもそも支払利息を識別しない方法（利子込み法）も明示的に認められている。
リース資産の減価償却	**2 事後測定の会計処理**	所有権移転条項のついたリース，及び行使が合理的に確実な購入オプションがついたリースは原資産の耐用年数，それ以外は原則としてリース期間にわたって減価償却する。減価償却の方法については，IAS第16号「有形固定資産」に基づき，会計方針として選択する。	所有権移転ファイナンス・リース取引におけるリース資産は，自己所有の固定資産と同一の方法により減価償却する。所有権移転外ファイナンス・リース取引の場合は，リース期間にわたって減価償却するが，償却方法は自己所有の固定資産と異なる方法も選択できる。
短期リースにおける簡便的な取扱い	**3 例外的な免除規定**	購入オプションがついておらずリース期間が12か月以内のリースについては，使用権資産・リース負債を認識せずに，リース料をリース期間にわたって定額法等の規則的な方法により費用計上できる（短期リース）。	所有権移転予定の有無にかかわらず，12か月以内のリース契約については，通常の賃貸借処理に係る方法に準じて会計処理を行うことができる。
金額基準における簡便的な取扱い	**3 例外的な免除規定**	新品の状態での個々の価額が，少額（例えば5,000米ドル程度以下）である資産を原資産とするリースについては，使用権資産・リース負債を認識せずに，リース料をリース期間にわたって定額法等の規則的な方法により費用計上できる（少額資産のリース）。	ファイナンス・リース取引に該当するリース取引であっても，以下の場合には，通常の賃貸借取引に係る方法に準じて会計処理を行うことができる。 • 重要性が乏しい減価償却資産を購入時に費用処理する方法を採用している場合で，リース料総額が当該費用処理基準額以下である契約 • 所有権移転外ファイナンス・リース取引の場合，企業の事業内容に照らして重要性の乏しいリース取引で，リース契約1件当たりのリース料総額が300万円以下のリース契約

第2章 借手の会計処理 41

1 当初認識・測定

1 概　要

　借手は，リース開始日（第4章 **1**「リース開始日」参照）において，免除規定が適用される一部の例外を除くすべてのリースについて，使用権資産とリース負債を認識する（IFRS16.22）。

　使用権資産とは，リース期間における借手の原資産に関する「使用権」を表す資産と定義される。また，リースとは，資産（原資産）を使用する権利を，対価との交換により，一定の期間にわたり移転する契約または契約の一部である（第1章 **1**「リース会計の適用対象」参照）。リースの定義に該当する場合，借手は貸手とは異なり，ファイナンス・リース，オペレーティング・リースの分類は不要となり，原則としてすべてのリースについて使用権資産を認識することが求められる。

　使用権資産及びリース負債は，原資産が引き渡されることにより借手による使用が可能となる（使用権が移転する）ため，リースの契約日ではなく，リース開始日に認識する。

日本基準との比較

　日本基準では，リース取引をファイナンス・リース取引とオペレーティング・リース取引に分類し，解約不能かつフルペイアウトの要件を充足する場合には，ファイナンス・リース取引，そうでない場合にはオペレーティング・リース取引とする（リース基準第5項，第6項）。また，ファイナンス・リース取引については通常の売買取引に係る方法に準じた会計処理を行い，オペレーティング・リース取引については通常の賃貸借取引に係る方法に準じて会計処理を行う（リース基準第9項，第15項）。さらに所有権移転ファイナンス・リースと所有権移転外ファイナンス・リースは異なる性質のリース取引であるとして，両者を分けている（リース基準第8項）。

2 リース負債・使用権資産の測定方法

借手は，リース負債をリース開始日にリース料（第4章**3**「リース料」参照）の未決済分の割引現在価値で当初測定する（IFRS16.26）。どのような割引率を用いて割引計算を行うかについては，第4章**4**「割引率」で説明する。

なお，リース負債は金融負債に該当するが，IFRS第16号に基づいて会計処理されるためIFRS第9号「金融商品」の適用は受けない。ただし，認識の中止に関する規定についてはIFRS第9号に従う（IFRS9.2.1(b)）

日本基準との比較

日本基準では，所有権移転外ファイナンス・リース取引であってリース資産総額に重要性が乏しいと認められる場合は，リース料総額から利息相当額の合理的な見積額を控除しない方法を採用することができる。この場合，リース資産及びリース債務は，リース料総額で計上され，支払利息は計上されず，減価償却費のみが計上される（リース適用指針第31項(1)）。IFRS第16号ではこのような取扱いは明記されていないが，一般論として重要性の概念を適用し，重要性に応じた簡便的な取扱いを行うことは認められると考えられる。重要性の概念については本章で後述する。

使用権資産は，リース開始日に取得原価により当初測定する（IFRS16.23）。使用権資産の取得原価は，以下の①～⑤により構成される（IFRS16.24）。

① リース負債の当初測定額（＝リース料の未決済分の割引現在価値）
② リース開始日以前に支払われた前払リース料
③ リース開始日以前に受領したリース・インセンティブの控除
④ 借手に生じた当初直接コスト
⑤ 原状回復コストの見積額（棚卸資産の製造のために生じるコストを除く）

図表 2 − 1　借手の会計処理（当初認識：リース負債から使用権資産への調整）

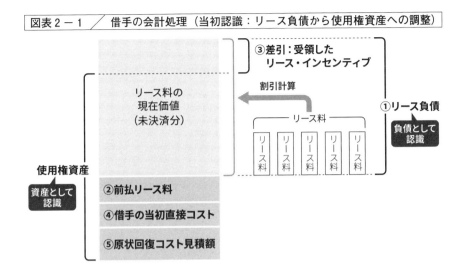

使用権資産認識額＝①リース負債として認識した額
　　　　　　　　　＋②前払リース料－③受領済リース・インセンティブ
　　　　　　　　　＋④借手の当初直接コスト＋⑤原状回復コスト見積額

なお，当初認識・測定に関連して想定される実務上の論点を以下に示す。

① 使用権資産に関連する政府補助金

使用権資産に関連する政府補助金を受領するケースがある。当法人の見解では，使用権資産に関連する政府補助金は，他の資産に関連する政府補助金と同様のアプローチで，使用権資産の取得原価から控除するか，または使用権資産の耐用年数を通じて償却される繰延収益として独立して表示すると考える。

② 賃借資産の大規模な検査費用

例えば航空機や船舶のように，定期的に大規模な検査が必要とされる資産のリース契約において，借手が大規模検査費用を負担するケースが見られる。このような場合，借手は，その契約上及び規制上の義務について評価し，義務の性質に応じた適切な会計処理を行うことになる。当法人の見解では，想定されるアプローチとしては，以下が含まれると考える。

- **構成要素アプローチ**：大規模検査費用が，資産の構成要素の１つと考えられる場合，リース開始時にリース契約に基づき認識した使用権資産の一部を，大規模検査費用に係る資産として特定し，検査までの期間にわたり償却を行う。検査時に生じた支出は改めて資産に計上しなおし，その後，同様に償却を行う。
- **引当金アプローチ**：大規模検査費用が，IAS第37号の引当金の認識基準を満たすと判断される場合，義務が発生した時点で引当金を認識する。引当金の認識は，資産の使用に比例して認識するケースもあれば，利用状況が一定の閾値に達した時点で認識するケースもあると考えられる。検査を実施し，支出が生じた時点で引当金を取り崩す。

航空機のリースにおいて，借手が３年ごとに大規模な検査を要求される場合を想定する。リース期間は９年間とし，借手は，各検査で生じるコストは600であり，飛行時間に比例して発生すると予想している。簡略化のため，飛行時間は毎年同じと仮定し，割引計算は無視する。

構成要素アプローチでは，借手はリース開始時に，リース契約に基づき認識した使用権資産の一部（600）を，検査に係る資産として特定し，３年間で償却する。また，検査時に生じた支出は資産として認識し，同様に４年目以降の３年間で償却する。

一方，引当金アプローチでは，毎年200の引当金を認識し，検査を実施し支出が生じるにつれて引当金600を取り崩す。また，４年目以降も同様に引当金の繰入れを行う。

③　被取得企業が借手である場合のリース

IFRS第３号「企業結合」における取得企業は，被取得企業が借手となるリースにおいて，IFRS第16号に基づき識別されたリースの使用権資産とリース負債を認識しなければならない。ただし，以下の場合には，取得企業は使用権資産とリース負債を認識することを要求されない（IFRS3.28A）。

(a)　リース期間が取得日（被取得企業に対する支配獲得日）から12か月以内に終了するリース
(b)　少額資産のリース（IFRS16.B3－B8）。なお，経過年数は考慮せず，原資産が新品である時点の価値に基づいて判定する。

取得企業は，取得したリースが支配獲得日における新たなリースであるかのように，支配獲得日時点のリース料のうち未決済分の現在価値でリース負債を測定しなければならない。

第2章　借手の会計処理　45

　当法人の見解では，残りのリース料の現在価値でリース負債を測定するにあたって，取得企業は，契約条件及び企業結合後の企業グループの構成員としての借手の特徴を考慮した割引率を使用すべきである。当法人の見解では，割引率を算定する際に，取得企業は以下を考慮すべきであると考える。

- 取引形態は，法的な企業体の取得か，または資産の取得か
- リースに係る法的な支払義務を負うのは取得企業か被取得企業のいずれか
- 取得企業による保証が提供されるか
- 企業グループの財務機能が集約されている等の理由により，リースの価格設定に企業グループの信用力が影響するか
- 法的な義務がないとしても，被取得企業が負うリースの支払義務の履行を取得企業がサポートする可能性があるか

　取得企業は，使用権資産をリース負債と同額で測定し，市場要件に比べて有利または不利なリースの契約条件の調整を反映しなければならない（IFRS3.28B）。当法人の見解では，企業結合において取得したリース契約における変動リース料は，リース条件が市場要件に対して有利または不利であるかどうかの評価において考慮されるべきであると考える。

> **Point & 分析**
>
> 　IFRS第16号の使用権資産モデルは，リースの対象となっている資産そのものではなく，リース対象期間における使用権について，その支配が借手に移転していることに着目する（第1章1「リース会計の適用対象」参照）。したがって，オンバランスされるのは，リース対象資産（もしくはこれに準ずるもの）ではなく，その資産を，リースしている限定的な期間において使用することができるという「権利」（使用権）のみである。
>
> 　また，リース取引では，借手は資産の所有リスクを負わず，契約延長・更新を行わないことによって，また，時には解約オプションを行使することによって，リースを継続する期間を柔軟に変更できる。IFRS第16号のもとでオンバランスされる使用権に関する資産・負債は，そのようなリース取引の弾力的な性質を反映し，リースの継続について企業による自由な決定が可能な部分を実質的に含まない限定的な金額となっている（第4章2「リース期間」参照）。

日本基準との比較

　ファイナンス・リース取引について，日本基準では，リース取引開始日に，リー

ス資産及びリース債務を計上する（リース基準第10項）。当初測定金額の関係を示すと下表のようになる（リース適用指針第22項，第37項）。

	所有権移転 ファイナンス・リース	所有権移転外 ファイナンス・リース
貸手の購入価額が明らかな場合	貸手の購入価額	リース料総額の現在価値と貸手の購入価額のうち，より小さな値
貸手の購入価額が不明な場合	リース料総額の現在価値と見積現金購入価額のうち，より小さな値	

　日本基準におけるリース債務の認識はファイナンス・リース取引でしか行われない。したがって，ここで認識される額は，借手が原資産を直接購入した場合に必要な資金額に準じたものになっている。

2 事後測定の会計処理

1 リース負債

　リース負債については，借手はリース料の支払いに応じて，利息の支払いとリース負債の元本の返済を認識する。ここで，支払利息は，残りのリース期間にわたって利回りが一定となるような利率で，リース負債残高に対して計上する（IFRS16.36）。すなわち，原則としてリース負債を当初認識した時点で使用した割引率が支払利息の計算に使用される。ただし，リース負債計上額が見直された場合，支払利息を計算するための利回り（割引率）は変更される場合がある（第5章「事後的な変更」参照）。

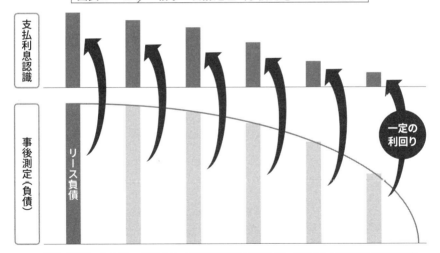

図表2－2　借手の会計処理（事後測定：リース負債）

債務の返済，ならびに，残りのリース期間を通じて利回りが一定になるように支払利息を認識

　IFRS第16号では，リース料の支払いは，支払利息とリース負債の返済に充当される。リース負債の残高が大きいリース期間の当初は，リース料の支払い

のうち相対的に多くが支払利息に充当され，リース負債の減少は緩やかである。リース負債の残高が減るにつれて，支払利息は減少するため，リース料の支払額のうちリース負債の元本返済に充当される部分の金額も逓増することになる。すなわち，リース負債から発生する費用（支払利息）は，リース期間の当初においてより多く，リース負債の返済が進むにつれて減少する。

日本基準との比較

日本基準では，所有権移転外ファイナンス・リース取引であってリース資産総額に重要性が乏しいと認められる場合は，利息相当額の総額をリース期間中の各期に配分する方法として，定額法を採用することができる（リース適用指針第31項(2)）。

2 使用権資産

使用権資産の事後測定は，図表2－3に示した方法に従って処理する。

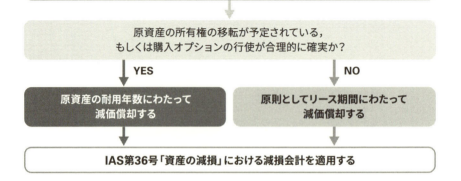

図表2－3　借手の会計処理（事後測定：使用権資産）

使用権資産は，原則として原価モデルにより事後測定する（IFRS16.29）。すなわち，取得原価から減価償却累計額及び減損損失累計額を差し引き，リース負債の計上額が見直された場合（第5章「事後的な変更」参照）には，それに伴う調整額を加減する（IFRS16.30）。

ただし，以下の場合についてはその限りではない。

① 投資不動産の事後測定方法として公正価値モデルを採用している企業は，投資不動産の定義を満たす使用権資産にもIAS第40号「投資不動産」の公正価値モデルを適用する。すなわち，使用権資産を公正価値で測定し，その変動を当期純利益に含めて認識する（IFRS16.34）。なお，借手が使用権資産として保有する投資不動産の公正価値は，割引率及び支払われると見込まれる変動リース料を含むすべての期待キャッシュ・フロー（更新オプション及び解約オプションの行使の可能性を含む）を反映する。投資不動産の評価額が支払われると見込まれるリース賃借料を控除した額となる場合，投資不動産の帳簿価額を算定するためには認識済みのリース負債の帳簿価額を足し戻すことが必要となる（IAS40.50(d)）。

② 有形固定資産についてIAS第16号「有形固定資産」に定める再評価モデルを適用している企業は，使用権資産にも再評価モデルを適用することができる。ただし，その場合には，同一クラスの使用権資産については，すべて再評価モデルを適用する（IFRS16.35）。

上記①，②以外の使用権資産については，IAS第16号の定めに従って減価償却計算を行う（IFRS16.31）。当法人の見解では，使用権資産の減価償却は，リース開始日から開始すべきであると考える。使用権資産は以下のとおり減価償却する。

- リース期間の終了までに原資産の所有権が借手に移転するリース及び購入オプションが付されたリースで，その行使が合理的に確実であると判断されたものについては，原資産の耐用年数にわたって減価償却する。
- それ以外のリースについては，リース期間（使用権資産の耐用年数がリース期間に満たない場合は，当該耐用年数）にわたって減価償却する（IFRS16.32）。ここでいう「使用権資産の耐用年数」とは「経済的耐用年数」と異なり，企業が当該使用権資産を利用可能であると予想する期間であり，リース期間より短いこともある。

> **Point & 分析** 投資不動産の測定において原価モデルを採用している場合には，投資不動産の定義を満たす使用権資産であっても，IFRS第16号の規定に基づいて事後測定する。ただし，その場合でも，IAS第40号に基づき，公正価値を開示する必要がある。詳細については第7章1「借手」参照。

使用権資産は一般的に，定額法により減価償却されることが多いと思われるが，その場合，使用権資産に係る費用（減価償却費）は毎期定額で発生する。それに対して，リース負債に係る費用（支払利息）はリース期間の当初においてより多く発生するため，両者の合計として算定される借手の費用は，契約当初において相対的に多くなり，リース負債の返済が進むにつれて減少していくことになる。

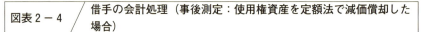

図表2−4 借手の会計処理（事後測定：使用権資産を定額法で減価償却した場合）

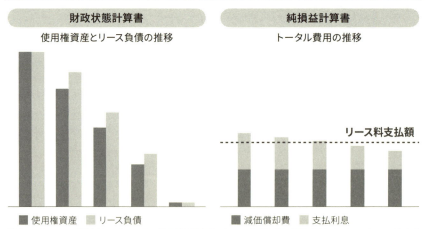

（注） リースの開始日において，使用権資産とリース負債は同額と仮定する。リース料支払額は，利息の支払いに充当されたうえで，リース負債から減額される。

IAS第16号では，資産を経営者が意図した方法で稼働可能にするために必要な場所及び状態に置くことに直接起因するコストを，当該資産の取得原価に含めることを要求している（IAS16.16(b)）。一方で，新しい施設の開設コストは，取得原価を構成せず，発生時に費用処理されることとなる（IAS16.19(a)）。

賃借資産のカスタマイズ期間中に発生した使用権資産の減価償却費を資産化

すべきか否かは，すべての関連する事実及び状況を考慮して判断する必要がある。例えば，小売業者Xが小売スペースを賃借し新店舗を開店することを計画している。Xは，すぐに開店することも可能であるが，デザインやブランド戦略と整合するよう，まず店舗の改装を行う。当法人の見解では，改装期間中の使用権資産の減価償却費は，経営者が意図した方法で資産を稼働可能にするために必要な場所及び状態に置くことに直接起因するコストではなく，新しい施設の開設に関連付けられるコストであるため，発生時に費用処理すると考える。

　一方，賃借した土地の上に建物を建設する場合，当法人の見解では，建物の建設期間中の使用権資産の減価償却費は，それが建物を経営者が意図した方法で稼働可能にするために必要な場所及び状態に置くことに直接起因するコストであれば，建物の取得原価に含めなければならないと考える。

日本基準との比較

　日本基準では，所有権移転ファイナンス・リース取引は，リース物件の取得と同様の取引と考え，自己所有の固定資産と同一の方法により減価償却費を算定する（リース基準第12項）。
　一方，所有権移転外ファイナンス・リース取引については，リース物件の取得とは異なり，リース物件を使用できる期間がリース期間に限定されるという特徴があるため，原則として，リース資産の償却期間はリース期間とし，残存価額はゼロとしている。また，償却方法についても，企業の実態に応じ，自己所有の固定資産と異なる償却方法を選択することができる（リース基準第12項，第39項）。

3　使用権資産の減損

　使用権資産はIAS第36号「資産の減損」に規定された減損会計の適用対象となる（IFRS16.33）。減損テストの際に回収可能価額と比較される資金生成単位の帳簿価額には，原則として，負債の帳簿価額は含めない（IAS36.76(b)）。しかし，気を付けなければならないのは，通常，使用権資産の移転はリース負債の移転を伴うということである。使用権資産が含まれる資金生成単位を処分する際に，買手がリース負債を引き受ける必要がある場合には，減損テストに用いる資金生成単位の（処分コスト控除後の）公正価値の算定が，リース負債の

返済を反映した公正価値となっている場合がある。そのような場合には，これと比較される資金生成単位の帳簿価額からリース負債を控除する必要がある（IAS36.78）。また，このような場合には，使用権資産を含む資金生成単位の使用価値の算定にあたってもリース負債を以下の方法により控除することが必要となる。

- リース料の支払いについて，資金生成単位の使用価値の算定に用いる将来キャッシュ・アウト・フローに含めない。
- 上記に基づいて算定された使用価値から，リース負債の帳簿価額を控除する。

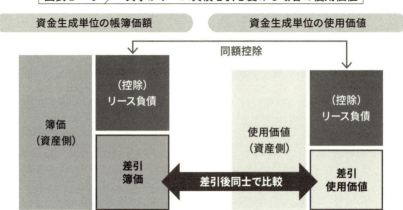

図表2－5　買手がリース負債を引き受ける場合の使用価値

リース開始後の使用権資産には上記のとおり減損会計が適用されるが，建設中のオフィスビルについてリース契約を締結し竣工後に入居するなど，契約日からリース開始日までの期間が空いている場合もある。そのようなリース開始日前のリース契約が，不利な契約に該当する場合には，IAS 第37号「引当金，偶発負債及び偶発資産」の引当金の認識が必要となる（IAS37.5(c)）。

3 例外的な免除規定

　IFRS第16号では，すべてのリースに係る権利及び義務を，財政状態計算書上に認識することが原則であるが，これは相当の事務負担を借手に生じさせることになると想定される。このため，短期リース及び少額資産のリースについては，オンバランス処理を要求しない免除規定が設けられている（IFRS16.5）。

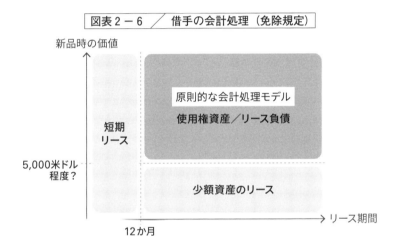

図表2−6　借手の会計処理（免除規定）

　これらの免除規定を適用した場合，借手は短期リース及び少額資産のリースについて使用権資産・リース負債を認識せず，リース料を，それぞれのリース期間を通じて原則として定額法によりリース費用として認識する（IFRS16.6, 60）。当法人の見解では，企業が棚卸資産の生産に関連する資産のリースに当該免除規定を適用する場合，リース費用は棚卸資産の原価に含めるべきであると考える。

　なお，短期リースまたは少額資産のリースの免除規定を適用することでオフバランス処理されるリースについては，その契約が不利な契約に該当する場合にはIAS第37号に基づき，不利な契約による現在の義務を引当金として認識し

なければならない（IAS37.5(c)）。

また，当該免除規定を適用する借手は，免除規定を適用している旨，及び短期リース，少額資産のリースについて当期に認識されたリース費用を開示する必要がある（IFRS16.53, 60）。

1 短期リースについての免除規定

短期リースとは，リース開始日時点のリース期間が12か月以内のリース（購入オプションが付されているものを除く）をいう。リース期間は，解約不能期間に，借手がリースを延長するオプションを行使する，またはリースを解約するオプションを行使しないことが合理的に確実な場合のオプション期間を加えた期間と定義されており（第4章 2「リース期間」参照），短期リースの判定は，契約期間や解約不能期間ではなく，リース期間が12か月以内か否かで行われる。

また，購入オプションについては行使する可能性は考慮されないため，購入オプションが付されているリースは，それがたとえ名目的なものであり，行使が想定されないとしても，短期リースの免除規定を適用することはできない。

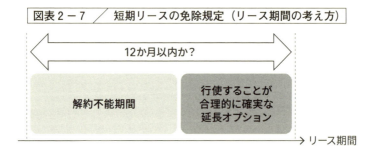

図表2－7　短期リースの免除規定（リース期間の考え方）

短期リースの免除規定を適用するか否かは，リースの対象となる原資産のクラスごとに選択できる。原資産のクラスとは，性質及び企業の営業における用途が類似した原資産のグルーピングである（IFRS16.8）。

Point & 分析	短期リースの免除規定を導入するに際して，リース資産・負債のオフバランス化を目的にリース期間を過度に短く見積もることで，短期リースの免除規定を不適切に適用しようとする実務が行われることも懸念された。IASBはこのようなリースのストラクチャリングが行われるリスクを検討したが，最終的には以下の点からそのようなリスクは軽減されると考えた（IFRS16.BC94）。

- 「リース期間が短い」とは，貸手にとってはリース料収入によるリース原価の回収が合理的に確実と見込める期間が限定されるということである。例えば，契約上の解約不能期間を短く設定したとすると，残価の変動を通して，当該リース対象資産の所有に係るリスクに貸手はより多くさらされることを意味する。したがって，貸手はこのリスクをカバーするために，リース料を値上げしようとするはずであり，リース期間の長短とリース料にトレードオフの関係が生じることで，結果的に不適切な契約のストラクチャリングは回避されると考えられる。
- IFRS第16号はリース期間の判定について厳格な判断を借手に求めているため，短期リースの免除規定を適用するためだけの形式的な中途解約条項が盛り込まれるリスクは低減されていると考えられる。

　なお，当該免除規定を適用する短期リースについて，契約変更があった場合やリース期間が見直された場合には，これを新たなリースとして扱う（IFRS 16.7）。詳細については第5章「事後的な変更」参照。

2 ｜ 少額資産のリースについての免除規定

　実際のリース対象物件が中古品であるかどうかを問わず，新品の状態での個々の価額が少額であるような資産（例：PC，オフィス備品）を原資産とするリースについては，少額資産のリースとして，免除規定を選択できる（IFRS 16.B3）。

　少額かどうかをどのように判断するのかについて，IFRS第16号本文での言及はない。しかし，結論の根拠において，当該免除規定の取扱いに関する審議が行われていた際にIASBが想定していたのは，新品での価値が5,000米ドル以下程度の資産であったことが記載されている（IFRS16.BC100）。この5,000米ドルとして示された目安は企業規模にかかわらず適用され，また，当該免除規定を適用した契約の合計額に，金額的な重要性があるか否かは問われない

（IFRS16.BC101）。

　当該免除規定の適用は，リース1件ごとに選択することができる（IFRS16.8）少額資産のリースか否かは構成要素として識別されたリース構成単位で決まる（第1章 **2**「リース会計の適用単位」参照）ため，単独の構成要素として識別されたリース要素をさらに分解してこの免除規定の適用を受けることはできない（IFRS16.B5, B32）。

　また，借手が資産を転貸しているか，または資産を転貸することを見込んでいる場合には，少額資産の免除規定を適用することはできない（IFRS16.B7）。そのため，当初はサブリースを見込んでいなかったため少額資産の免除規定を適用することを選択したリースについて，その後サブリース契約を締結した場合には，もはや当該リース契約について免除規定を適用できないことから，当法人の見解では，借手は，変更のあった日から，当該リース契約を新たなリースとみなして会計処理しなければならないと考える。また，借手は，当初はサブリースを見込んでいなかったにもかかわらず，サブリースが実行されることとなった理由がどのような要因によるものなのか，及び少額資産の免除規定を適用している他のリースについても転貸が見込まれる状況を示唆するものでないかを検討しなければならない。

Point & 分析

　財務諸表の作成における一般的な概念として「重要性」がある。IAS第1号「財務諸表の表示」によれば，情報は，それを省略したり，誤表示したり覆い隠したりするときに，特定の報告企業に関する財務情報を提供する一般目的財務諸表の主要な利用者が当該財務諸表に基づいて行う意思決定に，当該情報が影響を与えると合理的に予想しうる場合には，重要性があるという（IAS1.7）。金額的な観点からいえば，当然に企業規模は重要性の基準に影響する。

　他の基準と同様に，IFRS第16号は，特定の取引及び事象に関する重要性についての明示的なガイダンスは示していないが，上述の一般的な重要性の概念は，他の基準と同様にIFRS第16号にも適用される。

　したがって，有形固定資産の場合と同様の重要性の概念がリース会計においても適用されるであろうとIASBは想定している。有形固定資産項目の購入コストが特定の金額よりも低い場合には，会計方針として当該コストを資産計上の対象としないことも多い。自社の財務諸表にとって重要性がないと考えられるリースについても，IFRS第16号における認識及び測定の要求事項は適用されないと予想される。

第2章　借手の会計処理　57

　同様に，割引計算の影響に重要性がない場合には，リース負債を割引前のリース料の金額で測定することも排除してはいない（IFRS16.BC86）。これに対し，IFRS第16号に明記された少額資産のリースに対して免除規定を認める措置は，この一般的な重要性の考え方とは一線を画すものであり，一般的な重要性の概念に優先して適用されるものと考えられる。すなわち，5,000米ドルとして示された目安は企業規模とは関係なく適用され，また，当該免除規定によってオフバランス処理となるリース契約の総計に対し，一般的にいわれる「重要性」があるかどうかも問われない。しかし，IASBのボードスタッフによって事前に行われた実地調査によれば，1件5,000米ドルという金額の閾値は十分に低い値に設定されているために，そのようなリースを集計して試算してみたところ，ほぼすべての会社において，非流動資産に占める割合はせいぜい1％にも満たなかったとのことである。すなわち，当該免除規定を設けることによって資産・負債の認識を行わなくてもよいような取引は，そもそも一般的な重要性の基準において資産・負債の認識が要求されないレベルのものであることが多いといえる。当該免除規定を設けることによる財務諸表上の影響は限定的であろうとIASBは考えているのである。むしろ，当該免除規定は，そのような少額資産のリースにつき，その定量情報を蓄積・集計し，「重要性がない」ことを確認する手間から，作成者を解放するために設けられたとも考えられる。

図表2－8	少額資産のリースに対する免除規定の適用対象の例示（IFRS16.設例11）

適用可能と考えられるもの	適用不能と考えられるもの
● 従業員用のIT機器 　（PC，プリンタ，携帯電話など） ● オフィス家具（椅子，机など）	● 不動産（オフィス建物，倉庫など） ● サーバ（個別モジュールを含む）※ ● 製造設備 ● 社用車 ● 配送用トラック ● 大容量多機能コピー機

※　サーバーの中の各モジュールは，個々に考えた場合には少額資産であるかもしれないが，各モジュールはサーバー本体との相互関連性が高いと考えられるため，各モジュールとサーバーは全体として1つのリース構成要素となる。原資産が他の原資産に高度に依存している，もしくは高度に関連している場合，それらを別個のリース構成要素に分離することは禁じられているため（第1章2「リース会計の適用単位」参照），少額資産のリースの免除規定は適用できない。

日本基準との比較

　日本基準では，少額リース資産及び短期のリース取引に関する簡便的な取扱いとして，個々のリース資産に重要性が乏しいと認められる場合は，通常の賃貸借取引に係る方法に準じて会計処理を行うことができる（リース適用指針第34項，第45項）。個々のリース資産に重要性が乏しいと認められる場合とは，次の(1)から(3)のいずれかを満たす場合とされている（リース適用指針第35項，第46項）。

(1) 重要性が乏しい減価償却資産について，購入時に費用処理する方法が採用されている場合で，リース料総額が当該基準額以下のリース取引
(2) リース期間が１年以内のリース取引
(3) 所有権移転外ファイナンス・リース取引の場合に限り，企業の事業内容に照らして重要性の乏しいリース取引で，リース契約１件当たりのリース料総額が300万円以下のリース取引

　上記のうち，(1)はIFRS第16号では明記されていないが，前述した一般的な重要性の概念の適用により，認められるものと考えられる。一般的には少額資産のリースの範囲内に入っている性質のものと思われる。

　(2)はIFRS第16号における短期リースの免除規定に相当するが，日本基準におけるリース期間は，IFRSにおけるリース期間の概念とは必ずしも一致しないため注意が必要である（第４章 **2** 「リース期間」参照）。また，購入オプションが付与されているものは短期リースに該当しないとされているため，日本基準と異なり，所有権移転ファイナンス・リースには適用することができないと考えられる。

　(3)は少額資産のリースの免除規定に相当するが，日本基準と比較すると，以下のような相違点があると考えられる。

- IFRS第16号では所有権が借手に移転する予定のリースかどうかは問われない。また，ノンコア資産（企業の事業内容に照らして質的に重要性の乏しいリース）であることを明示的に要求する記述はない。
- 日本基準では，１件当たりのリース料総額について金額基準が適用されるが，IFRS第16号の「少額資産のリース」における金額基準は，原資産が新品の状態での価額を指すため，例えば，中古資産のリースについてリース料が結果的に少額であったとしても，必ずしも本免除規定の適用対象とならない場合も考えられる。また，金額水準についても，日本基準では１件当たりのリース料総額が300万円以下であるのに対し，IFRS第16号では新品の状態での原資産の価値が5,000米ドル程度（50〜70万円程度）以下という目安があり，金額のレベル感にもかなりの違いがある点にも注意する必要がある。ただし，既述のとおり，少額資産のリースに該当しなかったとしても，企業にとって一般的な重要性の概念のもとで重要性のない取引であれば必ずしもIFRS第16号に基づくオンバランス処理が要求されるわけではない。よって，新品の状態での原資産価額が5,000米ドル程度を超えるような資産のリースで，日本基準では300万円基準をもって賃

第 2 章 借手の会計処理 59

貸借処理されているようなリースについて，企業規模等を勘案して検討した結果，IFRSにおいても，相応の簡便的な会計処理をしていても問題がないという判断となることも，状況によっては考えられる。

4 ケース解説

　ここでは，非常に単純化された例を取り上げる。変動リース料，当初直接コスト，リース・インセンティブ，リース料の前払い，各種オプションが存在せず，固定のリース料のみが契約期間にわたって発生するケースを想定する。

設例2－1　借手の会計処理

前提条件

　A社は，X1年の期首において，自社が保有する機械PをB社に対して，3年契約で貸し出すこととした。年間のリース料は毎年300（毎期末日払い）である。

　A社，B社ともに，リース取引に係るその他の支出はないものとする。割引率を8.38％とした場合の，借手であるB社の処理はどのようになるか。なお，B社はリースされた機械Pの使用権の経済的便益の予測費消パターンを反映する最も合理的な償却方法は定額法であると考えているとする。使用権資産の減損については考慮しない。

計算

- 使用権資産及びリース負債当初計上額：リース料の現在価値なので，
  $(300 \div 1.0838) + (300 \div 1.0838^2) + (300 \div 1.0838^3) = 768$
  よってリース開始時点の仕訳は以下のとおり。

	借方		貸方	
X1期	使用権資産	768	リース負債	768

- リース負債の返済と支払利息：債務残高にリース負債を当初認識した時点で使用した割引率である8.38％を乗じて支払利息を算定する。また，支払リース料のうち，支払利息以外の部分が元本返済に充当される。

第2章　借手の会計処理　61

	リース負債期首残高(a)	支払利息(b)=(a)×8.38%	リース負債の返済(c)=300−(b)	リース負債期末残高(d)=(a)−(c)
X1期	768	64	236	532
X2期	532	45	255	277
X3期	277	23	277	0

- 使用権資産：経済的便益の費消パターンを反映する方法である定額法により，3年間で償却する。毎期の減価償却費は256（768÷3）となる。

	使用権資産期首残高	使用権資産の減価償却費	使用権資産期末残高
X1期	768	256	512
X2期	512	256	256
X3期	256	256	0

仕訳 以上より，事後測定にかかる仕訳は以下のとおり（かっこ付きは貸方）。

	財政状態計算書			純損益計算書		
	使用権資産	リース負債	現預金	減価償却費	支払利息	合計
X1期	(256)	236	(300)	256	64	320
X2期	(256)	255	(300)	256	45	301
X3期	(256)	277	(300)	256	23	279

前荷重になっている

すなわち，X1期からX3期の事後測定仕訳は以下のとおり。

	借方		貸方	
X1期	リース負債	236	現預金	300
	支払利息	64		
	減価償却費	256	使用権資産	256
X2期	リース負債	255	現預金	300
	支払利息	45		
	減価償却費	256	使用権資産	256
X3期	リース負債	277	現預金	300
	支払利息	23		
	減価償却費	256	使用権資産	256

第3章

貸手の会計処理

本章のまとめ

IFRS第16号「リース」の借手の会計処理は，使用を支配する権利の移転に基づく単一の会計モデル（シングルモデル）が採用されているのに対し，貸手の会計処理には，原資産の所有に伴うリスクと経済価値の移転に着目して，ファイナンス・リースとオペレーティング・リースを分類するモデル（デュアルモデル）が採用されている。

ファイナンス・リースの貸手は，リース開始日において，リースに供された原資産の認識を中止し，代わりにファイナンス・リースにより保有する資産を債権として，リース料と原資産の残存価値の現在価値の合計額に等しい金額で認識する。

オペレーティング・リースの貸手は，原資産を引き続き認識し，リース料をリース期間にわたって，定額法等の規則的方法により収益として認識する。また，原資産の減価償却費等のリース収益を獲得するためのコストを費用として認識する。

【IFRS第16号と日本基準の主な差異】

トピック	対応する節	IFRS第16号	日本基準
リースの分類	1 リースの分類	リスクと経済価値の移転の観点から，ファイナンス・リースとオペレーティング・リースに分類する。原則としてリースの分類は実質判断によるとされ，数値規準などは存在しない。	「解約不能」，「フルペイアウト」を満たす取引がファイナンス・リース取引に分類される。経済的実質に基づいて判断すべきとしつつも，実務的には，通常，おおむねの目安とされた数値規準に基づき，ファイナンス・リース取引とオペレーティング・リース取引に分類する。かつ，ファイナンス・リース取引は，所有権移転ファイナンス・リース取引と所有権移転外ファイナンス・リース取引に分

			類される。
ファイナンス・リースの貸手が製造業者または販売業者の場合の会計処理	**2 ファイナンス・リースの会計処理**	販売損益をリース開始日に認識する。リース開始日に認識できる収益には，上限がある。	販売損益は販売基準または割賦基準により認識する。
ファイナンス・リースの貸手における収益の会計処理	**2 ファイナンス・リースの会計処理**	正味リース投資未回収額に対して実効金利法を適用することにより，金融収益を計上する。	収益認識の表示方法として3つの方法からいずれかを選択できる。金融収益として利息部分純額を認識する方法のほか，リース取引開始日に売上と売上原価を計上する方法及びリース料受取時に売上と売上原価を計上する方法がある。
オペレーティング・リースの貸手の処理	**3 オペレーティング・リースの会計処理**	リース料をリース期間にわたって，定額法または他の規則的方法により収益として認識する。	通常の賃貸借取引に準じた処理とされ，期間を通じた調整が必要か否かは明記されていない。リース・インセンティブの会計処理は明確にされていない。

1 リースの分類

　リースの貸手は，リース契約日（契約締結日と，当事者が主要な契約条件を確約したときのいずれか早い方）において，リースをファイナンス・リースとオペレーティング・リースのいずれかに分類する（IFRS16.66）。原資産の所有に伴うリスクと経済価値のほとんどすべてが，リースを通じて貸手から移転する場合，貸手はこれをファイナンス・リースとして分類する。それ以外のリースについては，オペレーティング・リースとして分類する（IFRS16.61, 62）。なお，借手には短期リースや少額資産のリースといった例外的な取扱いが設けられているが（第2章 **3**「例外的な免除規定」参照），貸手には簡便的な会計処理を許容する例外的な取扱いは設けられていない。

　貸手のリースの分類を決定する際には，リース期間におけるリース対象資産の所有に伴うリスクと経済価値のみを考慮して，そのほとんどすべてが移転するか否かを検討しなければならない。関連するリスクには，資産が遊休になることや技術の陳腐化から生じる損失及び資産価値の減少による損失の可能性が含まれる場合がある。関連する経済価値には，資産価値の増加やリース終了時の残存価値の回収によって得られる利益が含まれる場合がある（IFRS16.B53）。一方で，リース開始日前の資産建設，建設資金の調達，及び原資産を用いてサービスを提供する際のコストに関連するリスクは，リース期間中の原資産の所有に伴うものではない。当法人の見解では，これらのリスクはリースの分類を検討する際に通常考慮されないと考える。ただし，建設及び資金調達に係るリスクは開始日前に誰が資産を認識するかの評価に影響を及ぼす可能性がある。

図表3－1／リースの分類（貸手）

1 リースの分類規準

(1) ファイナンス・リースに分類される例及び指標

　リースがファイナンス・リースかオペレーティング・リースかは，契約の形式よりも取引の実態によって決まる。単独で，または組合せにより，通常はファイナンス・リースとして分類される状況の例は，次のとおりである（IFRS 16.63）。

(a) リース期間の終了までに借手に原資産の所有権が移転する。

(b) 借手が，オプションが行使可能となる日の公正価値よりも十分に低いと予想される価格で原資産を購入するオプションを有しており，当該オプションの行使が契約日において合理的に確実である。

(c) 所有権が移転しない場合でもリース期間が原資産の経済的耐用年数の大部分を占める。

(d) 契約日において，リース料の現在価値が，少なくとも原資産の公正価値のほとんどすべてとなっている。

(e) 原資産が特殊な性質のものであり，借手のみが大きな改変なしに使用できる。

> **Point & 分析**
> 　上記(c)のリース期間が原資産の経済的耐用年数の「大部分」を占めるケース，及び(d)のリース料の現在価値が原資産の公正価値の「ほとんどすべて」となるケースにおける「大部分」や「ほとんどすべて」の定義はIFRS第16号において定義されていないため，企業には判断が要求される。
> 　この点，米国基準で数値規準として用いられている「75％規準」，「90％規準」を準用することが検討されるかもしれない。

> 当法人の見解では，75％規準及び90％規準は有用な規準値であるものの，それだけで明確な分類の数値規準や自動的な分岐点とはならない。リースの分類の検討においては，すべての関連する要素を考慮する必要があり，たとえリース期間が資産の経済的耐用年数の75％以下，またはリース料の現在価値がリース契約日における原資産の公正価値の90％未満であったとしても，この要件を満たす可能性があると考える。

また，次のような状況は，単独で，または組合せにより，リースがファイナンス・リースに分類される可能性がある指標である（IFRS16.64）。

(a) 借手が当該リース契約を解約できる場合に，その解約に関連する貸手の損失が借手の負担となる。

(b) 残存資産の公正価値変動による利得または損失が借手に発生する（リースの終了時における売却収入とほぼ同額となる賃借料の割戻しがあるようなものなど）。

(c) 借手が市場の賃借料相場より著しく低い賃借料で，次期のリース契約を継続できる。

しかしながら，上記の状況であってもその他の特徴から，原資産の所有に伴うリスクと経済価値のほとんどすべてを移転させるものではないことが明らかな場合，そのリースはオペレーティング・リースに分類される。

例えば，リースの終了時点においてリースの借手に原資産を買い取るオプションが付与されているものの，購入オプションを行使する場合の買取価額がその時点での原資産の公正価値であるような場合や，リース期間が長期にわたるような契約ではあるものの，リース料に固定部分が少なく，多額の変動リース料が含まれているような場合には，リスクと経済価値のほとんどすべてを移転しているとはいえない可能性がある（IFRS16.65）。

なお，IFRS第16号ではリスクと経済価値のほとんどすべてを譲渡するか否かを評価する際の蓋然性をどのように考慮するべきかについて述べていない。当法人の見解では，リスクと経済価値の評価には，そのような結果（例えば，購入オプションが行使される等）が現実的に起こりうるかどうかについての蓋然性を考慮して，誰が期待リスクにさらされ期待便益を獲得する可能性がより高いかを考慮に入れるべきであると考える。

(2)　契約日とリース開始日が乖離する場合の留意点

　リースの貸手は，リースの分類をリース契約日に行い，リースの条件変更があった場合を除いて，リースの分類の再検討を行わない（リースの条件変更があった場合の取扱いは第5章**1**「事後的なリースの条件変更」参照）。見積りの変更（例えば，リース対象資産の経済的耐用年数や残存価値に関する見積りの変更）や，状況の変化（例えば，借手の債務不履行）は，会計上のリース分類の変更をもたらさない（IFRS16.66）。

　しかし，建設中のビルにつき竣工時の入居を約束する場合などのように，リースの契約日からリースの開始日までに相当の時間が空いているようなケースでは，その期間にさまざまな状況の変化が生じることも考えられる。そのような契約では，リース対象資産の建設や取得のコスト，一般的な価格水準またはリースに係る貸手の調達コストなどの特定の変化について，リース料を調整する条項が契約に織り込まれることがある。このような条件が付けられている場合，リースの分類の目的上，これらの変化による影響はリースの契約日に発生していたとみなしてリースの分類を見直し，決定しなければならない（IFRS16.B54）。

　さらに，当法人の見解では，契約日から開始日までに生じた以下の変化も契約条項に基づく変更に類似するため，リースの分類に際して契約日に生じたものとみなさなければならないと考える。

• 解約不能期間
• 指数またはレートに応じて決まる変動リース料
• 変動リース料が実質的な固定リース料になること

　この結果，貸手はリースの分類において，リースの計算利子率及び無保証残存価値の見積りについても見直しが必要となる。

　なお，当法人の見解では，測定の際には，貸手は契約日から開始日までに生じたすべての変化に対して，リース料，リースの計算利子率及び無保証残存価値を更新しなければならないと考える。これは，債権（ファイナンス・リースの場合）またはリース料（オペレーティング・リースの場合）として認識すべき金額を開始日に測定するためである。

⑶ 土地と建物の両方を含むリースの場合の留意点

リースが土地と建物の両方の要素を含んでいる場合には，貸手はそれぞれの要素の分類がファイナンス・リースなのかオペレーティング・リースなのかを個々に評価する。土地の要素がオペレーティング・リースなのかファイナンス・リースなのかを判定する際に重要な考慮事項は，土地の経済的耐用年数が通常は確定できないことである（IFRS16.B55）。なお，ここでいう土地は自己所有の土地であり，借地（賃借した土地）は含まないことに留意する。自己所有の土地のリースは，経済的耐用年数が通常は確定できないことから，多くの場合，オペレーティング・リースに分類される。一方で，借地取引において企業が所有するのは土地の使用権資産であり，借地を貸し出す場合にはサブリースとして，使用権資産のリスクと経済価値が貸手から移転しているかどうかによりリース分類を判定する。借地のリース期間は所有土地のように確定できないものではないため，所有土地のリースのような問題は論点として生じないこととなる。

土地と建物のリースを分類して会計処理するために必要となる場合は常に，契約日時点におけるリース料（前払いや一括払いによる支払いを含む）を，契約日におけるリースの土地要素と建物要素それぞれの賃借権の公正価値の比率で，土地と建物の要素に配分する。これは契約に複数要素が含まれる場合の，貸手における対価の配分に関する一般的なガイダンス（第1章 **2** **3**「対価の配分」参照）とは異なる方法である。なお，賃借権の公正価値は土地と建物の公正価値とは異なるため，賃借権の公正価値の比率に代えて土地と建物の公正価値の比率でリース料を配分することは一般的に適切ではない。

土地の経済的耐用年数は確定できないことが多く，リース期間を超えて価値を維持する可能性が高い一方で，建物の将来の経済的便益はリース期間にわたり少なくともある程度は費消される。土地と建物の要素にリース料を配分する際に，リース料は以下の点に関連すると仮定するのが合理的である（IFRS16.BCZ245–BCZ247）。

- **非償却資産である土地の要素に関するリース料**：残存価値が契約日における価値に等しいと仮定すると，貸手が当初投資からの収益を生み出せる水準に設定されている。
- **償却資産である建物の要素に関するリース料**：当初投資からの収益を生み出せる

だけではなく，リース期間中に費消される建物の価値の減価も回収できる水準に設定されている。

　リース料を信頼性をもって配分できない場合は，両方の要素が明らかにオペレーティング・リースである場合にはリース全体をオペレーティング・リースとして分類し，それ以外の場合はリース全体をファイナンス・リースとして分類する（IFRS16.B56）。

　また，土地の要素の価値に重要性が乏しい場合は，土地と建物の要素は一体として取り扱い，リースの分類規準に従ってファイナンス・リースまたはオペレーティング・リースに分類することができる。この場合，建物の経済的耐用年数をリース対象資産全体の経済的耐用年数とみなす（IFRS16.B57, BCZ249）。

Point & 分析	貸手においては，土地と建物を分けてリース分類を行うとされているが，実際には土地の要素と建物の要素が高度に依存・関連し合って1つの物件として賃貸されているケース（例えば，複数テナントが入居する建物のリース）もあると考えられる。このようなケースでは，土地と建物が同じリース分類になる場合は相互依存性の観点から全体を1つのリース要素として扱い，土地と建物が異なるリース分類になる場合はそれぞれ別個のリース要素として会計処理する。 　1つの契約の中に複数の構成要素が含まれているかどうかの検討に関して，リースの対象である複数の原資産が互いに高度に依存・関連し合っている場合には，それらを一体として1つのリース要素として識別する（第1章2「リース会計の適用単位」参照）が，リース分類の規定が優先して適用されることに留意する必要がある。

日本基準との比較

　日本基準上，ファイナンス・リース取引とは，リース契約に基づくリース期間の中途において当該契約を解除することができないリース取引またはこれに準ずるリース取引で，借手が，当該契約に基づき使用する物件からもたらされる経済的利益を実質的に享受することができ，かつ，当該リース物件の使用に伴って生じるコストを実質的に負担することになるリース取引と定義されている（リース基準第5項）。したがって，両基準とも，物件の所有に伴うリスクと経済価値の移転に着目したリースの分類が行われており，基本的な考え方は同じである。ただし，日本基準上はリースの分類に際して現在価値基準や経済的耐用年数基準が事実上の判断の数値規準として機能しているのに対し，IFRS第16号では事実と状況に照らして実質的

な判断が求められている点で，より弾力的な判断の余地がある。また，日本基準では，ファイナンス・リース取引は所有権移転ファイナンス・リース取引と所有権移転外ファイナンス・リース取引の2つに分類され，会計処理や表示等の規定に一部違いがある（リース基準第8項）。

(4) 土地の長期リースの場合の留意点

　土地のリース分類を判断するうえで，土地の経済的耐用年数は通常確定できないことを前提に検討する必要がある。しかし，リース期間が土地の経済的耐用年数より短いという事実だけをもって，土地のリースが常にオペレーティング・リースに分類されることにはならない。リースの分類は資産の所有に伴うリスクと経済価値のほとんどすべてが，貸手から移転したか否かに関する総合的な評価に基づき行わなければならない（IFRS16.B55）。土地のリースは一般的に土地の経済的耐用年数の大部分を占めることはないが，リース期間が数十年にわたる場合，リース終了時点における土地に対する残余持分を契約日に測定すると，貸手によって留保されるリスクと経済価値に重要性がなく，土地のリースがファイナンス・リースであると判定される可能性がある（IFRS16.BCZ243）。当法人の見解では，資産をリースするか売却するかで経済的にほとんど差がない場合，リースはファイナンス・リースであることを示唆していると考える。

　また，貸手が土地の所有によるリスクと経済価値のほとんどすべてを移転していないことが変動リース料の性質により示されている場合，変動リース料を含むリースはオペレーティング・リースであることを示唆している可能性がある。例えば，土地の価値が著しく上昇している長期のトレンドがある地域において，土地を99年間という長期間リースする場合を考える。当初リース料はその時点の市場レートに基づき決定されるが，5年ごとに市場賃料に基づくリース料の見直しが行われ，リース料は見直し日における市場賃料に再設定されるとする。土地の所有において鍵となるリスクと経済価値は，土地の価値が上昇あるいは下落することであるが，この場合リース料が定期的に見直されることを通じてリース期間にわたって貸手が土地の価値の変動に係るリスクと経済価値を主として負っていると考えられ，当法人の見解では，このリースはオペレーティング・リースとして分類しなければならない。

　ただし，変動リース料の存在は土地のリースが自動的にオペレーティング・

リースであることを示唆するものではないため，検討にあたっては，ファイナンス・リースであることを示す他の指標が存在するか否かや，リース契約全体における変動リース料等の重要性，変動リース料の性質（土地の所有に係るリスクと経済価値を移転するものか）等も考慮する必要がある。

2 ファイナンス・リースの会計処理

1 当初認識時の会計処理

　ファイナンス・リースの貸手は，リース開始日において，リースに供された原資産の認識を中止し，代わりにファイナンス・リースにより保有する資産を債権として，正味リース投資未回収額に等しい金額で財政状態計算書上に認識する（IFRS16.67）。

　正味リース投資未回収額とは，リース投資未回収総額（リース料のうち支払われていない部分（IFRS16.70）及び貸手に帰属するリース対象資産の無保証残存価値の合計）を，リースの計算利子率で割り引いた現在価値である（IFRS16.A）。なお，「リース料」に含めるべき内容，リースの計算利子率の定義等については，第4章 3 「リース料」，4 「割引率」参照。

図表3-2　ファイナンス・リースの貸手の処理：正味リース投資未回収額の当初認識

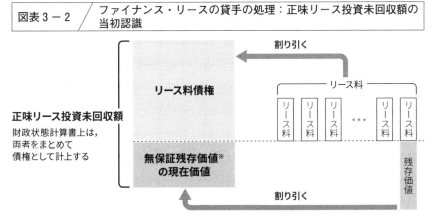

リース終了時の原資産の残存価値のうち，
借手もしくは第三者による保証が付けられた部分は，「リース料」に含まれる

※無保証残存価値：リース終了時の原資産の残存価値のうち借手もしくは第三者による保証がついていない部分

リースの計算利子率の定義上，リースの開始日時点における正味リース投資未回収額は，原資産の公正価値と貸手の当初直接コストの合計に等しくなる（第4章 **4**「割引率」参照）。

ファイナンス・リースの貸手は，リース対象の原資産の認識を中止し，代わりに正味リース投資未回収額を原資産の公正価値で計上する結果，リース対象資産の帳簿価額が公正価値と乖離している場合には，その差額（取組利益）は一括で損益に計上される。すなわち，原資産を公正価値で売却した場合と同じ会計上の効果が発生する。

> **Point & 分析**　リース会社が借手の依頼により特定の資産を他社から購入し，これを借手にリースするようなケースでは，取得時の購入価額とその時点における公正価値は通常等しいと考えられるため，このようなケースでは取組利益は発生せず，資産購入のファイナンスを肩代わりしたリース会社では金融収益のみが発生することになると考えられる。一方，リース対象資産を製造会社から一括で割安調達する場合や，購入してからリースの開始までに一定の時間が経過している場合，リース対象資産の帳簿価額とその公正価値との差額は，リース会社にとって売買損益であり，ファイナンス活動の対価として収受するものではないため，この部分は取組利益として金融収益とは明確に区別される。

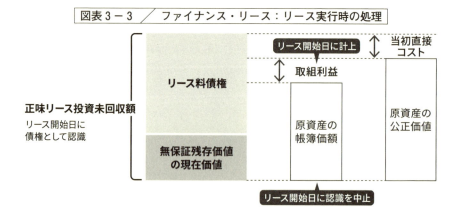

図表3－3　ファイナンス・リース：リース実行時の処理

ファイナンス・リースの貸手に生じた当初直接コストは，正味リース投資未回収額に含められることにより，リースの計算利子率を当初直接コストが存在

第 3 章　貸手の会計処理　75

しなかったときに比べて低下させ，その結果として，リース期間にわたって生じる金融収益を減額させる形でリース期間を通じて費用化される（IFRS16.69）。当初直接コストには，リース契約の獲得によって生じた増分コスト，すなわち，そのリース契約を獲得しなければ発生しなかったであろうコストのみが含まれ，ファイナンス・リースの貸手である製造業者または販売業者に生じたものは含めない（第4章 5 「当初直接コスト」参照）。

　なお，ここまではリースの貸手が自らリースを取り組むことを前提として説明したが，企業結合においては，被取得企業がファイナンス・リースの貸手であることによって，取得企業がファイナンス・リースの貸手となる場合がある。この場合，取得企業は，当該正味ファイナンス・リース未回収額に対する債権を認識し，取得日における公正価値で測定する。この公正価値は，市場参加者が用いるであろう割引率及び他の要因の仮定に基づいて決定する。当法人の見解では，リース料債権の公正価値や無保証残存価値の公正価値の測定は，リース契約のすべての契約条件を反映しているため，取得企業は有利または不利な契約に関連する追加的な資産または負債を別個に認識しない。

2 | 製造業者または販売業者であるファイナンス・リースの貸手

　産業によっては（例：オフィス製品業，自動車産業），製造業者または販売業者が直接，あるいは金融子会社等を通じて，製品の貸手となることがある。製造業者または販売業者による資産のファイナンス・リースからは，製造業者・販売業者としての当初販売損益（前項に記載の取組利益に相当），及びリース期間中の金融収益の2つの種類の利益が生じる。

　IFRS第16号においては，製造業者または販売業者がファイナンス・リースの貸手になる場合においては，他の貸手とは異なる以下の規定が適用される。ファイナンス・リースの貸手である製造業者または販売業者については，リース開始日において，以下を認識する（IFRS16.71）。

(a)　リース対象資産の公正価値と貸手に発生するリース料を市場金利で割り引いた現在価値のいずれか低い方を収益として認識する。

(b)　リース対象資産の取得原価（帳簿価額と異なる場合には帳簿価額）から

無保証残存価値の現在価値を差し引いた金額を売上原価として認識する。
(c) 収益と売上原価の差額をIFRS第15号「顧客との契約から生じる収益」が適用される売切りの場合の企業の会計方針に従い，販売損益を認識する。当該損益は，IFRS第15号の観点からいつ履行義務が充足されるかに関係なく，リース開始日に認識される。

上記のとおり，リース開始日に認識される収益は，原資産の公正価値とリース料を市場金利で割り引いた現在価値のいずれか低い方とされているため，製造業者または販売業者である貸手が，人為的に低い利子率でリースを提供した場合，認識される販売利益は市場金利を適用したと仮定した場合の利益に限定されることになる（IFRS16.73）。

Point & 分析

リース開始日に認識される収益は，リース対象資産の公正価値とリース料を市場金利で割り引いた現在価値のいずれか低い方とされている。すなわち，製造業者または販売業者が計上する2種類の利益（販売利益と金融収益）のうち，リース料をいかに多額に設定したとしても収益として計上できる値はリース対象資産の公正価値が上限となり，多額の販売利益を計上することはできない。超過収益に相当する部分は市場金利より利回りの良い受取利息が発生するという形で，金融収益として回収されることになる。

一方，リース対象資産の公正価値に対してリース料が非常に低く抑えられていたとすると（つまり，人為的に低い利子率でリースを提供しているケース），リース料を市場金利で割り引いた額に基づいて収益が算定されるため，金融収益は市場金利に基づいて計算され，安値でリースを提供したひずみは販売利益を圧縮する形で現れることになる。

いずれのケースであっても，金融収益として認識すべき金額は市場金利が下限となるように計算されることになる。したがって，販売利益と金融収益の配分をどうするかという点に関して，利益が前倒しで計上されないような規定となっている。

例えば，自動車ディーラーが新車をリース（リース期間終了時に所有権は移転）した場合において，リース料を市場金利で割り引いた現在価値とリース対象資産の公正価値の関係が以下のとおりであったとする。

- リース料を市場金利で割り引いた現在価値350＞リース対象資産の公正価値330（相対的に多額のリース料）

この場合は，収益はリース対象資産の公正価値330に基づき計上され，金融収益はリース期間にわたって，当該対象資産の公正価値とリース料から計算される割引率（市場金利よりも高い）に基づき計上される。

- リース料を市場金利で割り引いた現在価値300＜リース対象資産の公正価値330（相対的に少額のリース料）
  この場合は、収益はリース料を市場金利で割り引いた現在価値300に基づき計上され、金融収益はリース期間にわたって当該市場金利に基づき計上される。

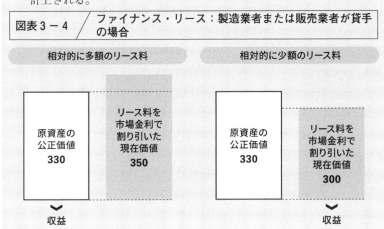

図表3－4　ファイナンス・リース：製造業者または販売業者が貸手の場合

製造業者または販売業者である貸手に発生するファイナンス・リース契約を獲得するために発生するコスト（契約獲得コスト）は、これらが主に販売利益を獲得するために発生していることに鑑み、リース開始日に費用として認識される。したがって、製造業者または販売業者に生じる契約獲得コストは、当初直接コストの定義からは除かれており、正味リース投資未回収額にも含まれない（IFRS16.74）。

日本基準との比較

日本基準上、製造業者または販売業者である貸手のファイナンス・リース取引の会計処理については、リース物件の販売益は販売基準または割賦基準により処理するとされており、販売基準を採用する場合には、リース開始日において、借手に対する現金販売価額と製作価額または貸手の現金購入価額の差が販売益として認識され、以後の受取利息は当該現金販売価額と契約に基づくリース料から計算される貸手の計算利子率に基づき計上される（リース適用指針第56項）。すなわち、IFRS第16号では収益として認識できる金額は、リース料を市場金利で割り引いた現在価値とリース対象資産の公正価値のいずれか小さい方とされているのに対し、日本基準で

は貸手の計算利子率が市場金利よりも低い場合であっても，借手に対する現金販売価額を収益として計上する点で相違している。また，日本基準では当該販売基準で認識される販売利益をリース代金の回収の都度認識することも認められており（割賦基準），さらに販売益のリース料に占める割合に重要性が乏しい場合には販売益のすべてを受取利息に含めて認識することも認められている。

3　当初認識後の会計処理

　当初認識後は，リース料の受取りに応じて借手からの債権の回収を認識し，一方，時間の経過に合わせて現在価値で計上されている正味リース投資未回収額を，一定の率で割り戻すことで金融収益を認識する（IFRS16.75, 76）。当初想定どおりで事後的な見積りの変更などが生じなければ，当該割戻しはリースの計算利子率に基づいて行われることになる。結果として，リース期間にわたって，無保証残存価値部分からも金融収益が計上されることになる。

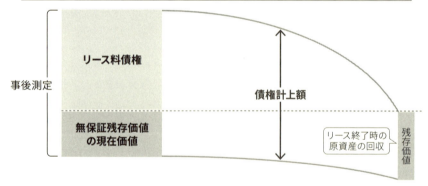

図表3－5　ファイナンス・リース：正味リース投資未回収額の事後測定

正味リース投資未回収額は時間の経過とともに割り戻されるが，
リース料債権部分はリース料の回収を通じて減っていくため，最終的に無保証残存価値部分のみが残る

　貸手が財政状態計算書上に計上するファイナンス・リース債権については，IFRS第9号「金融商品」の金融資産の認識の中止（財政状態計算書からのオフバランス）及び減損の要求事項が適用される（IFRS9.2.1(b)(i)）。また，当初認識後，当初見積もったリース投資未回収総額の算定に用いられる無保証残存価値を定期的に見直さなければならない。見直しの結果，見積額に減少が見込

まれる場合には，貸手はリース期間にわたる収益の配分額を見直し，発生した金額に関しての減額を損失として認識しなければならない（IFRS16.77）（第5章 2 「その他の事後的な見直し」参照）。

日本基準との比較

日本基準上，ファイナンス・リース取引の利息の表示方法は，①リース取引開始日に売上高と売上原価を計上する方法，②リース料受取時に売上高と売上原価を計上する方法，③売上高を計上せずに利息相当額を各期へ配分する方法，の3つの方法のうち，取引実態に応じ，いずれかを選択し継続して適用することとされている（リース適用指針第51項，第61項）。いずれの方法を選択した場合においても，各期における利息相当額の認識額自体は同額となることから，上記は表示方法の違いといえる。IFRS第16号では上記の③の方法が採用されており，①，②は認められていない。

図表3-6 日本基準における収益表示（リース適用指針設例1.5参照）

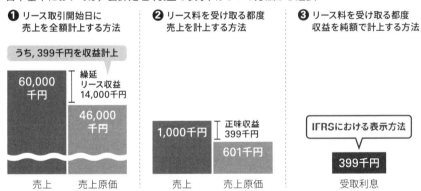

（単位：千円）

4 債権への減損規定の適用

IFRS第9号の減損規定では，信用リスクの著しい増加の有無に基づき，計上される信用損失引当金の測定方法が異なる。ただし，リース取引については，信用リスクの著しい増加の有無を判定することなく，常に全期間の予想信用損失に等しい金額で信用損失引当金を測定する簡便法の適用が会計方針の選択として認められている（IFRS9.5.5.15(b)）。IFRS第9号の減損規定の概要は以下のとおりである。

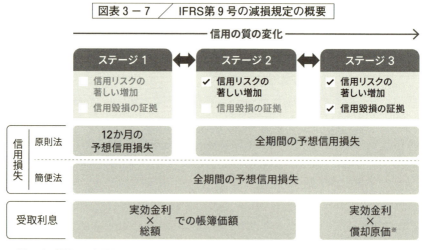

図表3－7　IFRS第9号の減損規定の概要

※償却原価：「総額での帳簿価額」から信用損失引当金の金額を控除したもの

ここで，IFRS第16号の債権の測定に関連するガイダンスとIFRS第9号の減損規定がどのように影響し合うのかという疑問が生じるが，上述のとおり，無保証残存価値の見積りが減少した場合についてはIFRS第16号に具体的な会計処理の定めがある。そのため，当法人の見解では，IFRS第9号の減損規定は，リース投資未回収額を構成するもののうち無保証残存価値部分を除くリース料部分のみに適用されなければならないと考える。また，IFRS第9号に基づきリース料部分の減損を測定する際に，リース対象資産の回収可能価額が無保証残存価値の帳簿価額を超過する場合，当法人の見解では，その超過額を担保から回収した金額と同様に考える。

また，予想信用損失の測定方法として，IFRS第9号の予想信用損失の測定

原則に整合する場合には，実務上の便法を使用することができる（IFRS9. B5.5.35）。以下は，実務上の便法の一例である営業債権の引当マトリックスに基づく信用損失引当金の算定例である。

| 設例 3 − 1 | 引当マトリックスによる信用損失引当金の計算（IFRS9.設例12参照） |

前提条件

M社は製造業を営んでおり，1つの地域で事業を行っている。顧客ベースは，多数の小規模なクライアントであり，営業債権を信用リスクによって分類している。営業債権は，いずれも回収までの期間が1年以内であり重大な金融要素を有していないため，全期間にわたる予想信用損失を引当金として計上する。

M社は，以下のような計算により，予想信用損失を算定する。不履行率とは，自社で過去に観察された，営業債権の存続期間にわたっての債務不履行率をもとに，将来に関する見積りも織り込んで修正したものである。

期限超過	なし	1-30日	31-60日	61-90日	90日超
不履行率	0.3%	1.6%	3.6%	6.6%	10.6%

全期間にわたる信用損失引当金の算定

期限超過	総額での帳簿価額	全期間にわたる信用損失引当金
なし	15,000,000	45,000（＝15,000,000×0.3%）
1日-30日	7,500,000	120,000（＝7,500,000×1.6%）
31日-60日	4,000,000	144,000（＝4,000,000×3.6%）
61日-90日	2,500,000	165,000（＝2,500,000×6.6%）
90日超	1,000,000	106,000（＝1,000,000×10.6%）
計	30,000,000	580,000

債権の回収に不履行が生じた場合，貸手はリース対象資産を引き上げることにより，実質的にリース料債権を回収することが可能である。そのため，減損会計の適用に際して必要引当額を見積もるにあたっては，リース期間のうち，

未経過期間において貸手がリース対象資産から回収できると見込まれるキャッシュ・フローを，担保価値として考慮する必要がある。例えば，借手から回収した原資産をリース期間の未経過の期間において第三者にリースすることで収益が得られると期待される場合には，その見込額は担保価値に反映されると考えられる。なお，貸手にとっての債権はリース料債権と無保証残存価値の合計値であるので，リース料債権の回収可能性を検討するうえで担保価値を勘案するにあたっては，無保証残存価値としてすでに計上している価額を重複カウントすることがないよう，留意する必要がある。

IFRS第9号の予想信用損失モデルにおいて原則法を適用する場合（信用リスクの著しい増大がない場合には，全期間の予想信用損失を引き当てない場合），リース対象資産を引き上げることでリース料債権を回収できるという特性は，予想信用損失額の測定にあたり考慮する事項であり，当初認識時と比べて信用リスクの著しい増大があるか否かの判定においては考慮しない。「信用リスクの著しい増大の有無」の判定においては，過度なコスト及び労力を要せずに入手可能な，将来の情報を含めた合理的かつ裏付け可能な情報に基づき，さまざまな要因を包括的に評価することが必要とされている。なお，支払期限を30日超過した場合には，特段の反証がない限り，信用リスクが当初認識時より著しく増大しているとみなされることに，注意する必要がある（IFRS9.5.5.9,5.5.11）。

5 ファイナンス・リースの会計処理の設例

設例3−2 ファイナンス・リースの会計処理（製造業者または販売業者ではないケース）

前提条件

A社は，X1年の期首において，機械Yをその時点の公正価値である125で購入し，これをB社に対してリースする。年間のリース料は毎年30（毎期末日払い）である。機械Yは，汎用品であり，B社使用のための特別仕様品ではない。機械Yの経済的耐用年数は6年である。

B社へのリースは5年契約であり，延長・解約オプション等は付いていないとする。X5年期末時点における機械Yの残存価値は5と見積もられる。

第3章　貸手の会計処理　83

　A社，B社ともに，リース取引に係るその他の支出はないものとする。割引率を7.5%とした場合の，貸手であるA社の処理はどのようになるか。なお，ファイナンス・リースから生じる債権（未収金）の減損については考慮せず，リース期間終了時における無保証残存価値の見積りについては，見直しが不要であったとする。

計算

　経済的耐用年数6年のうち5年間がリースに供されており，かつ，リース開始時点で当該機械の公正価値は125であるのに対して，リース期間終了時点の残存価値は5しかないと見積もられている。したがって，このリース契約においては，機械Yの所有にかかるリスクと経済価値は借手に移転していると考えられ，A社はこのリースをファイナンス・リースと判断した。

【当初認識】

　リース料の現在価値部分：契約により受け取るキャッシュ・フローの現在価値なので，

$$(30 \div 1.075) + (30 \div 1.075^2) + (30 \div 1.075^3) + (30 \div 1.075^4) + (30 \div 1.075^5) = 121$$

　無保証残存価値部分：リース期間終了時の原資産の見積残存価値の現在価値なので，

$$5 \div 1.075^5 = 4$$

　したがって，リース開始時点で認識される未収金は，121 + 4 = 125である。

借方		貸方	
未収金	125	機械Y	125

【事後測定】

　未収金の回収と利息の収益計上：未収金残高に対して一定の利回りで利息を算定し，受取リース料のうち，金利以外の部分を元本回収に充当する。

	未収金 期首残高(a)	受取利息 (b)=(a)×7.5%	未収金の回収 (c)=30−(b)	未収金期末残高 (d)=(a)−(c)
X1期	125	9	21	104
X2期	104	8	22	82
X3期	82	6	24	58

X 4 期	58	4	26	32
X 5 期	32	3	27	5

したがって，事後測定に関する各期の仕訳は次のとおりである。

	借方		貸方	
X 1 期	現預金	30	未収金 受取利息	21 9
X 2 期	現預金	30	未収金 受取利息	22 8
X 3 期	現預金	30	未収金 受取利息	24 6
X 4 期	現預金	30	未収金 受取利息	26 4
X 5 期	現預金	30	未収金 受取利息	27 3

設例 3 − 3　ファイナンス・リースの会計処理（製造業者または販売業者のケース）

前提条件

　上記，設例 3 − 2 を以下のとおり変更する。

　A社は，製造業者または販売業者であり，機械Yを販売している（機械Yの公正価値は125）ほか，同機械のリースも行っている。A社は，X 1 年の期首において，機械YをB社に対してリースするが，年間のリース料は以下のとおりである。

シナリオ 1 ：リース料28（毎期末日払い）

シナリオ 2 ：リース料32（毎期末日払い）

　機械Yは，汎用品であり，B社使用のための特別仕様品ではない。機械Yの経済的耐用年数は 6 年であり，A社の機械Yの製造原価は75である。

　B社へのリースは 5 年契約であり，延長・解約オプション等は付されていないとする。X 5 期期末時点における機械Yの残存価値は 5 と見積もられる。

　A社，B社ともに，リース取引に係るその他の支出はないものとし，市場に

第3章 貸手の会計処理 85

おける同種のリースで要求される利子率は7.5%であったとした場合の，製造業者または販売業者であるA社の処理はどのようになるか。なお，ファイナンス・リースから生じる債権（未収金）の減損については考慮せず，リース期間終了時における無保証残存価値の見積りについては，見直しが不要であったとする。

計算

　経済的耐用年数6年のうち5年間がリースに供されており，かつ，リース開始時点で当該機械の公正価値は125であるのに対して，リース期間終了時点の残存価値は5しかないと見積もられている。したがって，このリース契約においては，機械Yの所有にかかるリスクと経済価値は，借手に移転していると考えられ，A社はこのリースをファイナンス・リースと判断した。

　A社は，ファイナンス・リースの会計処理に基づきリース開始日において計上する販売利益とその後の金融収益の2種類の利益を計上するが，A社は製造業者または販売業者であり，計上できる販売利益の額には制限がある。

シナリオ1：リース料28（毎期末日払い）

【当初認識】

　収益：リース開始日におけるリース対象資産の公正価値とリース料を市場金利で割り引いた現在価値のいずれか小さい方を収益として計上することになる。ここで，リース料を市場金利（年率7.5%）で割り引いた現在価値は113である。

$$(28 \div 1.075) + (28 \div 1.075^2) + (28 \div 1.075^3) + (28 \div 1.075^4) + (28 \div 1.075^5) = 113$$

　リース対象資産の公正価値は125なので，より小さい値である113で，収益を認識する。

　売上原価：リース対象資産の原価75から無保証残存価値の現在価値4（＝5÷1.075^5）を差し引いた金額である71で計上する。

　したがって，販売利益が42（＝113−71）計上される。当初認識時の仕訳は，以下のとおりである。

借方		貸方	
未収金（リース料債権）^{（※）}	113	収益	113
売上原価	71	機械Y	75
未収金（無保証残存価値の現在価値)^{（※）}	4		

（※）　わかりやすくするために，ここでは勘定を分けて表示している。
　　　　なお，未収金の算定方法について，本設例では実務上一般的と思われる方法を示しているが，IFRS第16号の規定に明確ではない部分があり，異なる方法も想定されるものと考えられる。

【事後測定】

　未収金の回収と利息の収益計上：当初認識時点の未収金計上額はリース料債権113と無保証残存価値の現在価値 4 の計である117である。未収金残高に対して一定の利回りで利息を算定し，受取リース料のうち，金利以外の部分を元本回収に充当する。

	未収金 期首残高(a)	受取利息 (b)=(a)×7.5%	未収金の回収 (c)=28−(b)	未収金期末残高 (d)=(a)−(c)
X 1 期	117	9	19	98
X 2 期	98	7	21	77
X 3 期	77	6	22	55
X 4 期	55	4	24	31
X 5 期	31	2	26	5

　したがって，事後測定に関する各期の仕訳は次のとおりである。

	借方		貸方	
X 1 期	現預金	28	未収金 受取利息	19 9
X 2 期	現預金	28	未収金 受取利息	21 7
X 3 期	現預金	28	未収金 受取利息	22 6
X 4 期	現預金	28	未収金 受取利息	24 4
X 5 期	現預金	28	未収金 受取利息	26 2

第3章 貸手の会計処理 87

> シナリオ2：リース料32（毎期末日払い）

【当初認識】

　収益：リース開始日におけるリース対象資産の公正価値とリース料を市場金利で割り引いた現在価値のいずれか小さい方を収益として計上することになる。ここで，リース料を市場金利（年率7.5%）で割り引いた現在価値は129である。

$$(32 \div 1.075) + (32 \div 1.075^2) + (32 \div 1.075^3) + (32 \div 1.075^4) + (32 \div 1.075^5) = 129$$

　リース対象資産の公正価値は125なので，より小さい値である125で，収益を認識する。

　毎期のリース料が32でその現在価値が125になるような割引率を求めると，8.8%となる。

$$(32 \div (1+r)) + (32 \div (1+r)^2) + (32 \div (1+r)^3) + (32 \div (1+r)^4) + (32 \div (1+r)^5)$$
$$= 125を成立させる r は0.088$$

　よって，割引率は8.8%を用いる。

　売上原価：リース対象資産の原価75から無保証残存価値の現在価値3（＝5÷1.088^5）を差し引いた金額である72で認識する。

　したがって，販売利益が53（＝125－72）認識されることになる。当初認識時の仕訳は，以下のとおりである。

借方		貸方	
未収金（リース料債権）[※]	125	収益	125
売上原価	72	機械Y	75
未収金（無保証残存価値の現在価値）[※]	3		

（※）　わかりやすくするために，ここでは勘定を分けて表示している。
　　　なお，未収金の算定方法について，本設例では実務上一般的と思われる方法を示しているが，IFRS第16号の規定に明確ではない部分があり，異なる方法も想定されるものと考えられる。

【事後測定】

　未収金の回収と利息の収益計上：当初認識時点の未収金計上額はリース料債権125と無保証残存価値の現在価値3の計である128である。未収金残高に対して一定の利回りで利息を算定し，受取リース料のうち，金利以外の部分を元本回収に充当する。

	未収金 期首残高(a)	受取利息 (b)=(a)×8.8%	未収金の回収 (c)=32-(b)	未収金期末残高 (d)=(a)-(c)
X1期	128	11	21	107
X2期	107	10	22	85
X3期	85	8	24	61
X4期	61	5	27	34
X5期	34	3	29	5

したがって，事後測定に関する各期の仕訳は次のとおりである。

	借方		貸方	
X1期	現預金	32	未収金 受取利息	21 11
X2期	現預金	32	未収金 受取利息	22 10
X3期	現預金	32	未収金 受取利息	24 8
X4期	現預金	32	未収金 受取利息	27 5
X5期	現預金	32	未収金 受取利息	29 3

3 オペレーティング・リースの会計処理

1 当初認識時及び認識後の会計処理

オペレーティング・リースの貸手は，原資産を財政状態計算書上に引き続き認識し，リース料をリース期間にわたって，定額法等の規則的方法により収益として認識する（IFRS16.81）。また，原資産の減価償却費等のリース収益を獲得するためのコストを費用として認識する（IFRS16.82）。オペレーティング・リース契約獲得の際に発生した当初直接コストは，原資産の帳簿価額に加算され，当該コストはリース期間にわたって，リース収益と同じ基礎に基づき費用として認識する（IFRS16.83）。

貸手から借手に提供されるフリーレントの期間中においても，貸手はリース料を収益として計上する。フリーレント期間はリース期間の一部に含まれるとされ，リース料がリース期間にわたって規則的に収益として認識される結果，自動的にフリーレント期間においても収益が計上される（IFRS16.B36）。

2 他のIFRS会計基準との関係性

オペレーティング・リース債権については，ファイナンス・リースによって生じる債権と同様に，IFRS第9号の金融資産の認識の中止及び減損の要求規定が適用される（IFRS9.2.1(b)(i)）。

リース開始日前にリース契約に基づく義務を履行するための努力に直接関連するコスト，例えば，借手の所在地までの原資産の輸送コストまたは設置コストが貸手に生じる場合がある。これらのコストが当初直接コストの定義を満たしておらず，他のIFRS会計基準に基づく資産化要件を満たしていない場合，当法人の見解では，契約の履行コストに係るIFRS第15号「顧客との契約から生じる収益」のガイダンスを類推適用する，または当該コストを発生時に費用処理する，いずれかの会計方針を選択し，一貫して適用すべきであると考え

る。

減価償却の対象となる原資産の減価償却方針は，貸手の同様の資産に対する通常の減価償却の方法と一致していなければならない。また，減価償却は，IAS第16号「有形固定資産」及びIAS第38号「無形資産」に準拠して計算しなければならない（IFRS16.84）。

また，リース対象資産の減損については，IAS第36号「資産の減損」に従う（IFRS16.85）。オペレーティング・リースの対象資産である不動産がIAS第40号「投資不動産」における投資不動産の定義に該当する場合には，当該規定に従い会計処理を行う（IAS40.2）。

売却目的で保有する非流動資産は，IFRS第5号「売却目的で保有する非流動資産及び非継続事業」に準拠する必要があるが，当法人の見解では，原資産がリースに供されており，リース期間が終了するまで売却できない場合は，現在の状態では資産を即時に売却できないことから，売却目的保有に分類できないと考える。

福利厚生の一環として，企業が保有する社宅を相場より安い賃料で従業員に賃貸することがある。この場合に，相場より安い賃料をその実際の価額で認識すべきか，それとも相場賃料によるリース料収益を認識したうえで，実際の従業員からの支払いとの差額を従業員給付として認識すべきかについては，基準上明らかではない。

金融資産は公正価値で測定することが要求されるため，例えば従業員に低利の貸付を行った場合には市場相当の金利で融資したものとみなして処理をしなければならないが，非貨幣性給付に関する同様の規定はない。したがって，当法人の見解では，企業は従業員給付に相当する費用を把握する目的で，名目的な収益（相場の賃料と実際に請求している賃料の差額）を算定する必要はなく，単に従業員から受領する実際の賃料を損益として認識することとなると考える。また，このときに企業の主要な事業が不動産賃貸業であるとしても，同様の取扱いとなると考えられる。

第3章 貸手の会計処理 91

3 │ オペレーティング・リースの会計処理の設例

設例3－4 オペレーティング・リースの会計処理

前提条件

　A社は，X1年の期首において，機械Yをその時点の公正価値である125で購入し，これをB社に対してリースする。年間のリース料は毎年30（毎期末日払い）である。機械Yは，汎用品であり，B社使用のための特別仕様品ではない。機械Yの経済的耐用年数は6年である。

　B社へのリースは2年契約であり，延長・解約オプション等は付いていないとする。X2年期末時点における機械Yの残存価値は82，耐用年数（経済的耐用年数と同じ6年とする）経過後の残存価値はゼロと見積もられているとする。

計算

　経済的耐用年数6年の機械についてリース期間は2年のみであり，かつ，リース開始時点で当該機械の公正価値は125であるのに対して，リース期間終了時点の残存価値は82と見積もられている。したがって，このリース契約においては，機械Yの所有にかかるリスクと経済価値は，借手に移転しているとはいえないと考えられ，A社はこれをオペレーティング・リースと判断した。リース対象資産である機械Yを使用することによる便益の費消パターンが一定であり，当該資産における適切な減価償却方法も定額法であるとA社が考えたとすると，年間リース収益は毎期の受取額と等しい定額の30，機械Yの毎年の減価償却費は21となる。

　リース対象資産の減価償却の実施：$125 \div 6 = 21$

　オペレーティング・リースにおける各期の仕訳は次のとおりである。

	借方		貸方	
X1期	現預金	30	受取リース料	30
	減価償却費	21	機械Y（減価償却累計額）	21
X2期	現預金	30	受取リース料	30
	減価償却費	21	機械Y（減価償却累計額）	21

日本基準との比較

　日本基準上，オペレーティング・リース取引の会計処理は，通常の賃貸借取引に係る方法に準じて会計処理を行うとされており（リース基準第15項），期間を通じた調整が必要か否か，及びリース・インセンティブの会計処理等は明確にされていない。この点，IFRS第16号はオペレーティング・リースのリース料の収益認識はリース期間にわたって定額法または他の規則的方法により行うとされているため，両者には差異が存在する可能性があると考えられる。

第4章 当初測定における個別論点

本章のまとめ

　本章では，第2章「借手の会計処理」及び第3章「貸手の会計処理」で取り扱った借手と貸手の当初測定において基礎となる個別の論点を掘り下げている。

　IFRS第16号「リース」では，リース期間については，リースの継続が「合理的に確実」と見込まれる期間を，事実と状況に即した判断に基づいて見積もる必要があるとされている。次に，リースの対価のうち借手のリース負債の測定やファイナンス・リースの貸手の正味リース投資未回収額などの計上対象となるリース料は，主に固定のリース料で構成されるが，変動リース料のうち，指数またはレートに連動するもの，及び実質的な固定リース料としてリース料に含まれるものがあるので注意が必要である。また，割引率（リースの計算利子率）の算定方法には貸手の当初直接コストが影響を与える点についても注意が必要である。

【IFRS第16号と日本基準の主な差異】

トピック	対応する節	IFRS第16号	日本基準
リース期間	2　リース期間	リース期間は，解約不能期間に加えて，借手がリースを延長するオプションを行使する（または，リースを解約するオプションを行使しない）ことが合理的に確実な場合のオプション期間を含む期間である。	リース期間を貸手と借手の間で「合意された期間」と定義しているのみである。
リース料	3　リース料	リース料には，どのような項目をどのような場合に算入するかの詳細な規定がある。	「リース料」は合意された使用料であると規定するにとどまっている。また，割安購入権の行使価額及び残価保証を除いては，リース料総額にどのような項目が含まれているかについて規定がない。

維持管理費用	**3** リース料	構成要素の識別の過程で，原則として非リース要素として分離する。ただし，借手が構成要素の識別を行わず，全体を1つのリース要素として処理することを選択ことも可能。	原則としてリース料総額から控除。ただし，リース料に占める割合に重要性が乏しい場合は，これらを控除しないことができる。
実質的な固定リース料	**3** リース料	形式的には変動リース料であっても，実質的な固定リース料はリース料に含める。	規定なし
変動リース料	**3** リース料	変動リース料は原則として発生時の収益または費用として取り扱うが，指数またはレートに基づいて算定される変動リース料は，リース料に含める。	規定なし
残価保証	**3** リース料	リース料の計算に含める残価保証の金額は，借手の場合，自らが支払うと想定する見積額である。	リース料総額に含める残価保証の金額は，借手の場合，自らが保証する保証額そのもの（考えうる最大の金額）である。
購入オプション	**3** リース料	行使が合理的に確実な場合のみ，購入オプションの行使価額をリース料に含める。	割安購入権の行使価額をリース料総額に含める。
解約損害金	**3** リース料	解約オプションを行使しないことが合理的に確実ではない場合，当該解約オプションの行使に係る解約損害金は，リース料に含める。	規定なし
リース・インセンティブ	**3** リース料	リース・インセンティブの定義に合致する貸手による固定リース料減免としての支払額はリース料から控除する。	規定なし
割引率	**4** 割引率	リースの計算利子率とは，リース料と無保証残存価値の現在価値の合計が，原資産の公正価値と貸手の当初直接コストの合計に合致するような割引率をいう。	貸手の計算利子率とは，リース料総額とリース期間終了時の無保証残存価値の現在価値が，当該リース物件の現金購入価額または借手に対する現金販売価額と等しくなるような利率をいう。当初直接コストへの言及はない。
当初直接コスト	**5** 当初直接コスト	当初直接コストとは，原則として，リース契約を獲得しなかったとしたら発生しなかったであろう増分コストをいい，借手・貸手それぞれに取扱いを定める規定がある。	規定なし

第4章 当初測定における個別論点 95

1 リース開始日

　リース関連の資産及び負債については，リース開始日に，その日における割引率をもって測定し，認識する（IFRS16.22, 26, 67）。リース開始日とは，貸手が，借手に対し原資産を利用できるようにする日である（IFRS16.A）。一方，リースの契約日とは，リース契約の日または当事者がリースの主要な契約条件について確約した日のいずれか早い日をいう（IFRS16.A）。なお，リースの契約日はリースの開始日と一致するとは限らない。

　リース開始日において借手が財政状態計算書上で認識する資産・負債の概要は，図表4－1のとおりである（IFRS16.24, 26）。未決済のリース料の現在価値でリース負債を認識し，リース負債に既決済みのリース料，借手に発生した当初直接コスト及び原状回復コストを加減算したもので使用権資産が認識される。

　なお，未決済のリース料の現在価値は，ファイナンス・リースの貸手の場合，リース料債権に該当する。ただし，借手と貸手ではリース料の範囲（本章 **3**「リース料」参照）及び適用する割引率（本章 **4**「割引率」参照）に違いがあるため，借手のリース負債と貸手のリース料債権の金額は通常一致しない。

図表4－1 ／ 借手が財政状態計算書上で認識する資産・負債の概要

項目		摘要	参照
リース負債	XXX	リース料（未決済分）の現在価値	**3**
既決済分の調整①	＋	すでに支払った前払リース料を加算する	
既決済分の調整②	－	すでに受け取ったリース・インセンティブを減算する	
借手に発生した当初直接コスト	＋		**5**
原状回復コスト	＋		**6**
使用権資産	XXX		

2 リース期間

リース期間の決定は，使用権資産及びリース負債の金額，ならびに借手の短期リースに係る免除規程の適用の可否にも影響するため，IFRS第16号の適用において非常に重要である。一方で，リース期間の決定には見積りを伴うこともあるため，一般的に実務上最も難しく，かつ影響が大きい事項である。

リース関連の資産及び負債の測定に用いられるリース料は，IFRS第16号に規定される「リース期間」において発生するものに限られる（本章 **3**「リース料」参照）。また，貸手の正味リース投資未回収額の測定において見積もられる無保証残存価値は，リース期間終了時の原資産の回収価値である（第3章 **2**「ファイナンス・リースの会計処理」参照）。

リース期間は，解約不能期間（後述）に加えて，借手がリースを延長するオプションを行使する（またはリースを解約するオプションを行使しない）ことが合理的に確実な場合のオプション期間を含む期間とされる（IFRS16.18）。リース期間の最短期間は解約不能期間であり，リース期間の最長期間は契約に強制力がある期間（後述）である。リース期間は次のようなステップで決定する。

(STEP1) 「解約不能期間」を決定する（図表4－2におけるA→B期間：リース最短期間）

(STEP2) 「契約に強制力がある期間」を決定する（図表4－2におけるA→C期間：リース最長期間）

(STEP3) オプションの行使，または不行使が合理的に確実かどうか評価を行い，リースの最短～最長期間（図表4－2におけるB→C期間）の範囲内でリース期間を決定する

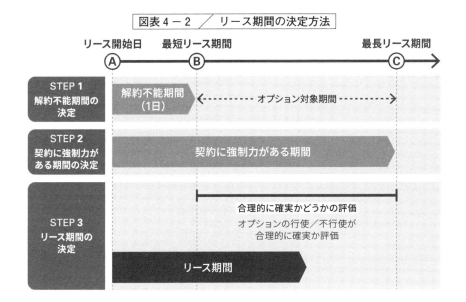

図表4－2　リース期間の決定方法

1　解約不能期間

　解約不能期間とは借手が契約を終了させることができない期間のことであり，リース期間は解約不能期間よりも短くなることはない（IFRS16.B35）。
　ここでポイントとなるのは借手の権利・義務の視点から考えるという点である。例えば，貸手がリースを解約する権利を有している一方で，借手にはその期間にリースを解約する権利がない場合のように（図表4－3のC参照），貸手のみに解約オプションが付されている期間は，解約不能期間として取り扱われる。これは，貸手がリースを解約しない限り，借手はリースが継続している期間にわたってリース料を支払い続ける無条件の義務を負うためである。解約不能期間と借手及び貸手が保有する解約オプションとの関係は次のような整理になる。

図表4－3	リースの解約不能期間と借手及び貸手が保有する解約オプションの関係

		貸手	
		ペナルティなしで解約できる期間	解約できない期間
借手	ペナルティなしで解約できる期間	**A** **契約の強制力が及ばない期間** 契約の定義を満たさず， リース期間に含まれない	**B** **オプション期間** 借手が解約オプションを行使しない ことが合理的に確実な期間に限り， リース期間に含まれる
	解約できない期間	**C** **D** **解約不能期間** 貸手にとって解約可能か否かにかかわらず， リース期間に含まれる	

　リース契約によっては，途中解約は可能であるものの事前通知が必要な場合がある。そのような場合の事前通知期間は解約不能期間に該当する（IFRS16.BC127）。例えば，リース契約により借手が貸手に90日前に通知することで，僅少とはいえないペナルティを負うことなく，リースを解約する権利を有している場合，リース開始日時点での解約不能期間は90日間であり，借手がリースの終了を通知するまで解約不能期間は常に90日であり続ける。

　なお，リース期間は，リース料の支払いが発生するか否かにかかわらず，リース開始日から起算し，貸手が借手に提供したフリーレント期間があればそれを含める必要がある（IFRS16.B36）。

2 | 契約に強制力がある期間

　リース期間の見積りを行うには，契約に強制力がある期間を決定し，リースの最長期間を決定する必要がある。リースにおける「契約に強制力がある期間」とは，借手及び貸手の双方に強制可能な権利及び義務が存在する期間である。

　したがって，借手と貸手のいずれもが他方の承諾なしに，僅少とはいえないペナルティを負うことなく，リースを解約する一方的な権利を有している場合，当該リースには強制力がない（IFRS16.B34）。その結果，契約が解約可能

となる日を超えて「強制力がある」状況は，以下のいずれかの状態を指す（図表4－4参照）。

- 借手・貸手ともリースを解約する権利を有しているが，解約する際には借手・貸手の一方，もしくは両者が，僅少とはいえないペナルティを負う場合
- 他者の許可なくリースを解約する権利を有しているのが，借手もしくは貸手の一方のみである場合

ただし，「僅少とはいえないペナルティ」の評価については，次の(1)「解約権とペナルティ」で説明するとおり，契約書上の解約金だけではなく，より幅広い契約の経済的実態を考慮すべき点に注意が必要である。

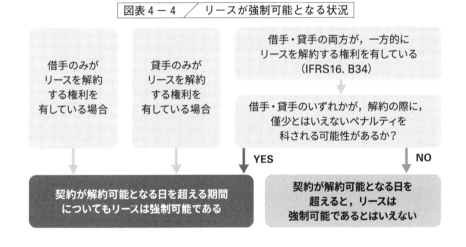

図表4－4　リースが強制可能となる状況

(1) 解約権とペナルティ

前述のとおり，「強制力がない」状況とは，「借手と貸手のいずれもが他方の承諾なしに，僅少とはいえないペナルティを負うことなく，リースを解約する一方的な権利を有している場合」であるが，IFRS第16号においてペナルティは定義されていないため，「僅少とはいえないペナルティ」の評価にあたり，契約書上の解約金だけを考慮すればよいのか，それともより幅広い契約の実態を考慮すべきなのか疑問が生じていた。IFRS解釈指針委員会ではこの論点を議論し，契約上の解約金だけではなく，より幅広い契約の経済的実態を考慮す

100

るべきであると指摘している。以下の設例を使ってIFRS解釈指針委員会の指摘を解説する。

設例4－1　解約権とペナルティ

　以下の条件での機器のリース契約において，「僅少とはいえないペナルティを負うことなくリースを解約する一方的な権利を有しているかどうか」の判断をどのように考えるか。

契約条件

- 解約不能期間：1年
- 解約不能期間経過後：貸手・借手の双方に，他方の承諾なしにリース契約を解約する一方的な権利が付与されている。
- 借手からの申し出によりリース契約が解約される場合，借手には借りた機器を貸手の所在地に返却する際の運搬コストを支払う契約上の義務がある。

前提条件

- 当機器の性質及び設置場所の点から，貸手の所在地から機器を運搬する際に発生する運搬コストは多額になる。
- 当機器は利用開始前に設置作業を行う必要があり，設置コストが発生し，当設置作業は大工事である。
- 機器の交換に要する期間中は，借手は操業を停止する必要があるため，借手の売上が大きく減少する。

分析

　前提条件を踏まえると，貸手・借手の双方は1年目終了後にリースを解約する一方的な権利を有しているものの，借手がリース契約を解約した場合には，機器の運搬コスト，代替機器の設置に係る追加費用や，操業停止に係るコストが発生するため，借手は僅少とはいえないペナルティを負うことなく契約を解約することはできないと考えられる。したがって，このような経済的実態を考慮すると，当リース契約は契約上貸手・借手の双方に一方的な解約権が付されているが，解約不能期間（1年）を超えて強制力があると考えられる。

第4章 当初測定における個別論点　101

　一方で，上記の前提条件とは異なり，以下のような場合には，借手は僅少とはいえないペナルティを負うことなくリース開始から1年経過後はリースを解約可能であると考えられる。

- 貸手の所在地に返却する際の運搬コストは少額である。
- 大掛かりな作業を伴うことなく機器を設置することが可能であるため設置コストが僅少である。
- 機器の交換に伴う売上へのマイナスの影響がほとんどない。

　これに加えて，貸手も僅少とはいえないペナルティを負うことなくリースを解約可能である場合には，当該リースの「解約不能期間」，「契約に強制力がある期間」，「リース期間」はすべて1年になると考えられる。

　なお，ペナルティの重要度は時の経過に伴って減少することもある。例えば，設例4−1のようにリース開始から1年経過時点においては僅少とはいえない解約ペナルティが発生すると考えられるものの，4年，5年と時間が経過することによって，より幅広い経済的実態に照らして検討した結果，解約ペナルティは僅少と判断される場合がある。

　リースによっては，借手はリースを更新するオプションを有しているものの，貸手の承諾を条件とする条項が含まれているものがある。このような条項によって延長可能な期間は「契約に強制力がある期間」に該当するのかどうか疑問が生じていた。IFRS解釈指針委員会での議論を通じて示された見解によれば，契約の更新を希望しないことができる借手のオプションと，更新したい借手の要望を拒否することができる貸手のオプションは，いずれも実質的には解約オプションであるため，契約に強制力がある期間を決定するうえでのペナルティが僅少であるかを評価し，延長可能な期間が契約に強制力のある期間に該当するかを判断することになる（IFRS16.B34）。よって，貸手が承諾しない限り借手はリースを更新できない以上，これは借手のオプションには当たらない，と単純に結論することは適切ではなく，幅広い契約の経済的実態を考慮して，契約に強制力がある期間が決定される。

(2)　契約に強制力があるかどうかの評価

　リース契約における権利及び義務の強制力を決定するためには契約書の条項だけでなく，強制力のある権利義務を規定する現地で適用される法令及び規制

も考慮する必要がある（IFRS16.A，IFRS15.10）。よって，解約に伴うペナルティが存在することのみをもって，リース契約に強制力があるオプション期間が創出されるか否かを判断しなければならない場合には，当法人の見解では，契約上の取決めと適用される法律及び規制を併せて勘案した結果，貸手・借手いずれもがリースを解約できる日以降についても引き続きリースが継続するような条項が創出されているかどうかを検討する必要があると考えられる。

　例えば，以下の前提条件の不動産賃貸契約を考える。

前提条件1：契約期間5年であり，延長または解約のオプションはない。
前提条件2：契約期間満了時点において，借手が当該不動産を占有し続けた場合，当初の契約条件が引き続き適用される旨が現地の法律により定められている。

　この場合，契約上は5年目終了時に双方の当事者が契約を解除する一方的な権利を有しているものの，現地の法律により不動産の継続使用に関する権利・義務が規定されている。よって，当法人の見解では，賃貸契約が5年後に終了することによって借手または貸手のいずれかが僅少とはいえないペナルティを負う場合，強制力がある期間は5年目以降も続くと考える。

　一方で，当該不動産賃貸契約に前提条件2がない場合は，当法人の見解では契約に強制力がある期間が契約上の期間（5年）を超えることはないと考える。賃貸借関係の継続に関して貸手や借手に重大な経済的インセンティブがあるか否かは，不動産の継続使用に関連する権利・義務を規定する契約書の条項及び法規制が存在して初めて評価されるからである。前提条件2がない場合で，借手が引き続き不動産を使用してリース料を支払い，貸手が賃料を受け取る場合，当法人の見解では当初の契約条件の一部ではないリースの範囲の変更であり，リースの条件変更として会計処理する必要があると考える（第5章 **1** 「事後的なリースの条件変更」参照）。

　なお，わが国の不動産賃貸借においては，普通借地契約・普通借家契約の存在が特徴的である。普通借地契約の場合，契約満了時に建物がある場合には，貸手は借手の更新請求を正当な事由なく拒絶できない。また，普通借家契約の場合，期間の定めのある契約であれば法定更新制度があり，貸手は借手の更新請求を正当な事由なく拒絶できない。期間の定めがない場合には貸手・借手いずれも解約の申入れが可能であるが，その場合も貸手からの解約申入れについては正当な事由が必要とされる。このように普通借地契約・普通借家契約にお

第4章　当初測定における個別論点　103

いては，借手の希望による契約更新が法律的に認められているため，「契約に強制力があるかどうかの評価」において，当該法律を考慮しなければならないと考える。

3 ┃ リース期間の見積り

(1)　延長オプション・解約オプション

　前述のとおり，リース期間は解約不能期間に加え，借手がリースを延長するオプションを行使する（または，リースを解約するオプションを行使しない）ことが合理的に確実な場合のオプション期間を含む期間とされている（IFRS16.18）。

　リースを延長するオプションを行使する，または，解約するオプションを行使しないことが「合理的に確実」であるかどうかに関して，借手に対して経済的インセンティブを与えるあらゆる事実や状況をリース開始日時点で考慮する。これには，リース開始日からオプションの行使日までに予想される事実や状況の変化が含まれる。

　考慮すべき要因の例としては，以下が考えられる（IFRS16.B37）。

- 延長オプションの行使（または，解約オプションを行使しないこと）によりリースが継続する期間において適用されるリースに係る支払額の水準は，市場のリースに係る支払額の水準と比較して割安か割高か
- 変動リース料または条件付き支払条項（例えば，早期解約するオプションを行使することにより発生するペナルティや残価保証などの支払い）の内容
- オプション期間終了後に行使可能な権利条項（例えば，延長期間終了時点で行使可能な，現時点で割安と見込まれる購入オプション）の内容
- オプションの行使時点で借手にとって重大な経済的便益を有すると見込まれる，重要な賃借物件の改良の実施，または実施の予定
- リースを終了することによって発生するコスト（これには，交渉に係るコストや，移転に係るコスト，需要に見合った適切なリース物件を新たに探すコスト，原状回復に係るコスト，解約ペナルティ及び類似のコストなどが含まれる）
- 現在のリース契約のもとで賃借されたリース物件の，借手のビジネスにおける重要性（例えば，資産の特殊性，資産が使用されている環境，代替物の入手可能性）
- オプションの行使に関連するその他の条件と，その条件が満たされる可能性

上記要因を考慮した結果，リースを延長するオプションを行使する（または，解約するオプションを行使しない）ことが「合理的に確実」であると判断した場合には，解約不能期間に当該期間を加えた合計期間がリース期間となる。

　解約不能期間の長さも，オプション期間をリース期間に含めるかどうかの検討に影響を及ぼす。なぜなら，代替資産の取得に関連するコストは，解約不能期間が短ければ短いほど相対的に高くなり，延長オプションの行使または解約オプションの不行使の可能性は解約不能期間が短いほどより高まると考えられるためである（IFRS16.B39）。

　借手の特定の資産に対する過去の使用実績も，オプション期間をリース期間に含めるかどうかの検討に有用なことがある。例えば，借手が通常，特定の種類の資産を特定の期間使用した実績がある，または，特定の種類の原資産に関するリースについて契約期間を頻繁に延長した実績がある場合には，合理的に確実であるかどうかの検討の際に，過去の実務における経済的な理由を考慮する必要がある（IFRS16.B40）。この検討は，類似の店舗を大量展開する企業等にとっては非常に効果的である一方，本社や工場のリース契約などで参考になる類似案件を探すことが難しい場合にはあまり効果的でないと考えられる。

　延長オプション，または解約オプションが付されたリース契約におけるリース期間の考え方は図表4－5のとおりである。

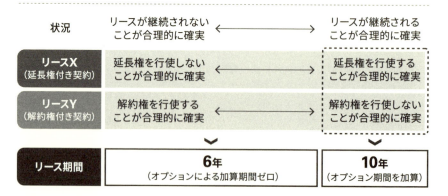

図表4－5　リース期間

リースX　6年のリース（途中解約不能）だが，同条件でリース契約を10年間に延長できる
リースY　10年のリース契約だが，6年経過時点で解約することも可能

第4章　当初測定における個別論点　105

　リース契約Xは6年の解約不能リース契約であるが，借手は同条件でリース契約を4年間延長し10年にすることができる。一方，リース契約Yは，10年のリース契約だが，6年経過した時点で解約するオプションが借手に付与されている。IFRS第16号では，この2つのリース契約におけるリース期間の考え方は，同じになる必要があると考えられている。

設例4－2　更新に関する経済的インセンティブ

その1

　借手と貸手はビルの使用に関する解約不能のリース契約を締結した。

　借手はリース期間の決定の際に以下の事項を考慮した。

- 当リース契約の契約不能期間は4年であるが2年間の延長権が付いているため，この契約に強制力がある期間は6年間である。この6年間の間に，比較対象となる同一エリアのビルの市場賃料は10％上昇すると予想される。リース開始日において，リース料は現在の市場賃料に従って決定されている。
- 借手は，少なくとも10年間は同一エリアでビジネスを展開するつもりである。
- ビルの所在地は顧客及び調達先との関係構築に最適である。近隣の代替建物への移転には移転費用が発生し，X社が同程度に好条件の賃借料でリース契約を締結できる可能性は低い。
- 借手は大がかりな賃借施設の改良を行っており，これらは取り外して移転することはできない。これらの改良設備の経済的耐用年数は6年と見積もられる。

　借手は，リースを延長することに関する重要な経済的インセンティブが存在することから，リース期間は6年であると決定した。

その2

　借手と貸手は，3年間使用された中古機械装置の使用に関するリース契約を締結した。本リースの解約不能リース期間は10年である。借手は10年が経過した後，その時の市場相場のリース料で1年ずつ延長できるオプション（オプションの行使により最大5年間まで延長可能）を有している。

借手はリース期間の決定の際に以下の事項を考慮した。

- 本機械装置は，ある飛行機のパーツの製造のために使用される予定である。その飛行機は，改良モデルの開発が完了するまでのおおむね10年間は継続的に一定の売上が見込めると考えられる。
- 本機械装置を借手の工場に導入するための費用，及び将来における代替機械の見積設置費用は多額ではない。
- 本機械装置は，重要な改良を行わなければ，他の飛行機のパーツ製造に使用できないと見込まれる。
- 本機械装置の経済的な残存使用可能期間は25年である。

借手は，解約不能期間後も大幅な改造を加えないまま当該機械装置を使用し続けることは借手にとっての事業目的に沿っていないと考えている。また，更新期間に適用される契約条項には機械装置の改良費用を上回るほどの経済的インセンティブがなく，また新型航空機の製造プロセスに適した代替機械装置の設置コストは代替機械装置を導入する代わりに当該機械装置を大幅改良して継続使用するほどの経済的インセンティブとはならないと考えられる。

この結果，借手は，解約不能リース期間の10年間だけがリース期間を構成すると決定した。

(2) リース期間と関連資産の耐用年数

前述のとおりリース期間は，解約不能期間に加えて，借手がリースを延長するオプションを行使する（または，リースを解約するオプションを行使しない）ことが「合理的に確実」な場合のオプション期間を含む期間で決定する一方で，IAS第16号に基づく有形固定資産の耐用年数は「利用可能であると見込まれる」期間で決定するとされている（IAS16.6）。このように，両者の決定において求められる確実性の程度は異なっている。また，IAS第16号に基づく耐用年数は関連するリース契約の満了日などの制約を考慮するとされている（IAS16.56, 57）。これらから，例えばリースした土地の上に借手が設置した移設不能な資産の耐用年数をどのように決定するのか，その耐用年数とリース期間の関係が問題となっていた。IFRS解釈指針委員会ではこの論点を議論し，リース期間が資産の経済的耐用年数よりも短い場合，借手が当該資産をリース期間後も使用すると見込んでいるかどうかを考慮する必要があり，リース期間

第4章　当初測定における個別論点　107

後に資産の使用を見込んでいない場合には，当該資産の耐用年数は関連する
リースのリース期間と同じであると指摘した。資産の使用がリースした原資産
（ここでは土地）が使用できる期間に限定されている場合には，多くの場合，
リース期間後の資産の使用は見込まれず当該資産の耐用年数はリース期間にな
るというのがIFRS解釈指針委員会の見解である。

> **Point & 分析**　借手が延長オプションを行使すること，または解約オプションを行使し
> ないことが合理的に確実であるか否かについて，借手と貸手で異なる結論
> になる可能性がある。
> 　これは，そもそも両者の間には情報の非対称性があり，検討には判断が
> 含まれるためである。合理的な確実性に関する評価は，例えば，借手にとっ
> てその原資産がどれほど重要か，原資産の将来の公正価値はどれだけか，
> といったさまざまな判断・見積りに基づいて行われる。貸手は借手を巡る
> 特定の事実及び状況に必ずしも精通していないため，異なる結論になる可
> 能性がある。

日本基準との比較

　日本基準では，IFRSのリース期間に対応する概念はなく，リース期間を貸手と借
手の間で「合意された期間」と定義するに留まっている（リース基準第4項）。実務
上は契約期間と解されることがある。

4 リース期間に係る実務上の論点

(1) リース開始日に解約不能期間が確定していないリース契約

　解約不能期間がリース開始日に確定しておらず，後日においてのみ確定する
ケースがある。例えば，企業が特定のプロジェクトで使用する資産をリース
し，当該リースは，解約または更新オプションがなく，使用期間は当該プロ
ジェクトの存続期間であると規定される場合などである。IFRS第16号では，
リース開始日に解約不能期間が確定していないシナリオについて特に定めてい
ないが，当法人の見解では，企業はリース開始日に解約不能期間を見積もるべ
きであると考える。

　その後，解約不能期間が確定し，その解約不能期間が当初の見積りとは異な

108

る場合，当法人の見解では，企業はリース期間の再評価に関する一般的な要求
事項と整合するように，リース期間を再評価すべきであると考える（第5章 **2**
「その他の事後的な見直し」参照）。

⑵　自動的に継続または更新され続けるリース契約

　リース契約の中には，次のようにリースが自動的に継続または更新され続け
るものがある。

> ・解約可能リース：契約期間が特定されておらず，貸手・借手のいずれかが解約を
> 　通知するまで自動的に継続され続けるリース
> ・更新可能リース：当初契約期間は特定されているが，貸手・借手のいずれかが更
> 　新を打ち切らない限り自動的に更新され続けるリース

　このようなリースにおいては，「リース期間」をどのように決定するかが問
題になるが，これらのリースも他のリース契約と同様に，「解約不能期間」と
「契約に強制力がある期間」を決定したうえで，「解約不能期間」と「契約に強
制力がある期間」の間で「リース期間」を決めることになる。貸手・借手のい
ずれもが他方の承諾なしに解約（もしくは更新の打切り）が可能であるため，
「契約に強制力がある期間」の判断には，非常に難しい見積りを伴う可能性が
ある。なお，解約に伴うペナルティが僅少であれば，解約不能期間後は契約に
強制力がないといえる（IFRS16.B34）。「僅少とはいえないペナルティ」の評
価にあたっては，本節ですでに説明済みの **2**「契約に強制力がある期間」参
照。

設例4－3　契約期間が特定されていないリース

前提条件

　A社（貸手）とB社（借手）は，以下の条件で機器のリース契約を締結した。
・契約期間の定めなし
・B社はA社の所在地に原資産を返却することでいつでもリース契約を解約
　することが可能
・B社は機器を保有し続けている日数に応じて，資産の使用権に係る料金
　（1日当たりのリース料は定額）をA社に支払う

第4章　当初測定における個別論点　109

分析

　B社は，リース契約の2日目が始まる前に，機器をA社に返却することが可能であるため，当リース契約の解約不能期間は1日になる。しかし，B社は事業を行ううえでリースした機器に類似する資産を引き続き使用する必要がある場合，現在のリース契約を解約して新たなリース契約を締結する際に発生するコスト（例：現在リースしている機器を撤去してA社の所在地に返却するコスト，新規リース契約で取得した機器の設置に係るコスト，新たな機器を使用するために従業員をトレーニングするコスト）を考慮すると，経済的な観点から解約不能期間を超えて当該機器のリースを継続せざるを得ないと判断される可能性がある。この場合，A社・B社のいずれもが他方の承諾なしにリースを解約することが可能であるが，B社の経済的実態を考慮すると，解約に伴うペナルティが僅少であるとはいえず，契約に強制力がある期間は解約不能期間である1日よりも長くなる可能性がある。このように，リース契約が解約不能期間を超えて強制力がある場合には，契約に強制力がある範囲内で，借手が解約オプションを行使しないことが合理的に確実かどうかを評価してリース期間を決定することになる。

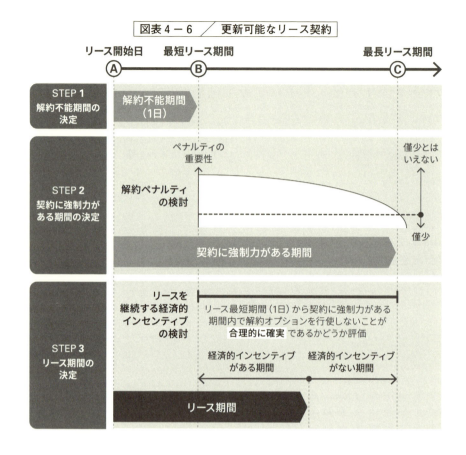

(3) 使用期間が無期限の契約

(2)の自動的に継続または更新され続けるリース契約に類似するものとして、資産の使用可能期間が無期限の契約がある。このような使用期間が無期限の契約については、第1章 1「リース会計の適用対象」で記載したとおり、当法人の見解では、「一定期間」にわたり原資産を使用する権利が移転しないため、リースの定義を満たしておらず、実質的に、所有持分の移転であると考える。

(4) 解約オプションの行使が条件付きであるリース契約

リース契約の中には、将来の不確実な偶発事象が発生した時のみ（または発生時しなかった時のみ）、借手が解約オプションを行使できるような、条件付

きの解約オプションを含んでいるものもある。

　このようなオプションについては，トリガーとなる偶発事象が借手のコントロールの範囲内にあるのであれば，解約不能期間を決定する際に，条件付きではない通常の解約オプションと同様に考慮すべきと考えられる。

　例えば，小売店のリースにおいて，借手及び貸手は10年後に理由なく解約することができ，さらに借手は，小売店が所在する国での事業を終了する場合には，5年後に当該リースを解約する権利（条件付きの解約オプション）を有するとする。この場合，当該国での事業を終了するかどうかの判断は借手のコントロールの範囲内にあるため，当法人の見解では，当該リースの解約不能期間は5年間と考える。この場合，借手は5年経過時に解約オプションを有しているため，リース期間を決定する際に当該解約オプションを行使することが合理的に確実であるかどうかを評価してリース期間を決定する。

　一方で，前述の小売店のリースにおける条件付き解約オプションの行使条件が，借手のコントロールの範囲外である場合もある。例えば，政府が借手の事業に損害を与える可能性がある特定の法令を承認する場合に限り，5年後に当該リースを解約する権利が与えられる場合などである。このような条件付き解約オプションにおいて解約不能期間を決定する際に，当法人の見解では，借手はトリガーとなる事象が発生する可能性に基づいて以下のように評価すべきであると考える。

- トリガーとなる偶発事象が発生する可能性がほとんどない場合：解約オプションの存在を考慮せず，解約不能期間は10年となる。
- トリガーとなる偶発事象が発生する可能性がほとんどないとはいえない場合：解約不能期間は5年として，解約オプションを条件付きではない通常の解約オプションと同じように，5年経過時に行使することが合理的に確実であるかどうかを評価する。

3 リース料

　リース料とは，リース期間にわたって原資産を使用する権利に関連して，借手から貸手に対してなされる支払いをいい，具体的には以下の項目が含まれる（IFRS16.27, 70）。なお，このリース料は契約対価のうちリース要素に配分された金額とは異なり，リース要素に配分された金額のうち，借手のリース負債，ファイナンス・リースの貸手における正味リース投資未回収額の測定の対象となるリース料，及びオペレーティング・リースの貸手においてリース期間を通じて定額法等で収益として認識するリース料をいう。

加算項目
● リース期間に対応する固定リース料
● 一定の要件を満たす変動リース料
● 購入オプションの行使価格
● 解約損害金の要支払額
● 残価保証
減算項目
● リース・インセンティブ

　借手のリース負債は将来のキャッシュ・アウト・フローを示す金融負債，貸手のリース料債権は将来のキャッシュ・イン・フローを示す金融資産であることから，図表4-7の一番下の未決済分が計算の基礎となる。

　一方，借手における使用権資産は原資産をリース期間にわたり使用する権利を表す資産であるから，対価の額をもって取得原価を測定するにあたり，その対価が未決済かどうかは無関係である。このため，使用権資産の当初認識はリース負債の金額に既決済分を加減算して算定される（本章1「リース開始日」参照）。

　同様に，貸手のリース分類に際して考慮される現在価値基準は，既決済分も含めたリース料を基礎とすることに留意が必要である（第3章1「リースの分類」参照）。原資産の所有に係るリスクと経済価値がリースを通じて移転する

第4章　当初測定における個別論点　113

かどうかを判断するにあたり，対価をすでに受け取っているかどうかは無関係であるためである。

図表4－7／リース料

加算項目	借手	貸手	参照番号	
リース期間に対応する固定リース料	＋	＋	3 1	
一定の要件を満たす変動リース料	＋	＋	3 2	
購入オプション行使価額	＋	＋	3 4	借手が購入オプションを行使することが合理的に確実である場合のみ含める
解約損害金要支払額	＋	＋	3 5	借手が解約オプションを行使しないことが合理的に確実である場合は含めない
残価保証に関する借手の支払予想額	＋		3 3	
借手，借手の関連者及び第三者による残価保証額		＋	3 3	
控除項目	**借手**	**貸手**	**参照番号**	
リース・インセンティブ	－	－	3 6	
リース料	**XXX**	**XXX**		借手の分類における現在価値基準の基礎となる
既決済分の調整①	－	－		借手：すでに支払った前払リース料を減算する 貸手：すでに受け取った前受リース料を減算する
既決済分の調整②	＋	＋		借手：すでに受け取ったリース・インセンティブを加算する 貸手：すでに支払ったリース・インセンティブを加算する
リース料（未決済分）	**XXX**	**XXX**		リース負債（借手）・リース料債権（貸手）の当初測定の基礎となる

日本基準との比較

　日本基準においては，「リース料」は合意された使用料であると規定されるに留まっている（リース基準第4項）。また，割安購入選択権の行使価額及び残価保証を除いては，リース料総額にどのような項目が含まれているかについて明文がない。

　これは，リース適用指針が，ファイナンス・リース取引のうち典型的なリース取引及び不動産に係るリース取引を取り扱うとしているためである。ここで「典型的なリース取引」においては，リース期間中のリース料の支払いが均等であり，リース期間がリース物件の経済的耐用年数より長くないことが想定されている（リース

114

適用指針第89項）。このため，将来の一定の指標（売上高等）により変動するリース料などは，特殊なリース取引としてリース適用指針では取り扱わないこととされ（リース適用指針第90項），リース適用指針が詳細な会計処理を示していないものについては，実態に基づき会計処理を行うことを要求している。

　また日本基準においては，維持管理費用相当額（リース物件の維持管理に伴う固定資産税，保険料等の諸費用）は，リース料総額から控除するのが原則とされている。しかし，一般的に，契約書等で維持管理費用相当額が明示されない場合が多く，また，当該金額はリース物件の取得価額相当額に比較して重要性が乏しい場合が少なくないため，リース料に占める割合に重要性が乏しい場合は借手・貸手を問わず，これらを控除しないことができるとされている（リース適用指針第14項，第54項）。IFRS第16号においても，これらは原則として構成要素の識別の過程で非リース要素として分離され，IFRS第16号の適用対象外であるものの，借手が構成要素の識別を行わず，全体を１つのリース要素として処理することを選択した場合は，その限りではない（第１章 **2**「リース会計の適用単位」参照）。

1 ┃ 固定リース料

　固定リース料には，実質的な固定リース料が含まれる。実質的な固定リース料とは，形式的には変動性を含むものの，回避不可能な支払いをいう。例えば，以下のような支払いに関する契約上の取決めは実質的な固定リース料であり，IFRS第16号における変動リース料には該当しない（IFRS16.B42）。

(a) 実質的な変動性がないもの。例えば，以下が挙げられる。

- リース期間中，資産が適切に稼働したら支払うという取決め。
- 一定の事象が発生した場合にのみ支払うという取決めがあるが，そのような事象が必ず発生する，すなわち発生しないということはまずあり得ないと想定されるもの。
- 当初は原資産の使用に応じて支払いが変動するが，ある一定時点以降は固定額の支払いが確定するという取決め。この場合，確定した後の支払いは「実質的な固定リース料」である。

(b) 契約上の取決めとしては，ケースごとに異なる支払額が設定されているが，現実的に適用されると考えられるのはそのうち１つのみであるもの。

(c) 現実的に考えられるシナリオが複数あるものの，どのシナリオになったとしても必ず支払う必要がある金額の最低額。

(c)の例として以下のような事例が考えられる。

借手は解約不能期間終了時に以下のいずれかのオプションを行使しなければならない。

- リースした機械を200千円で購入する。
- リースの対象期間を 2 年間延長し，各年度末に105千円を支払う。

このような場合，リース開始時点においてどちらのオプションの行使も合理的に確実とはいえない場合には，実質的な固定リース料として200千円の現在価値と，リース期間を延長した場合の各年度末に支払う105千円の現在価値の合計のいずれか低い方が実質的な固定リース料となる。

また，土地・建物等の不動産リースにおいて，借手が保証金の支払いを要求されることがある。保証金は，リースの対象期間にわたり貸手が保管し，リース期間終了時に全額借手に返済される。当法人の見解では，保証金自体はリース料の一部には該当せず，一般的にはIFRS第 9 号「金融商品」の適用範囲である金融資産あるいは金融負債として会計処理されるものと考える。また当法人の見解では，保証金の当初の帳簿価額（保証金がIFRS第 9 号の適用範囲である場合には原則公正価値で測定される）と額面価額の差額は，借手によって支払われた追加のリース料であるため，その他のリース料と合算して会計処理の対象としなければならない。

設例 4 ― 4　実質的な固定リース料

ある企業は製造ラインをリースした。貸手に支払う額は製造ラインの稼働時間によって異なるが，借手は最低でも年1,000時間分の1,000,000を支払わなければならない。この場合，本リースには，1,000,000の実質的な固定リース料が含まれており，この部分をリース負債の測定におけるリース料に含める。なお，契約にこのような実質的な固定リース料が含まれておらず，貸手への支払いが製造ラインの稼働時間によって完全に変動するものである場合には，次の②「変動リース料」で説明するとおり，当該変動リース料は，指数またはレートに基づいて算定される変動リース料ではないため，リース負債の測定におけるリース料に含めない。

116

日本基準との比較 ⋯⋯⋯⋯⋯⋯⋯⋯⋯⋯⋯⋯⋯⋯⋯⋯⋯⋯⋯⋯⋯⋯⋯⋯⋯⋯⋯⋯⋯⋯⋯

　日本基準では，実質的な固定リース料に関する規定はなく，そのようなリース料をどう処理するかについては実務にばらつきが存在すると考えられる。

⋯⋯⋯

2 変動リース料

　変動リース料とは，リース期間に原資産を使用する権利に対して借手が貸手に対して行う支払いのうち，開始日後に発生する事実または状況の変化（時の経過を除く）により変動する部分である（IFRS16.A）。変動リース料には，例えば，将来の業績やリースした資産の使用状況によって支払額が変動するようなものが含まれる。借手は，変動リース料を原則として変動リース料が発生する契機となった事象または状況が生じた期間の純損益に認識する（IFRS16.38）。貸手も，変動リース料は正味リース投資未回収額に含まれないため（IFRS16.A），発生時の純損益として取り扱うことになると考えられる。

　ただし，指数またはレートに基づいて算定される変動リース料は，発生時の費用または収益とせず，借手のリース負債，及び貸手のファイナンス・リースにおける正味リース投資未回収額の測定におけるリース料に含める。例えば，消費者物価指数，基準金利，または市場の賃料の変動を反映するように変更される賃料などがこれに当たる。また，対象不動産の評価額の変動に合わせて調整されるリース料も，評価額が市場の賃料または物件価値と密接に関連している場合，評価額は市場の賃料水準を表していることがあるため（評価額が固定資産税を決定するために使用される場合を除く），当法人の見解では指数またはレートに基づいて算定される変動リース料と考えられる可能性がある。例えば，評価額が当局によって算定され，定期的に更新され，当該評価額が対象不動産の市場賃料や価値を表すことを意味する十分な算定要素を反映している場合，当法人の見解では，評価額の一定割合として算定されるリース料は，指数またはレートに基づいて算定される変動リース料であると考える。当初測定において，指数またはレートに基づいて算定される変動リース料は，リース開始日の当該指数またはレートを用いて計算する（IFRS16.27）。なお，リース開始日以降に，指数またはレートの変動によってリース料が変動した場合，借手はその変動を反映するようにリース負債を再測定しなければならない（IFRS

16.36, 39, 42）。詳細は，第 5 章 **2**「その他の事後的な見直し」参照。

設例 4 － 5 　変動リース料の会計処理（借手）

　以下，変動リース料の取扱いが，指数またはレートに連動するものであるかどうかによってどのように異なるかを，借手の会計処理の観点から考察する。

① 　マーケットレントレビュー条項が付いた変動リース料

（ 前提条件 ）

　借手はある資産に関する10年間のリース契約を 1 年目の期首に締結した。リース料は毎年期首に50,000を支払う。契約上，リース料は 2 年ごとに，基準となるエリアの市場平均賃料の変動率に基づいて変動する。リース開始日における市場平均賃料は100㎡当たり1,250であった。割引率はリースの計算利子率を容易に入手できなかったことから，借手の追加借入利子率 5 ％を用いることとする。なお，当初直接コスト及びリース契約に基づき要求される原状回復義務等については無視する。

（ 計算 ）

　リース開始日において，借手は 1 年目のリース料を支払い，今後決済されるリース料として 1 年当たり50,000× 9 回の支払額を，年率 5 ％の利子率で割り引いた現在価値である355,391でリース負債を測定した。

　$355,391 = 50,000 \div 1.05 + 50,000 \div 1.05^2 + 50,000 \div 1.05^3$

　　　　　　　$\cdots \cdots + 50,000 \div 1.05^8 + 50,000 \div 1.05^9$

　使用権資産の当初測定値は以下となる。

　　使用権資産当初測定値

　　　＝リース負債当初測定値（355,391）＋既決済リース料（50,000）

　　　　＋借手に生じた当初直接コスト（0）＋原状回復コストの見積額（0）

　　　＝405,391

　したがって，借手は本リースに関連する資産及び負債をリース開始日において以下のとおり当初認識した。

	借方		貸方	
X1期	使用権資産	405,391	リース負債	355,391
			現金^(※)	50,000

(※)　1年目のリース料支払い

　借手は，使用権資産をリース期間にわたって平均的に費消すると予想した。このため，定額法によって使用権資産を減価償却する。

　年間減価償却費：40,539（＝405,391÷10）

　また，リース負債から生じる支払利息ならびにリース負債の返済は以下のとおりである。

	リース負債		支払利息 (c)=(b)×5%	リース負債 期末残高 (d)=(b)+(c)
	期首残高 (a)	リース料決済後残高 (b)=(a)−50,000		
X1期		355,391	17,770	373,161
X2期	373,161	323,161	16,158	339,319

　したがって，本リースの最初の2年間における借手の仕訳は以下のとおりである。

	借方		貸方	
X1期	支払利息	17,770	リース負債	17,770
	減価償却費	40,539	使用権資産	40,539
X2期	リース負債	50,000	現金	50,000
	支払利息	16,158	リース負債	16,158
	減価償却費	40,539	使用権資産	40,539

②　売上に連動する変動リース料

前提条件

　①の設定に加えて，借手はリースした資産を使用することで得られた借手の売上高の1％についても毎年変動リース料として支払うことを要求されるとする。この売上連動の変動リース料については，財務報告確定後1か月以内に支払うことが求められているとする。

第4章 当初測定における個別論点 119

リース１年目において，借手はリースした資産を使用することで800,000の売上を獲得した。

計算

リース開始日において，借手は使用権資産とリース負債を①の設定と同額認識する。なぜなら，追加の変動リース料は将来の売上高に関連しており，そのためリース料総額に含めるべき変動リース料の範囲に含まれないためである。したがって，このような変動リース料による支払いは，経済的には借手のリース料支払予想額に影響するとしても，リース負債および使用権資産の測定には含めない。

	借方		貸方	
X１期	使用権資産	405,391	リース負債	355,391
			現金	50,000

リース１年目において，借手はリースした資産を使用することで800,000の売上を獲得したため，借手はリースに関連して8,000（800,000×１％）の追加費用を負担する。借手は当該費用を１年目の純損益計算書で認識する。

	借方		貸方	
X１期	支払利息	17,770	リース負債	17,770
	減価償却費	40,539	使用権資産	40,539
	支払リース料	8,000	未払金	8,000

設例４−６ 変動リース料の会計処理（貸手）

設例４−５と同じ前提でファイナンス・リースの貸手の処理を確認する。

① マーケットレントレビュー条項が付いた変動リース料

前提条件

貸手は割引率としてリースの計算利子率６％を用いる。リース期間終了後の無保証残存価値については無視する。リースに供された資産の帳簿価額は

120

300,000であった。

計算

　リース開始日において，貸手は１年目のリース料を受け取り，今後決済されるリース料として１年当たり50,000×９回の決済予定額を，年率６％の利子率で割り引いた現在価値を340,084と測定する。

$$340,084 = 50,000 \div 1.06 + 50,000 \div 1.06^2 + \cdots + 50,000 \div 1.06^9$$

　無保証残存価値を無視すると，当初測定時に計上される未収金（＝正味リース投資未回収額）は340,084である。

　したがって，貸手は本リースに関連する資産及び負債を，リース開始日において以下のとおり当初認識した。

	借方		貸方	
X１期	未収金	340,084	有形固定資産[※1]	300,000
	現金	50,000	その他損益（取組利益）[※2]	90,084

（※1）　原資産の認識を中止
（※2）　勘定科目は例示

　未収金から生じる受取利息及び未収金の回収は，以下のとおりである。

	未収金		受取利息	未収金期末残高
	期首残高 (a)	リース料決済後残高 (b)＝(a)－50,000	(c)＝(b)×６％	(d)＝(b)+(c)
X１期		340,084	20,405	360,489
X２期	360,489	310,489	18,629	329,118

　したがって，本リースにおける貸手の仕訳は以下のとおりである。

	借方		貸方	
X１期	未収金	20,405	受取利息	20,405
X２期	現金	50,000	未収金	50,000
	未収金	18,629	受取利息	18,629

第4章 当初測定における個別論点 121

② 売上に連動する変動リース料

前提条件

①の設定に加えて，借手の売上高の1%の変動リース料を想定する。

計算

売上連動の変動リース料は正味リース投資未回収額の算定対象となるリース料に含まれないため，①の場合と当初測定の仕訳は同じである。売上に基づく変動リース料8,000は発生時に収益に計上する。

	借方		貸方	
X1期	未収金	340,084	有形固定資産	300,000
	現金	50,000	その他損益	90,084
	未収金	20,405	受取利息	20,405
	未収金	8,000	受取リース料[※]	8,000

（※）変動リース料分

日本基準との比較

日本基準においては，変動リース料の取扱いは明らかにされていない。実務的には，金額が確定した段階でリース料を認識する。すなわち，現金基準もしくはこれに経過勘定を加味した処理が行われていることが多いと考えられる。

3 | 残価保証

残価保証とは，リースの終了時の原資産の価値（または価値の一部）が所定の金額を下回ることがないように貸手に対して行う保証である。保証を行う者は借手の場合もあれば，借手以外の第三者の場合もあるが貸手と関連のある者が行う場合は，残価保証には該当しない。

リース関連の資産及び負債の測定に用いるリース料に含める残価保証の範囲と金額は，借手と貸手で異なる。借手は自らが支払うと想定する見積額であるのに対し，貸手は借手及び第三者から提供される保証金額そのものとなる（IFRS16.27, 70）。

借手と貸手で残価保証の範囲と金額が異なるのは，以下の理由によると考えられる。

- 借手は，自らが支払うリース料のみを負債として認識すれば足りる。残価保証から生じる支払いは借手が回避できないものであり，この支払額は原資産の価値の変動に応じて変動する可能性がある。よって，残価保証は指数またはレートに基づいて算定される変動リース料に類似するため，借手は残価保証に基づき支払うことになる金額を見積もり，当該金額をリース負債に含めるべきである（IFRS16.BC170）。なお，一部のケースにおいて，原資産の残存価値がリース契約で定められている金額を上回る場合，その超過分を貸手が借手に支払う契約になっていることがある。当法人の見解では，これらのケースにおいて，借手が受け取ると見込まれる金額は，マイナスの残価保証としてリース料から控除すべきでないと考える。また，原資産の残存価値に関する不確実性がなくなった場合には，借手はその受取りを変動リース料として認識しなければならないと考える。
- 貸手においては，リース料債権の測定において残価保証を誰が引き受けるかという点は考慮する必要がない。よって，借手に加え，借手と関連のある当事者，または貸手と関連のない第三者で保証に基づく義務を弁済する財務上の能力のある者が貸手に提供した残価保証もリース料の対象になり，リース期間終了時点の実際の残存価値の見込みにかかわらず，保証額全体がリース料債権を構成する。このリース料債権に，リース期間終了時の原資産の残存価値のうち残価保証を超える部分の現在価値を加えたものが，正味リース投資未回収額であるため（IFRS16.A），仮にリース開始日の残存価値の見積額が残価保証額より大きい場合には残存価値の見積額全体の現在価値が，残存価値の見積額が残価保証額を下回る場合には残価保証額の現在価値が，ファイナンス・リースの貸手にとって債権として認識されることになる。（第3章 **2**「ファイナンス・リースの会計処理」参照）。

なお，リース開始日以降に，残価保証に基づいて支払われると見込まれる金額に変動がある場合，借手は改定後の残価保証に基づいて支払うと見込まれる金額の変動を反映するようにリース負債を再測定しなければならない（IFRS16.42(a)）。詳細は，第5章 **2**「その他の事後的な見直し」参照。

第4章　当初測定における個別論点　123

設例4－7　残価保証の会計処理

前提条件

　借手は，自動車のリース契約を締結した。リース期間は5年間である。さらに，契約には残価保証が含まれており，リース期間の終了時において自動車の公正価値が400を下回る場合には，公正価値と400との差額を借手は貸手に支払わなければならない。リース開始日において，借手はリース期間の終了時における自動車の公正価値は400であると見積もった。貸手はこのリースをファイナンス・リースに分類した。

計算

　借手がリース負債を測定するときのリース料に含まれる残価保証の金額は0である（残価保証のもとでの支払予想額＝残価保証額－リース終了時の原資産の公正価値見積額＝400－400＝0）。

　一方，この取引において貸手がリース料に含める残価保証は400であり，その割引現在価値が正味リース投資未回収額に含められることになる。ただし，その場合の無保証残存価値は0と計算される。

日本基準との比較

　日本基準のリース会計における残価保証は，借手・貸手いずれの場合でも保証額そのもの（考えうる最大の金額）がリース料総額に含められる（リース適用指針第22項及び第52項）。

4 購入オプション

　借手が購入オプションを行使することが合理的に確実な場合，購入オプションの行使により支払われる価額は，借手・貸手ともに，リース関連の資産及び負債の測定に用いるリース料に含める。

　なお，合理的に確実であるかどうかの判定の基準は，リース期間の定義における「借手がリースを延長するオプションを行使する（または，リースを解約するオプションを行使しない）ことが合理的に確実」かどうかの判定の基準と

同様に考える（本章 2 「リース期間」参照）。

　リース契約に，リース終了時に貸手が借手に対して固定価格での資産の買取りを要求できるプット・オプションが含まれている場合がある。このような場合，貸手によるプット・オプションの行使は，借手のコントロールが及ぶ範囲内にはなく，当法人の見解では，借手は行使価格をリース負債の測定に含める必要があると考える。一方，貸手は，プット・オプションが行使されるかどうかの判断は貸手の支配の範囲内にあるため，当法人の見解では，以下のいずれかを会計方針として選択し継続的に適用すべきであると考える。

- プット・オプションの行使価格をオプション行使の可能性にかかわらず常にリース料に含める。
⇨ この方法は，貸手にとっての固定価格のプット・オプションが，残価保証として経済的に機能するという考え方に基づいている。
- オプションの行使が合理的に確実かどうかをリース開始日に評価し，行使が合理的に確実であると評価する場合にはプット・オプションの行使価格をリース料に含める（事後において行使可能性の再評価は不要）。
⇨ この方法は，貸手にとっての固定価格のプット・オプションは，借手が保有する購入オプションではあるもののその行使が貸手に支配されているものとして経済的に機能するという考え方に基づいている。

日本基準との比較 ··

　日本基準において，IFRS第16号における購入オプションに関する規定に相当するものは割安購入選択権に関する規定であり，割安購入選択権の行使価額は所有権移転ファイナンス・リース取引において借手及び貸手のリース料総額に含まれる（リース適用指針第37項及び第61項）。IFRS第16号は，購入オプションの行使が合理的に確実と見込まれる購入オプションの行使価額をリース料総額に含めるとしており，割安であるか否かに限定していない。

··

5 ┃ 解約損害金

　リースをその契約期間の満了を待たずに解約する場合に必要な解約損害金をリース料に含めるか否かについては，リース期間の設定と整合させる必要がある。

すなわち，解約オプションを行使しないことが合理的に確実とまではいえず，したがって，解約不能期間のみがリース期間に含まれているのであれば，解約オプションは行使されることが会計処理の前提となる。したがって，当該解約オプションの行使に係る解約損害金は，リース関連の資産及び負債の測定におけるリース料に含める必要がある。

ここで，2「リース期間」で示した例を再度取り上げる。

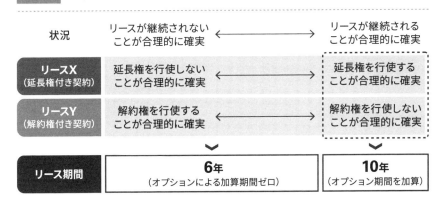

リース契約Yは，10年のリース契約だが，6年経過した時点で解約するオプションが借手に付与されている。ここで解約オプションを行使する場合には，解約損害金として借手は貸手に10,000支払わなければならないとする。リース期間を検討した結果，解約オプションを行使しないことが合理的に確実とはいえないと判断し，本リース契約のリース期間が6年であると判断した場合には，リース料に解約損害金10,000を含めてリース負債を当初測定することになる。

日本基準との比較

日本基準では，解約損害金に相当するものとして，規定損害金についての言及があるが，法的には解約可能であるとしても当該規定損害金が設定されているために

事実上リースが解約不能となるものを想定している（リース適用指針第6項）。これはIFRS第16号の表現を用いるなら，「解約オプションを行使しないことが合理的に確実であると認められるケース」に該当すると考えられる。このようなリースでは，日本基準においてはファイナンス・リース取引としてリース資産，リース債務が認識されるが，解約オプションは行使しない前提であるので，当然に解約損害金がリース料総額に含められることはない。これはIFRS第16号での処理においても同じである。上記以外のケース，例えば「解約オプションを行使しないとは必ずしもいえないケース」において解約損害金を会計上どのように扱うかは，日本基準では規定していない。解約損害金に関する条項が契約に含まれているが，その存在をもって解約不能とまでは認められず，オペレーティング・リース取引として処理されているようなリース契約については，実際の解約時点で解約損害金を費用計上する実務が多いものと考えられる。

6 リース・インセンティブ

リース・インセンティブとは，貸手が借手にリースに関連して行う支払い，または貸手による借手のコストの弁済もしくは引受けをいう（IFRS16.A）。

借手が貸手から固定リース料の減免としてのリース・インセンティブを受けた場合，借手はリース負債の当初測定において，固定リース料からリース・インセンティブの金額を控除する必要がある（本章**1**「リース開始日」参照）。リース・インセンティブの支払いを受けた場合は，使用権資産の対価の値引きと経済的に同じであるため，リース・インセンティブの受取りは使用権資産の当初測定においてリース負債から減額する調整項目になる（本章**1**「リース開始日」参照）。

設例4-8　リース・インセンティブ等が含まれる借手の使用権資産及びリース負債の当初測定（IFRS16.設例13参照）

前提条件

X社（借手）は，建物の1つのフロアについて10年間のリース契約を締結した。本リース契約には5年間の延長オプションが付いている。リース料は，当初の期間は1年当たり50,000，オプション期間は1年当たり55,000であり，各年度の期首に支払う。

このリースを行うために，X社には当初直接コスト20,000が発生し，そのう

ち15,000は建物の当該フロアを占有していた前テナントへの支払いで，残りの5,000はリースをアレンジした不動産代理人に支払った手数料である。

X社がリースを締結することへのインセンティブとして，貸手であるY社はX社に不動産手数料5,000を補償することに合意したとする。

リース開始日において，X社は，リースを延長するオプションを行使することが合理的に確実ではないと結論を下し，リース期間は10年であると決定した。リースの計算利子率は容易には算定できないため，X社は自身の追加借入利子率（年5％）を割引率として用いることにした。

計算

リース開始日において，X社は1回当たり50,000の残りの9回の支払いを，年率5％の割引率で割り引いた現在価値355,391でリース負債を測定する。1年目のリース料はすでに支払済みである。

X社は，リースに係る資産及び負債を以下のとおり当初認識する。借手による前テナントへの支払い15,000は直接コストとして使用権資産を認識する。貸手による補償5,000は，リースに関して貸手が借手に対して行う支払いのため，リース・インセンティブに該当し，よって使用権資産の取得原価から差し引く。

借方		貸方	
使用権資産	405,391	リース負債	355,391
		現金（1年目リース料）	50,000
使用権資産	20,000	現金（当初直接コスト）	20,000
現金（リース・インセンティブ）	5,000	使用権資産	5,000

使用権資産の当初測定額は420,391となる。

$$420,391 = 405,391 + 20,000 - 5,000$$

なお，本設例には当初直接コストが含まれている。当初直接コストの解説については， 5 「当初直接コスト」に記載している。

貸手から借手に対して支払いを行うケースには，借手が実施した賃借設備改良に対して，事後的に貸手が支払いを負担する場合がある。IFRS第16号はこのような貸手の支払いに関する会計処理について特定のガイダンスを提供して

いない。当法人の見解では，賃借設備改良費の会計処理は，借手または貸手のいずれが賃借設備改良の「会計上の所有者」（accounting owner）であるか，すなわち，借手または貸手のいずれが有形固定資産として賃借設備改良を会計処理するかに左右されると考える。借手が会計上の所有者となる場合には，貸手による支払いはリース・インセンティブになると考える。一方，貸手が会計上の所有者であって，貸手のために借手が資産の建設を行うような場合には，貸手による支払いは，借手により提供される別個の財またはサービスの対価を表すと考える。

　ここで，借手が賃借設備改良の会計上の所有者に該当すると判断される状況には，以下の状況が含まれると考える。

- 賃借設備改良を実施する，または設置することを，借手は契約により要求されていない。
- 借手は貸手の同意なく，または貸手に十分な補償をすることなく，賃借設備改良を変更または撤去できる。
- 借手はコスト補填を受けるために，発生したコストの証拠を提供することを要求されない。
- 借手は建設コストの超過リスクを負担している。
- 賃借設備改良は，リースの対象資産を，借手がその意図した使用に供するために特有のものである。
- 賃借設備改良は，リースの対象資産を，貸手が他の顧客にリースする際には利用できない。

日本基準との比較

　日本基準にはリース・インセンティブに関する規定は存在しない。このため，借手は受領したインセンティブについて実質的に会計処理をしないケースも多いと考えられる。例えば，オフィス・スペースのリース契約に際して，一定期間賃料を免除すること（フリーレント）が含まれている場合，オペレーティング・リース取引の会計処理をする際，フリーレント期間には費用認識せず，リース料の支払いを開始してから，支払額を費用処理する実務が多いものと考えられる。一方，IFRS第16号においては，固定リース料の減免としてのリース・インセンティブは，リース料の控除項目であり，使用権資産の取得原価を，受領したリース・インセンティブ相当，減少させる効果をもたらすことから，減価償却費が小さくなることによってリース期間にわたり費用を減少させることになる。

7 その他の論点

(1) 付加価値税

　リースに対し，消費税等の付加価値税が課されることがある。借手に課された付加価値税について，貸手が税務当局に代わり借手から徴収し納付するにすぎない場合，借手が貸手に支払う税金は，回収可能（控除対象）であるか，回収不能であるかに関係なく，リース要素及び非リース要素のいずれにも配分される対価ではないと考える。なぜなら，当該支払いは，原資産を使用する権利，または借手に提供される財もしくはサービスと交換に支払われるものではないためである。当法人の見解では，借手はこのような付加価値税をIFRIC第21号「賦課金」に基づき，賦課金として会計処理するべきであると考える。すなわち，例えば，付加価値税の支払義務を生じさせる事象が，貸手による定期的な請求書の発行である場合，借手はリースの開始日ではなく，各請求書の発行日にそれぞれの付加価値税の支払いに係る負債を認識する。これは，借手が各リース要素とこれに付随する非リース要素をすべて一括して単独のリース要素とみなす簡便法を選択した場合も同様である（第1章 **2**「リース会計の適用単位」参照）。

(2) 固定資産税等

　不動産の所有者または占有者には，不動産の評価額に税率を乗じた固定資産税等の税金が課されることがあるが，当法人の見解では，固定資産税の会計処理は，税金の支払いに関する法律上の義務を負う者が貸手・借手のいずれかにより異なると考える。

① 貸手が固定資産税を支払う法定義務を有している場合

　貸手が固定資産税の支払義務の認識をIFRIC第21号に基づく賦課金として会計処理する。賃貸借契約によって借手による固定資産税相当額の精算，もしくは固定資産税の納付が要求されている場合，当法人の見解では，借手によって支払われた固定資産税の補填額は，当該契約で個々に識別された構成要素に配分される対価の一部として会計処理するべきであると考える（第1章 **2** **2**「会計単位の識別」参照）。なお，固定資産税が不動産の評価額（固定資産税評価

額）の一定割合として算定されるとはいえ，その補填額は通常，指数または
レートに基づかない変動リース料である。前述[2]「変動リース料」では，市場
の賃料水準を反映するような不動産の評価額の変動に合わせて調整される支払
いは指数またはレートに基づいて算定される変動リース料となりうる旨を説明
したが，固定資産税評価額は課税目的で政策的に算定される評価額であって，
通常，市場の賃料水準を反映するような不動産の評価額とはいえないためであ
る。

② 借手が固定資産税を支払う法的義務を有する場合

当法人の見解では，借手が固定資産税の支払義務の認識をIFRIC第21号に基
づく賦課金として会計処理するべきであると考える。

第4章　当初測定における個別論点　131

4　割引率

1　借手の割引率

　リース負債の算定において借手が用いる割引率は，原則として，リース開始日における貸手の「リースの計算利子率」であるが，これが容易に入手できない場合には，リース開始日における「借手の追加借入利子率」を用いる（IFRS16.26）。借手にはリースの計算利子率を容易に算定できないことが一般的であり，通常，追加借入利子率を用いると思われるため，ここでは「借手の追加借入利子率」について説明する。

　借手の追加借入利子率とは，借手が，同様の期間にわたり，同様の担保を付けて，使用権資産と同様の価値を有する資産を，同様の経済環境において獲得するのに必要な資金を借り入れるために，支払わなければならないであろう利率をいう（IFRS16.A）。したがって，金融機関から資金使途を定めずに運転資金として調達する場合の借入利率とは異なる。

　ここで，IASBは借手の追加借入利子率は，リースの計算利子率と本来，同等であると考えていることに注意する必要がある。その理由として，リースの計算利子率，借手の追加借入利子率ともに，借手の信用度，期間の長さ，担保の性質やリース取引を生じさせる経済環境を考慮に入れているからとの説明がされている。借手について，追加借入利子率の利用を許容しているのは，無保証残存価値の見積りを借手が貸手と同様に行うことが困難であること（通常，借手には貸手と同様の精度で残存価値の見積りを行う能力及び情報がない），税金や貸手の当初直接コストなど借手が情報を入手し得ない事項の影響を受ける場合があることを考慮したからにすぎない（IFRS16.BC161）。借手は，容易に観察可能なレート（リース対象と同種の資産を購入するための資金調達に必要な金利コストや，不動産リースに適用する割引率を算定する際の不動産利回りなど）を参照できる場合がある。ただし，このような観察可能なレートにIFRS第16号で定義された追加借入利子率を算定するために必要な修正を行う

べきであるとされている（IFRS16.BC162）。

また，借手の追加借入利子率の定義（借手が，同様の期間にわたり，同様の担保を付けて，使用権資産と同様の価値を有する資産を，同様の経済環境において獲得するのに必要な資金を借り入れるために，支払わなければならないであろう利率）を満たすためには，対象となるリース契約と同様の満期，及びリース料と同様の支払条件（例えば月次均等払い）の両方を有する借入金の利率を反映することが要求されるのか否かについてIFRS解釈指針委員会で議論が行われた。この議論を通じて示された見解によれば，IFRS第16号における借手の追加借入利子率の定義は，リース料と同様の支払条件を有する借入金における利率を反映することまでは明示的に要求していないが，借手が追加借入利子率を決定するにあたり，支払条件がリースと類似する借入金の容易に観察可能な金利を参照することは，追加借入利子率の定義を開発した際の目的に整合するであろうと考えた，とされている。

Point & 分析

借手は，すべてのリースの追加借入利子率が同じと仮定することはできず，個々のリースごとに追加借入利子率を決定しなければならない。

追加借入利子率は，資金を借り入れるために借手が支払わなければならないであろう利率，つまり借手企業に固有の利率と定義されている。

信用格付は，資金の貸手が企業に貸し付ける金額と適用利率を決定する際に考慮する多くの項目の1つである。企業の信用格付は，借入や返済履歴，与信取引履歴の長さ，デフォルトの兆候の有無，現在の債務返済能力，及び将来の景気の見通しなどに基づいている。したがって，企業の信用格付は時の経過とともに変化する可能性があり，それぞれのリースの開始時において企業の信用格付が同じとは限らない。

また，追加借入利子率は信用リスクだけでなく，リース期間などの他の要因の影響も受けるため，リースごとに異なっている。そのため，信用格付が高い借手であってもすべてのリースの追加借入利子率が同じになるとは限らない。

よって，ポートフォリオアプローチ（第1章 **2** **2** 「会計単位の識別」参照）を適用できる場合を除き，借手は個々のリースごとに追加借入利子率を決定しなければならず，この結果，個々のリースごとに異なる追加借入利子率が決定される可能性がある。

2　貸手の割引率

　貸手は，ファイナンス・リースに分類したリースの正味リース投資未回収額の算定において，「リースの計算利子率」を割引率として使用する。また，リース分類をするあたり，リース料の現在価値を計算する際にも使用する（第3章1「リースの分類」参照）。

　リースの計算利子率とは，リース料と無保証残存価値の現在価値の合計が，原資産の公正価値と貸手の当初直接コストの合計に合致するような割引率をいう（IFRS16.A）（なお後述するとおり，貸手が製造業者または販売業者である場合の契約獲得のコストはここでの「貸手の当初直接コスト」には含まれない）。

図表4－8　リースの計算利子率（貸手が製造業者または販売業者である場合を除く）

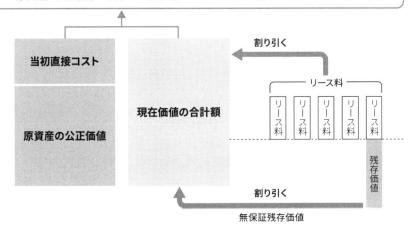

　なお，ファイナンス・リースの貸手である製造業者または販売業者の割引率は，第3章2「ファイナンス・リースの会計処理」参照。

日本基準との比較

　日本基準では，貸手の計算利子率は，リース料総額（残価保証がある場合は，残価保証額を含む）とリース期間終了時に見積もられるリース資産の残存価額で残価保証額以外の額の合計額の現在価値が，当該リース物件の現金購入価額または借手に対する現金販売価額と等しくなるような利率と定義されている（リース適用指針第17項）。そのため，IFRS第16号のリースの計算利子率と，日本基準上の貸手の計算利子率については，主に，以下の点で違いが生じうる。

- 割引計算の対象となるリース料がIFRSと日本基準とでは必ずしも一致しない。これは，リース期間や変動リース料の取扱いに差異が生じる可能性があるためである。
- 日本基準は，貸手の当初直接コストの取扱いについて言及していない。当初直接コストが存在する場合，IFRS第16号のリースの計算利子率の方が，日本基準上の貸手の計算利子率より小さくなる可能性がある。

第4章　当初測定における個別論点　135

5 当初直接コスト

　当初直接コストとは，リース契約を獲得しなかったとしたら発生しなかったであろう増分コストをいう（ファイナンス・リースの貸手である製造業者または販売業者に生じたものを除く）（IFRS16.A）。当初直接コストは，主として貸手に生じるコストである。

　この当初直接コストの定義は，IFRS第15号「顧客との契約から生じる収益」における「増分コスト」の考え方と整合している。このため，リース契約獲得の成否にかかわらず発生する費用，例えば，内部コストの配賦額は増分コストではないため，当初直接コストに含めない。

　図表4－9は，「当初直接コスト」の考え方を具体的な例示で示したものである。

図表4－9／当初直接コストの例

当初直接コストに含まれるか？	
含まれる	含まれない
● 契約手数料 ● 弁護士費用 　（リースの組成を条件とするものに限る） ● リース契約内容に係る交渉コスト 　（リースの組成を条件とするものに限る） ● 担保権の設定費用 ● リース契約の獲得のための， 　既存のテナントへの支払い	● 一般的な間接費 　（販売及びマーケティング・チーム 　または購買部門により発生したコスト） ● 投資評価，実現可能性の検討， 　デュー・デリジェンスのコスト等で， 　リース契約が締結されるか否かに 　かかわらず発生するコスト ● 将来のリース契約の獲得のための 　活動費

(1) 借手の処理

　借手は，借手に生じた当初直接コストを使用権資産の当初測定に含め，使用権資産の償却を通じて費用化する（IFRS16.24(c)）。これは，使用権資産は取得

原価で当初測定されるが，当初直接コストは使用権資産取得のために要したコストであり，取得原価を構成するためである。

(2) 貸手の処理

ファイナンス・リースの貸手は，当初直接コストを，リースの計算利子率の算定に考慮する（本章 **4** 「割引率」参照）。これにより，当初直接コストが発生しなかった場合に比べリースの計算利子率は小さくなる。この結果，リース期間にわたって認識する利息収益は相対的に小さくなるが，これは当初直接コストがリース期間にわたって費用化される効果を意味する（IFRS16.69）。

ただし，ファイナンス・リースの貸手である製造業者または販売業者に生じた増分コストについては，これらが主に販売利益を獲得するための販売活動によって発生することから，当初直接コストの定義から除外してリース開始日に費用として認識する。これは，販売コストとリース開始日に認識される製造業者・販売業者としての当初販売利益との対応関係を重視したものである（IFRS16.74）。

また，オペレーティング・リースの貸手は，当初直接コストを原資産の帳簿価額に加算し，リース期間にわたって減価償却を通じて費用化する（IFRS16.83）。

日本基準との比較

日本基準上は当初直接コストに関する明確な処理の規定がないため，これを把握・集計せず，発生時に費用処理しているケースが多いと考えられる。

6 原状回復コスト

　借手は，リース契約に関連する原状回復コスト（例：賃貸オフィスの返還時に求められる原状回復に係るコスト）に係る義務を，IAS第37号に従って現在価値に割り引き，その額を使用権資産の測定に含める。この取扱いは，有形固定資産の取得原価に，その除去債務の金額が含められるのと同様である。ただし，これらのコストが棚卸資産の製造のために生じる場合は，棚卸資産の原価に含められる（IFRS16.24(d), 25）。

　また，ここで引き当てられる原状回復コストは，IAS第37号に従い，賃借の終了時点に関する最善の見込みに基づいて見積もるため，その発生時点とリース期間終了時点までの長さとは異なる可能性があるように基準文言上は読めるが，リース期間と賃借設備改良の耐用年数との関係性に関するIFRS解釈指針委員会の見解（本章 **2**「リース期間」参照）を踏まえると，コストの発生時期の決定には慎重な検討が必要になると思われる。

日本基準との比較

　原状回復コストに関する会計基準としては，企業会計基準第18号「資産除去債務に関する会計基準」（以下，「資産除去債務会計基準」という）が存在する。リース資産に資産除去債務が存在している場合には，本会計基準の対象となることに留意する必要がある（資産除去債務会計基準第23項）とされている点は，IAS第37号と同じ取扱いである。

第5章

事後的な変更

本章のまとめ

　IFRS第16号「リース」には，リースの条件変更や，リース開始日後の状況の変化に伴い，借手のリース負債，または貸手の正味リース投資未回収額（債権）の再測定を要求するさまざまな規定がある。事後的な変更については，以下の表に要約したとおり，借手と貸手で処理が必要となる事象が異なり，また事象によって会計処理が異なる。

項　目	借　手			貸　手		
	見直しの要否	参照	再測定に使用するインプット／割引率	見直しの要否	参照	再測定に使用するインプット／割引率
①　リース条件変更						
リースの条件変更	○	1 1	変更適用日におけるリース料及び割引率を用いる	○	1 2	条件変更前，変更後のリース分類等により取扱いが異なる
②　その他の事後的な見直し						
リース期間	○	2 1	見直し日でリース料及び割引率を見直す	○[(1)]	2 1	基準上詳細な定めはない（当法人の見解については，左記のセクションを参照）
購入オプションの行使可能性	○	2 2		×	－	－
変動リース料	○[(2)]	2 3	リース料に含まれる変動リース料を見直し，原則として当初の割引率で割り引く	×	－	－

残価保証	○	2 4	リース料に含まれる残価保証のもとでの支払見積額を見直し, 当初の割引率で割り引く	×	–	–
無保証残存価値	NA	–	–	○	2 5	基準上詳細な定めはない（当法人の見解については, 左記のセクションを参照）
原状回復コスト	○	2 6	IAS第37号及びIFRIC解釈指針第1号に従う	NA	–	–

(1) 貸手がリース期間の再測定を求められるのは, 解約不能期間の変更時のみである。
(2) 当初は変動であったリース料が, その後条件が確定して固定化された場合も, 借手はリース負債を再測定する（第4章 3 「リース料」参照）。

【IFRS第16号と日本基準の主な差異】

トピック	対応する節	IFRS第16号	日本基準
事後的な変更	（全般）	リースの条件変更や, リースの条件変更以外の事後的な見直し及びその要否について, 会計処理が明示されている。	リースの条件変更をどのように処理すべきかについての明文規定は存在しない。また, リースの条件変更以外の事後的な見直し及びその要否についても, 明示されていない。
原状回復コスト	2 その他の事後的な見直し	原状回復コストに係る負債計上額の見直しは, 見積りに変更が生じた場合に限らず, 各報告期間の末日ごとに行う必要がある。また, その際に使用される割引率は, 見直し時点の割引率となる。	資産除去債務の見直しは, 将来の資産除去に係るキャッシュ・フローに重要な見積りの変更が生じた場合に必要となる。その際に使用される割引率は, キャッシュ・フローが増加する場合にはその時点の割引率を使用し, キャッシュ・フローが減少する場合には当初の負債計上時の割引率を適用する。

1 事後的なリースの条件変更

　リースの条件変更とは，リースの当初の契約条件の一部ではなかったリースの範囲またはリースの対価の変更と定義されている（IFRS16.A）。例えば，以下がリースの条件変更に該当する。

- (a) リース対象の資産の範囲を変更する：オフィスフロアを3フロア借りていたが，これを4フロアに拡張する，または2フロアに縮小する。
- (b) 契約上のリース対象期間を変更する：解約・延長オプションが付いていない10年間のリース契約だったものを，15年間のリース契約に5年間延長する，または7年間のリース契約に3年間短縮する。
- (c) 契約上，月額賃料が100万円だったものを，120万円に増額する，または80万円に減額する。

　当初より延長オプションが存在しない，もしくは延長オプションが事前通告期間内に行使されずに失効した10年間のリース契約について，契約改定により15年のリース契約に変更されることにより，リース期間が10年から15年に延びるのは，リースの条件変更に該当する。一方，5年間の延長オプション付きの10年のリース契約において，当初，延長オプションの行使が合理的に確実とは見込まれなかったためにリース期間を10年としていたものの，その後に延長オプションの行使が確実と見込まれる状況に変化したためにリース期間が15年に延びた場合は，リースの条件変更には該当しない。

　同様に，契約の改定によって，月額賃料が100万円から120万円に変わるのはリースの条件変更に該当するが，あらかじめ契約に定められたマーケットレントレビュー条項（市場の賃料水準を反映するための定期的な賃料の見直し）に基づき，月額賃料が100万円から120万円に変更されるのは，リースの条件変更に該当しない。

　リースの条件変更に該当するか否かによって会計処理が異なるため，この判定は重要である。

1 借手のリースの条件変更

借手はリースの条件変更について，以下のとおり会計処理を行う。原則的な会計処理モデルを前提とした基本的な考え方は，図表5－1のとおりである。

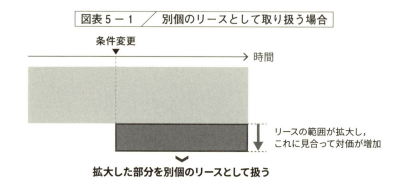

図表5－1 ／ 別個のリースとして取り扱う場合

(1) 追加された使用権を別個のリースとして取り扱う場合

以下の2つの要件の両方を満たす場合，リースの条件変更によって生じた増加部分は，原契約とは切り離し，別個のリースとして処理する（IFRS16.44）。この場合，当該部分については，そのリース開始日をもって，新たなリースが開始されたものとして会計処理を行うこととなる（設例5－1参照）。

(a) 1つ以上の原資産に対する使用権を追加することで，リースの範囲が拡大する。

(b) 当該リースの範囲の拡大に伴う対価の増加額が，その契約の特定の状況を反映した独立価格に見合っている。

リースの条件変更によって生じた増加部分が別個のリースに該当するか否かを判定するための上記2要件は，借手と貸手で同一である（本節 2 「貸手のリースの条件変更」参照）。

従前からの借手が同一の貸手から追加的に資産を借りるような場合，若干割安に賃借できることがある。賃貸仲介業者への手数料等，新たな借手を探すためのコストが貸手に発生しないようなケースにおいて，当該コスト削減の便益を借手に還元するためにリース料が市場価格よりも若干ディスカウントされていたとしても，そのディスカウントは契約の特定の状況を反映しているにすぎ

ない。このような場合，一見割安な賃借であっても上記(b)の要件は阻害されていない。

また，リースの条件変更の実態に鑑みて，新たな原資産に対する使用権の追加がより大きな契約の条件変更の一部である場合は，上記(b)の判定は対価の増加額のみを追加された原資産に対する使用権の対価とするのではなく，契約全体における条件変更後の対価合計を，増加部分を含む各構成要素に配分したうえで行う必要がある。例えば，オフィスビルのリースで借手が賃借するフロア数が増加する際に，追加フロアのリース料が，借手が賃借しているフロア全体の賃料合計を市場水準に合わせるように調整されているケースがこれに当たる。このような場合，フロア全体の賃料改定幅が増加したフロア分の市場賃料水準と見合っていないとしても，そのことのみをもって，増加フロア分のリースは別個のリースに当たらないと判断することは適切ではない。契約全体の対価を再配分した結果，増加部分が別個のリースと判定されたとしても，このようなケースでは原契約（既存部分）に配分される対価の額も変動しているため，既存契約に係るリース負債の再測定も併せて必要となる。

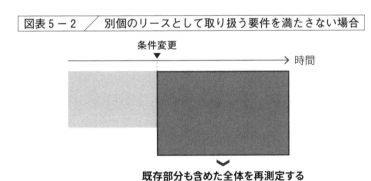

図表5-2　別個のリースとして取り扱う要件を満たさない場合

(2) 別個のリースとして取り扱う要件を満たさない場合

上記の要件を満たさない場合，借手はリースの条件変更の発効日（貸手と借手がリースの条件変更に合意した日）において，以下の手順で会計処理する（IFRS16.45, 46）。

(a) 契約に複数の構成要素が含まれている場合は，変更後の契約に基づいて構成要素間の対価の再配分を実施する（第1章 **2**「リース会計の適用単

位」参照)。当法人の見解では、再配分にあたっては、現在の市場価格を反映するように、条件変更の発効日時点における独立価格の比率を使用する必要があると考えられる(設例5-6参照)。
(b) 変更後のリースのリース期間を決定する(第4章 **2**「リース期間」参照)。
(c) 変更時の割引率を用いて、変更後のリース料を割引計算してリース負債を再測定する。変更時の割引率とは、残存するリース期間に対応するリースの計算利子率である。これを容易に入手できない場合には、条件変更の発効日における借手の追加借入利子率を用いる。
(d) リースの範囲が縮小する場合、リースの一部または全部の終了を反映するように使用権資産及びリース負債を減額し、その差額としての利得または損失は純損益に含めて認識する(設例5-3,4参照)。
(e) 上記(d)における処理を除き、リース負債を再測定した結果生じた差額は、使用権資産の増額または減額として調整する(設例5-2〜5参照)。

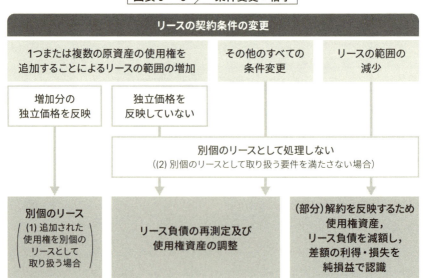

図表5-3　条件変更:借手

① 契約期間を変更する場合

リース契約の契約期間の変更は、リースの範囲の変更に該当する。(1)に記載

のとおり，1つ以上の原資産に対する使用権の追加に伴いリースの範囲が拡大する場合は，追加部分を別個のリースとして扱うが，契約期間だけが延長されるケースでは新たな原資産に対する使用権の追加がないため，当該会計処理を行う条件を満たさない。例えば，延長オプションが付いていないリース契約について，期間を延長するリース変更契約を締結した場合には，追加された契約期間が始まるのを待たず，延長契約の発効日時点で，既存契約でカバーされる残存期間分と合わせて変更後のリース期間終了までのリース負債を再測定する。すなわち，期間延長の効果を契約変更の発効日時点のリース負債・使用権資産の測定に反映することになる（設例5－2参照）。

　一方，解約オプションがないリース契約について，契約期間を短縮するリース変更契約を締結した場合，リースの範囲の縮小として一部解約及び，これに伴う対価の変更の会計処理が行われる（設例5－4における【リース期間の短縮】参照）。また，別の例として，当事者間の交渉により，リース期間の途中で借手が原資産を買い取ることでリースが終了するケースを考える。この場合，借手は使用権資産とリース負債の認識を中止し，買い取った原資産及び支払対価を認識することとなるが，この取引から損益を認識すべきか，基準上の扱いは明確でない。当法人の見解では，借手は以下のアプローチのいずれかに基づき，会計方針を選択して首尾一貫して適用しなければならないと考えられる。

- アプローチ1：リースの解約と原資産の取得を一体の取引と捉え，取得した原資産を，支払対価にリースの正味帳簿価額（解約時の使用権資産の帳簿価額－リース負債の帳簿価額）を加減した金額で計上する。このアプローチでは，決済損益は認識されず，リース契約に解約・購入オプションを追加する条件変更が行われ，当該オプションが行使された場合と同様の結果となる。
- アプローチ2：支払対価の一部をリースの解約コストと捉え，対価の当該部分とリースの正味帳簿価額との差額を決済損益として純損益に認識したうえで，取得した原資産を支払対価の残余部分で計上する。

② リースの対価を変更する場合

　リースの対価の変更は，上記のリースの条件変更の定義のとおり，リースの範囲の変更とは区別される点に注意が必要である。したがって，例えば，リー

スの対価だけを減少させるリースの条件変更は「リースの範囲の縮小」には当たらず，リース負債を再測定した結果，算定された当初のリース負債との差額は，使用権資産で全額調整される（設例5-5参照）。なお，リースの条件変更に際して，借手と貸手の合意により，当初規定されていなかった解約ペナルティが科されるケースがあるが，当法人の見解では，このような解約ペナルティは変更後の契約対価に含める必要があると考えられる。また，条件変更後の契約に複数の構成要素が含まれる場合，その対価合計を，各リース要素と非リース要素の独立価格をベースにそれぞれ配分する必要がある。

⑶ 短期リースの免除規定を適用している場合

IFRS第16号第6項の免除規定により使用権資産・リース負債を認識しないことを選択した短期リースについて，事後的なリースの条件変更があった場合には，これを新たなリースとして扱う（IFRS16.7(a)）。また，リースの条件変更の発効日をリース開始日とする新たなリースは，そのリース期間が12か月以内であれば，引き続き短期リースとしての免除規定の対象となる。しかし，例えば，延長オプションのない3月までの1年間のリース契約について，2月末に契約更新し翌年3月までの契約とした場合，新たなリースのリース期間は13か月であり，短期リースの免除規定の対象にはならない。

⑷ マスターリース契約の場合

複数資産を対象とする一括借上げに係る基本契約としてマスターリース契約を締結した場合，対象に含まれる各個別資産のリース開始及び終了時期は資産ごとに借手が別途指定し，使用期間に応じたリース料を支払うことが一般的である（ただし，一部もしくは全部の資産のリースが開始される前から基本契約料の支払いが求められるケースもある）。このような取引においては，契約及びリース要素を特定したうえで，個々の原資産の使用開始が条件変更に該当するかを評価する。

マスターリース契約に最低支払義務がなく，借手が独立価格で個々の原資産の使用権を獲得する場合，リースの範囲はそのたびに拡大し，リースの対価は範囲の増加に対応する独立価格に見合う金額分だけ増額される。そのため，借手は，条件変更のガイダンスを適用し，個々の原資産の使用権の獲得を独立した別個のリースとして会計処理する。

第5章　事後的な変更　147

　一方，マスターリース契約でリースする原資産の最低数量が定められており，当該数量分に対応して最低支払義務が発生するものの，最低数量分の各原資産の使用権を借手が獲得する時点（リース開始日）は契約当初で一括ではないというケースを考える。このような場合，原資産ごとにリース開始日が異なる点は前述の例と同様であるものの，その都度リースの範囲が拡大する条件変更が生じることはなく，マスターリース契約であらかじめ定められている最低支払義務を最低数量分に相当する各リース要素に独立価格の比で配分し，リース要素ごとに，配分されたリース料に基づきリース開始日に使用権資産とリース負債を認識する。最低数量等を超える原資産の使用権の獲得については，リースの範囲の拡大が行われたものとして会計処理する（設例5－7参照）。

　また，契約に開始日が異なる複数のリース要素が含まれ，かつ，それぞれの価格に相互依存性（例：台数による割引）がある場合や，契約に非リース要素（例：メンテナンスコスト）が含まれる場合は，さらに複雑な検討が必要となる。当法人の見解では，このような場合，借手はリースの会計処理を開始する時点で，その時点での事実及び状況に基づき，契約対価について以下のような予備的な見積りを行ったうえで，その後の状況の変化に応じて見直さなければならないと考えられる。

- 指数またはレートに連動する変動リース料の算定
- 借手がオプション（例：解約オプション）を行使する蓋然性の評価
- 借手が負担する可能性が高い残価保証の支払額の評価

(5)　設　　例

設例5－1　別個のリースとして会計処理する借手の条件変更

前提条件

　借手は，1年目の期首にトラック40台を8年間リースする契約を貸手と締結した。リース期間はトラックの経済的耐用年数と近似しており，トラックの所有に伴うリスクと経済価値のほとんどすべてが移転されないことを示唆するその他の特徴はないため，貸手はこのリースをファイナンス・リースに分類している。その後，借手のビジネスが拡大し，追加のトラックを確保する必要が生じたため，5年目の期首に，貸手と借手は当初契約の条件を変更して，残りの契約期間である4年間，同一タイプのトラックを追加で20台リースすることに

合意した。これらの追加トラックのリース料は独立価格である。

分析

借手は，この条件変更は，追加的な原資産（20台のトラック）を使用する権利を加えることによってリースの範囲を増加させており，追加のトラックのリース料は独立価格に見合っていることから，この条件変更を発効日に別個のリースとして会計処理する。

設例5-2　契約上のリース期間を延長する借手の条件変更（IFRS16.設例16参照）

前提条件

借手は，1年目の期首に5,000㎡のオフィス・スペースについて10年間のリース契約を締結した。年間のリース料は100,000であり，期末日に支払う。リースの計算利子率は容易に入手することができない。リース開始日における借手の追加借入利子率は，年率6％である。借手と貸手は7年目の期首において，契約上のリース期間を4年間延長するリースの条件変更に合意した。年間のリース料は変更しない（すなわち，7年目から14年目の8年間にわたって期末日に100,000を支払う）。7年目の期首における借手の追加借入利子率は，年率7％である。

計算

条件変更前の当該リースに係る使用権資産とリース負債は，以下のとおりである。

年度	リース負債				使用権資産		
	期首残高[(1)]	金利費用[(2)]（6％）	リース料の支払い	期末残高	期首残高[(1)]	減価償却費[(3)]	期末残高
1	736,009	44,160	(100,000)	680,169	736,009	(73,601)	662,408
2	680,169	40,810	(100,000)	620,979	662,408	(73,601)	588,807
3	620,979	37,259	(100,000)	558,238	588,807	(73,601)	515,206
4	558,238	33,494	(100,000)	491,732	515,206	(73,601)	441,605
5	491,732	29,504	(100,000)	421,236	441,605	(73,601)	368,004
6	421,236	25,275	(100,000)	346,511	368,004	(73,601)	294,403
7	346,511				294,403		

(1) リース負債ならびに使用権資産の当初測定値は,
$100{,}000 \div 1.06 + 100{,}000 \div 1.06^2 + \cdots + 100{,}000 \div 1.06^{10} = 736{,}009$
(2) リース料の支払いは年度末であるため, 期首のリース負債残高に対して金利がかかる。
(3) リース期間10年による定額法償却。

　この条件変更によってリースの契約期間は10年から14年に延長されており, リースの範囲は拡大されている。一方で, 新たな原資産の使用権の追加はないため, 借手は別個のリースとしての会計処理は行われず, 条件変更の発効日（ 7 年目の期首）において, リース負債を再測定する。その際には, (a)残りのリース期間 8 年間（当初契約の残存期間 4 年＋延長期間 4 年）にわたって, (b)毎年100,000の支払いを行う義務を, (c)年率 7 ％の借手の追加借入利子率に基づく現在価値として再測定する。その結果, 変更後のリース負債は597,130と計算された。借手はリース条件変更後のリース負債の帳簿価額597,130と変更直前のリース負債の帳簿価額346,511との差額250,619を使用権資産に加算して認識する。

　使用権資産の見直し後帳簿価額は545,022（＝294,403＋250,619）となり, 以降, 延長された（見直し後の）リース期間（つまり残存 8 年間）に基づき使用権資産の減価償却を行うことになる。

年度	リース負債				使用権資産		
	期首残高	金利費用（ 7 ％）	リース料の支払い	期末残高	期首残高	減価償却費[4]	期末残高
7	597,130	41,799	(100,000)	538,929	545,022	(68,128)	476,894
8	538,929	37,725	(100,000)	476,654	476,894	(68,128)	408,766
9	476,654	33,366	(100,000)	410,020	408,766	(68,128)	340,638

(4) リース期間 8 年による定額法償却。

（以下略）

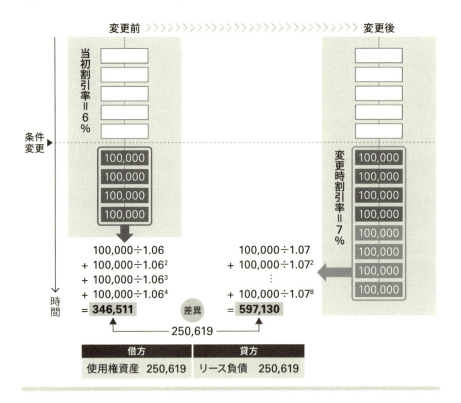

設例 5－3 リース対象資産が減少する借手の条件変更（IFRS16.設例17参照）

前提条件

借手は，1年目の期首に5,000㎡のオフィス・スペースについて10年間のリース契約を締結した。年間のリース料は50,000であり，期末日に支払う。リースの計算利子率は容易に入手することができない。リース開始日における借手の追加借入利子率は，年率6％である。借手と貸手は6年目の期首において，従来のオフィス・スペースを2,500㎡まで50％縮小するリースの条件変更に合意した。年間（6年目～10年目の5年間）の固定リース料は30,000に減額される。6年目の期首における借手の追加借入利子率は，年率5％である。

計算

条件変更前の当該リースに係る使用権資産とリース負債は，以下のとおりで

第5章 事後的な変更　151

ある。

年度	リース負債				使用権資産		
	期首残高[(1)]	金利費用[(2)]（6％）	リース料	期末残高	期首残高[(1)]	減価償却費[(3)]	期末残高
1	368,005	22,080	(50,000)	340,085	368,005	(36,801)	331,204
2	340,085	20,405	(50,000)	310,490	331,204	(36,801)	294,404
3	310,490	18,629	(50,000)	279,119	294,404	(36,801)	257,603
4	279,119	16,747	(50,000)	245,866	257,603	(36,801)	220,803
5	245,866	14,752	(50,000)	210,618	220,803	(36,801)	184,002
6	210,618				184,002		

(1) リース負債ならびに使用権資産の当初測定値は，
　　$50,000 \div 1.06 + 50,000 \div 1.06^2 + \cdots + 50,000 \div 1.06^{10} = 368,005$
(2) リース料の支払いは年度末であるため，期首のリース負債残高に対して金利がかかる。
(3) リース期間10年による定額法償却。

　この条件変更には，リースの範囲の縮小（リース対象スペースが5,000㎡→2,500㎡に減少）と，これに伴う対価の変更が含まれている。

【リースの範囲の縮小】

　借手は，残存する使用権（変更後の2,500㎡は当初の使用権の50％である）に基づいて，使用権資産の帳簿価額を比例的に減少させる。なお，賃借スペースを基準とすることに関して，IFRS第16号の設例に詳細な解説はないものの，1㎡当たり賃借料がおおむね均一であるとの前提に基づくものと思われ，リース料についても比例的に減少すると仮定されている。実務ではフロアの違いや方角等の諸条件により，1㎡当たりの賃借料には違いがあることも考えられるが，リースの範囲が縮小する条件変更について，IFRS第16号は「リースの（一部）終了を反映させるように使用権資産を減少させる」と述べるに留まり，減少させる使用権資産をどのように測定すべきかについての具体的な言及はない。この点，単純な定量的基準でリース終了分とリース継続分に割り振ることが実態を反映しないケースでは，他の合理的な配賦基準を使用して終了した使用権資産の価額を算定することは基準の趣旨に照らして否定されないと考えられる。

　条件変更前の使用権資産（184,002）の50％は92,001であり，リース負債（210,618）の50％は105,309であった。したがって，リースの条件変更の発効日（6年目の期首）において，借手は使用権資産の帳簿価額を92,001，リース負債の帳簿価額を105,309，それぞれ減少させたうえで，その差額13,308を純損益

152

に含めて認識する。

【対価の変更】

借手は，条件変更の発効日（6年目の期首）においてリース負債を再測定する。その際には，(a)残りのリース期間5年間にわたって，(b)毎年30,000の支払いを行う義務を，(c)年率5％の借手の追加借入利子率に基づく現在価値として再測定する。この結果，変更後のリース負債は129,884と算定された。

借手は，残りのリース負債105,309と条件変更後のリース負債129,884との差額24,575を，リースの支払額の変更及びこれに伴う割引率の変更を反映するために使用権資産への調整として認識する。

使用権資産の見直し後帳簿価額は116,576（＝92,001＋24,575）となり，これを残存リース期間（5年間）にわたって減価償却する。

年度	リース負債				使用権資産		
	期首残高	金利費用（5％）	リース料の支払い	期末残高	期首残高	減価償却費[4]	期末残高
6	129,884	6,494	(30,000)	106,378	116,576	(23,315)	93,261
7	106,378	5,319	(30,000)	81,697	93,261	(23,315)	69,946
8	81,697	4,085	(30,000)	55,782	69,946	(23,315)	46,631
9	55,782	2,789	(30,000)	28,571	46,631	(23,315)	23,316
10	28,571	1,429	(30,000)	0	23,316	(23,316)	0

(4) リース期間5年による定額法償却。

第5章 事後的な変更 153

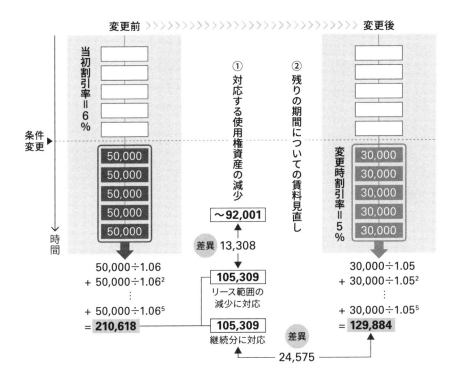

変更時の仕訳

	借方		貸方	
①	リース負債	105,309	使用権資産	92,001
			その他損益	13,308
②	使用権資産	24,575	リース負債	24,575

設例5-4 リース対象資産の増加とリース期間の短縮の両方を含む借手の条件変更（IFRS16.設例18参照）

前提条件

借手は、1年目の期首に2,000㎡のオフィス・スペースについて10年間のリース契約を締結した。年間のリース料は100,000であり、期末日に支払う。リースの計算利子率は容易に入手することができない。リース開始日における借手の追加借入利率は、年率6％である。借手と貸手は6年目の期首において、(a)

154

　6年目の期首より同じビル内にある1,500㎡のスペースを追加し，(b)リース期間を10年間から8年間に短縮するリースの条件変更に合意した。合計3,500㎡に対する年間（6年目〜8年目）の固定リース料は150,000であり，期末日に支払う。6年目の期首における借手の追加借入利子率は年率7％である。

　1,500㎡のスペースの追加に対応する支払増加額50,000（150,000－100,000）は，契約の状況を反映した調整後の独立価格に見合っていない。したがって，追加分1,500㎡のリースの範囲の拡大は，別個のリースとして会計処理しない。

（計算）

　条件変更前の当該リースに係る使用権資産とリース負債は，以下のとおりである（設例5－2参照）。

年度	リース負債				使用権資産		
	期首残高	金利費用（6％）	リース料の支払い	期末残高	期首残高	減価償却費	期末残高
1	736,009	44,160	(100,000)	680,169	736,009	(73,601)	662,408
2	680,169	40,810	(100,000)	620,979	662,408	(73,601)	588,807
3	620,979	37,259	(100,000)	558,238	588,807	(73,601)	515,206
4	558,238	33,494	(100,000)	491,732	515,206	(73,601)	441,605
5	491,732	29,504	(100,000)	421,236	441,605	(73,601)	368,004
6	421,236				368,004		

　この条件変更には，リースの範囲の縮小（リース契約期間が10年→8年）及びこれに伴う対価の変更に加えて，原資産の使用権を追加するリースの範囲の拡大（リース対象スペースが2,000㎡→3,500㎡に増加）が含まれている。

【リース期間の短縮】

（リースの範囲の縮小）

　リースの条件変更の発効日（6年目の期首）において，変更前の使用権資産は368,004である。借手は，当初の2,000㎡のオフィス・スペースの残りの使用権（5年だったリース期間の残りが，3年に変更された）に基づいて，使用権資産の帳簿価額を比例的に減少させる。賃借スペースを当初の2,000㎡に据え置いたと仮定して，期間の短縮を反映させたあとの使用権資産の帳簿価額は220,802（368,004÷5×3年）となる。

　一方，リースの条件変更の発効日（6年目の期首）において，変更前のリース負債は421,236であったが，9年目と10年目の使用権が解約されたことに伴

第5章　事後的な変更　155

い，当該リース負債のうち9年目と10年目のリース料に対応する部分153,935
（年間100,000のリース料の4年後と5年後の支払いを当初の年率6％の割引率
で割り引いた現在価値）は消滅し，残存リース負債のうち6年目〜8年目の
リース料に対応する部分は267,301（年間100,000のリース料の3回の支払いを
当初の年率6％の割引率で割り引いた現在価値）となる。

　以上より，リースの条件変更の発効日（6年目の期首）において，借手は使
用権資産とリース負債の帳簿価額を以下のとおりそれぞれ減額する。

	変更前	変更後	減額
使用権資産	368,004	220,802	147,202
リース負債	421,236	267,301	153,935

　減少させたリース負債と使用権資産の差額（153,935−147,202＝6,733）は純
損益に含めて認識する。

　リース期間の短縮（リースの範囲の縮小）に伴う仕訳は以下のとおりであ
る。

借方		貸方	
リース負債	153,935	使用権資産	147,202
		その他損益	6,733

（対価の変更）

　次に，リースの範囲の縮小に伴う対価の変更について，リース負債の再測定
を行うことで反映させる必要がある。この際，リース開始日からリースの条件
変更日までの間に割引率が変動（年率6％→7％）しているため，リースの条
件変更の発効日（6年目の期首）において，条件変更後の割引率である年率
7％を使用して計算したリース負債の再測定額は262,431（年間100,000のリー
ス料の3回の支払いを条件変更時の年率7％の割引率で割り引いた現在価値）
であり，当初の年率6％の割引率を使用して算定されたリース負債（267,301）
との差額である4,870は，使用権資産の調整として認識する。

　リース期間の短縮（対価の変更）に伴う仕訳は以下のとおりである。

借方		貸方	
リース負債	4,870	使用権資産	4,870

156

【リース対象スペースの追加】

1,500㎡の追加スペースのリース開始日（6年目の期首）において，借手は範囲の拡大に係るリース負債の増加（及びリース料の変動）を反映した131,216（年間50,000の増額リース料の3回の支払額を，年率7％の改定後の割引率で割り引いた現在価値）を，使用権資産の調整として認識する。

スペースの追加に伴う仕訳は以下のとおりである。

借方		貸方	
使用権資産	131,216	リース負債	131,216

最終的に，使用権資産ならびにリース負債の帳簿価額は下記のようになる。

	リース負債	使用権資産
変更前	421,236	368,004
リースの範囲の縮小	△153,935	△147,202
上記に伴う対価の変更	△4,870	△4,870
賃借スペースの追加	131,216	131,216
変更後	393,647	347,148

変更後の使用権資産とリース負債の事後測定は以下のとおりである。

年度	リース負債				使用権資産		
	期首残高	金利費用（7％）	リース料の支払い	期末残高	期首残高	減価償却費	期末残高
6	393,647	27,556	(150,000)	271,203	347,148	(115,716)	231,432
7	271,203	18,984	(150,000)	140,187	231,432	(115,716)	115,716
8	140,187	9,813	(150,000)	0	115,716	(115,716)	0

設例5-5	リースの対価のみが変更される借手の条件変更（IFRS16.設例19参照）

前提条件

借手は，1年目の期首に5,000㎡のオフィス・スペースについて10年間のリース契約を締結した。6年目の期首において，オフィス賃貸の市況が悪化したことにより，貸手は，以降の各年度末日に5,000を借手にレントリベートとして払い戻す，すなわち6年目以降のリース料を実質的に当初契約額の100,000か

第5章　事後的な変更　157

ら95,000に減額するリースの条件変更に合意した。リースの計算利子率は容易に入手することができない。リース開始日における借手の追加借入利子率は，年率6％である。6年目の期首における借手の追加借入利子率は，年率7％である。年間のリース料は毎年末日に支払う。

[計算]

リースの条件変更の発効日（6年目の期首）において，借手はリース負債を再測定する。その際には，(a)残りのリース期間5年間にわたって，(b)毎年95,000の支払いを行う義務を，(c)年率7％の借手の追加借入利子率に基づく現在価値として再測定する。

変更前：$100,000 \div 1.06 + 100,000 \div 1.06^2 + \cdots + 100,000 \div 1.06^5 = 421,236$

変更後：$95,000 \div 1.07 + 95,000 \div 1.07^2 + \cdots + 95,000 \div 1.07^5 = 389,519$

変更後のリース負債の再測定額389,519と変更直前のリース負債の帳簿価額421,236の差額である31,717は，使用権資産への調整（減少）として認識する。

変更時の仕訳は次のとおりである。

借方		貸方	
リース負債	31,717	使用権資産	31,717

[設例5-6] 条件変更の発効日が，追加の原資産のリース開始日より前である場合

[前提条件]

借手は，1年目の期首に，5年間商業施設の一部をリースする契約を締結し，商業施設内の10,000㎡を店舗スペースとして使用する権利を取得した。3年目の期末日に，借手と貸手は当初契約の条件を変更し，4年目の期末日から借手が店舗スペースを追加で5,000㎡リースすることに合意した。ただし，追加スペースの賃料は独立価格に見合うものではないため，このリースの条件変更は別個のリースとして会計処理されない。

分析

　条件変更後の契約は3年目の期末日に締結されたが，これは貸手と借手の双方がリースの条件変更に合意した日であるため，この日が条件変更の発効日となる。一方，追加スペースのリース開始日は4年目の期末日である。

　このような場合，借手は条件変更の発効日である3年目の期末日に，条件変更後の契約の各リース要素に新たな契約対価を配分する。借手は，当初のリース要素（従来から賃借している10,000㎡）に配分された部分について条件変更の発効日から会計処理する一方で，新たに追加された店舗スペースに配分された部分については，条件変更の発効日（3年目の期末日）に決定した金額に基づき，追加されたリースの開始日である4年目の期末日に使用権資産とリース負債を認識することが，リース開始日にリースを認識するというIFRS第16号の一般的な要求事項と整合していると考えられる。

　なお，条件変更の発効日が使用権／対価の変更日よりも前である場合において，想定されるケースごとの会計処理を図で表すと以下のようになる。

第5章　事後的な変更　159

条件変更の発効日が使用権／対価の変更日より前である	1つまたは複数の原資産を使用する権利を終了することによるリースの範囲の縮小	条件変更の発効日に測定し，同日に認識する
	別個のリースとして会計処理されるリースの範囲の拡大	新たに追加されたリース部分については，条件変更の発効日に関連する資産・負債の測定のみを行い，それらの資産・負債はリース開始日時点で認識することが，IFRS第16号の一般的な要求事項と整合していると考えられる。 当初のリース部分は，契約全体の対価を再配分する場合のみ，条件変更の発効日に再測定し，同日に資産・負債を調整する
	当設例のケース 別個のリースとして会計処理されないリースの範囲（リース期間以外）の拡大	条件変更の発効日に当初のリース部分と新たに追加されたリース部分を分離してそれぞれに対価を配分する。 当初のリース部分は条件変更の発効日に再測定し，同日に資産・負債を調整する。 新たに追加されたリース部分については，条件変更の発効日に関連する資産・負債の測定のみを行い，それらの資産・負債はリース開始日時点で認識することが，IFRS第16号の一般的な要求事項と整合していると考えられる
	リース期間の延長	条件変更の発効日に測定し，同日に認識する

設例5－7　最低リース数量の定めがあり，各リースがそれぞれの使用権資産の独立価格で異なる日に開始されるマスターリース契約

前提条件

借手は，1年目の期首に貸手から50台までの車両を1台当たり月額50の固定リース料で，最初の車両の納車から5年間にわたりリースするマスターリース契約を締結する。車両1台当たりのリース料は独立価格であり，リースされる車両数に応じて変動することはない。また，借手は，20台の車両の納車を即時に受け，2年目の末までに，さらに最低10台の車両の納車を受ける必要がある。なお，納車される車両はすべて新車であり，一旦リースされた車両がリース期間中に解約されたとしても，同車両が再び納車されることはない。

分析

　マスターリース契約により，30台（当初20台＋追加10台）の車両のリースに関して強制可能な権利と義務を生じているため，マスターリース自体がIFRS第16号における契約に該当する。

　当初の20台に加えて，追加車両10台が借手にリースされる時点までは，最低台数である30台という範囲内での義務が履行されたにすぎないため，リースの条件変更は発生しない。これらの車両について，借手は，マスターリースの契約締結日に別個のリース要素を特定し，契約上の対価を配分したうえで，各車両のリースをそれぞれのリース開始日から会計処理する。

　また，借手が30台を超えて，最大リース台数の50台までの範囲において追加の車両の納車を受ける場合には，リースの対価は，リースの範囲の拡大部分に対応する独立価格に見合う分だけ増額することから，借手は追加車両の使用権を別個のリースとして会計処理する。

---

2 ┃ 貸手のリースの条件変更

1．ファイナンス・リースの条件変更

　ファイナンス・リースの貸手におけるリースの条件変更については，以下のとおり会計処理を行う（IFRS16.79, 80）。

⑴　追加された使用権を別個のリースとして取り扱う場合

　以下の2つの要件の両方を満たす場合，当該リースの条件変更によって生じた部分は，原契約とは切り離し，別個のリースとして処理する（IFRS16.79）（設例5－8参照）。なお，これらの要件は，①(1)「追加された使用権を別個のリースとして取り扱う場合」に記載されているものと同じである。

　(a)　1つ以上の原資産に対する使用権を追加することで，リースの範囲が拡大する。

　(b)　当該リースの範囲の拡大に伴う対価の増加額が，その契約の特定の状況を反映した独立価格に見合っている。

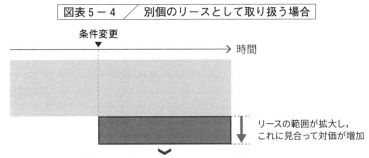

 この規定は，IFRS第15号「顧客との契約から生じる収益」において要求されている，独立販売価格と整合するように価格付けされた追加の財またはサービスは別個の契約として会計処理するという規定と整合している（IFRS16.BC238）。

(2) 別個のリースとして取り扱う要件を満たさない場合

 上記(1)の要件を満たさない場合には，変更後のリース条件が当初から存在したと仮定した場合のリース分類に従って，以下のとおり会計処理を行う。ただし，IFRS第16号には，当該仮定によるリース分類を判定するための詳細な規定はない。例えば，変更後のリース条件が当初から存在すればファイナンス・リースに該当するか否かを検討するにあたり，リース料の現在価値（IFRS16.63(d)）を算定する際に用いる割引率については言及されていない。

① 当初から変更後の条件であれば，オペレーティング・リースとなる場合

 変更後のリース条件が当初のリース契約日においてすでに存在していたと仮定した場合において，当該リースがオペレーティング・リースに分類されるときには，以下のとおり会計処理する（IFRS16.80(a)）（設例5－9参照）。
 (a) リースの条件変更の発効日において，新しいリースとして処理する。
 (b) リースの条件変更の発効日の直前の正味リース投資未回収額を原資産の帳簿価額として振り替える。

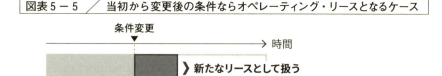

図表5-5 当初から変更後の条件ならオペレーティング・リースとなるケース

② 当初から変更後の条件であっても、ファイナンス・リースとなる場合

変更後のリース条件がリース契約日においてすでに存在していたと仮定したとしても，当該リースが依然としてファイナンス・リースに分類される場合，IFRS第9号「金融商品」の要求事項を適用する（IFRS16.80(b)）。具体的には，ファイナンス・リースの貸手が保有するファイナンス・リース債権（正味リース投資未回収額）に対して，IFRS第9号における認識の中止の要求事項が適用されることとなり（IFRS9.2.1(b)），条件変更により金融資産のキャッシュ・フローに対する契約上の権利が消滅したと考えられる場合には金融資産の認識を中止する一方で（IFRS9.3.2.3），条件変更により金融資産の認識が中止されない場合には，既存の金融資産に契約上のキャッシュ・フローの変更が生じた場合のIFRS第9号第5.4.3項の規定に従う必要がある。しかしながら，IFRS第9号とIFRS第16号とでは当初認識時の測定や割引率などの考え方をはじめとした概念上の違いも多く，また，IFRS第9号の適用範囲である金融資産の測定に，無保証残存価値に相当するようなものは含まれていない。IFRS第9号の要求事項を実際にどのように適用すべきかについては，IFRS第16号の観点からは必ずしも明らかではないと思われる。

IFRS第9号では，金融資産のどのような条件変更がキャッシュ・フローに対する契約上の権利の消滅として認識の中止に該当するかの判断基準は明記されていない。当法人の見解では，当初の金融資産から生じるキャッシュ・フローと条件変更後の金融資産から生じるキャッシュ・フローを定性的・定量的に比較評価した結果，実質的に異なる（すなわち条件変更が実質的である）と判断される場合，認識の中止に該当すると考えられる。なお，この評価を行う

際に，金融負債の条件変更に係る認識の中止のガイダンス（割引現在価値の変動が10%を超えるか否か（IFRS9.B3.3.6））を類推適用することもできるが，必須ではない。

⒜ 「認識の中止」に該当する場合

　貸手のリースの条件変更が，金融資産に係る認識の中止の要件を満たす場合，当初の契約に基づく正味リース投資未回収額の認識を中止し，条件変更後の契約に基づく正味リース投資未回収額を新たに認識する。IFRS第9号によれば，金融資産の認識を中止し新たな金融資産を獲得する場合は，獲得した金融資産と認識が中止された従来の金融資産との帳簿価額との差額を純損益に含めて認識する（IFRS9.3.2.12）。

　この考え方に基づくと，認識を中止した条件変更時点の帳簿上の正味リース投資未回収額と，新たに認識された正味リース投資未回収額（条件変更時点で見直したリースの計算利子率を用いて算定されると考えられる）との差額（信用損失引当金の考慮後）は純損益に含めて認識すると考えられる。なお，IFRS第9号は，純損益を通じて公正価値で測定される金融資産（FVTPL）を除き，金融資産の当初認識において取引コストを考慮することを求めているが，これを条件変更時の手数料等のコストに対してどのように適用するかは規定がない。そのため，企業は条件変更に係るコストについて，新たな資産の取得に直接起因する増分取引コストとして資産計上するか，当初資産の認識の中止に関連する費用として直ちに費用処理するか，適切に判断するための会計方針を策定して継続的に適用すべきと考えられており，この点はファイナンス・リースの条件変更に伴い，新たに正味リース投資未回収額を認識しなおす場合についても同様である。

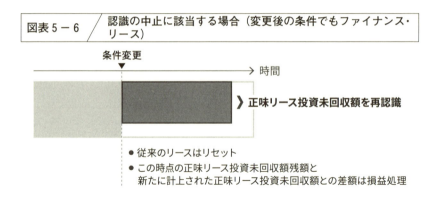

(b) 「認識の中止」に該当しない場合

　貸手のリースの条件変更が，実質的な条件変更には当たらず，したがって，金融資産に係る認識の中止の要件を満たさない場合，すでに認識している資産に関してキャッシュ・フローの変更があったものとして処理する。IFRS第9号によれば，条件変更によって金融資産の認識の中止が生じない場合には，通常，条件変更後のキャッシュ・フローを条件変更前の契約における割引率を用いて割り引いた値に金融資産の帳簿価額を修正し，従来の帳簿価額との差額を純損益に含めて認識する（IFRS9.5.4.3）。ただし，前述のとおり，IFRS第9号とIFRS第16号とでは概念上の違いも多く，例えば，条件変更後のリース料にどのような計算利子率を用いて正味リース投資未回収額を再測定すべきかは明確でない。

第5章 事後的な変更　165

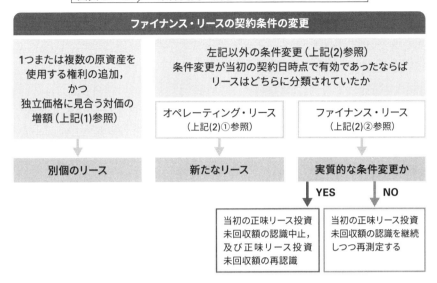

図表5-8　条件変更：貸手（ファイナンス・リース）

(3) 設　例

設例5-8　別個のリースとして会計処理する貸手の条件変更

[前提条件]

設例5-1と同じ前提条件とする。

[分析]

　貸手は，この条件変更が別個のリースに該当するかどうか，借手と同じ基準により判断する。すなわち，追加的な原資産（20台のトラック）を使用する権利を加えることによってリースの範囲を拡大させており，追加のトラックのリース料は独立価格に見合っていることから，貸手はこの条件変更を発効日に別個のリースとして会計処理する。

　結果として，貸手は当初の40台分のリースの会計処理を修正しない。また，追加のトラックのリース期間（4年間）は経済的耐用年数の大部分を占めておらず，トラックの所有に伴うリスクと経済価値のほとんどすべてが移転されることを示唆するその他の特徴はないため，貸手は20台の追加のトラックのリー

スをオペレーティング・リースに分類する。

設例 5 − 9 別個のリースとして会計処理されず，オペレーティング・リースに分類が変更される貸手の条件変更

前提条件

設例 5 − 8 の前提条件を変更し，借手は 2 年目の期末日に，その時点から 2 年後に当該事業から撤退することを決定したため，トラック40台のリース契約を早期に解約する必要性が生じた。そのため，3 年目の期首に借手と貸手は当初契約の条件を変更し，4 年目の終了時に契約を終了させることとなった。なお，3 年目の期首時点の未収金（＝正味リース投資未回収額）の帳簿価額は320,000である。

計算

この条件変更は，借手に追加的な原資産の使用権を付与するものではないため，別個のリースとして会計処理されない。

貸手は，変更後の契約条件が当初のリース契約日に有効であったと仮定したならば，リース期間（当初契約日から 4 年間）はトラックの経済的耐用年数の大部分を占めていなかったと判断した。また，トラックの所有に伴うリスクと経済価値のほとんどすべてが移転されることを示唆するその他の特徴はない。したがって，条件変更が当初の契約日に有効であったと仮定したならば，このリースはオペレーティング・リースとして分類されていたと考えられる。

以上より，条件変更の発効日である 3 年目の期首に，貸手はリースの条件変更を新たなオペレーティング・リースとして会計処理する。借手は，未収金の認識を中止し，原資産をリースの条件変更の発効日直前の未収金で認識する。なお，原資産を財政状態計算書に表示するにあたっては，原資産の性質に応じた表示科目（ここでは有形固定資産）を用いる。

貸手の条件変更時の仕訳は次のとおりである。

借方		貸方	
有形固定資産	320,000	未収金	320,000

２．オペレーティング・リースの条件変更

　オペレーティング・リースの条件に変更があった場合は，貸手は条件変更後の契約全体を新しいリース契約として扱う（IFRS16.87）。変更前のリース契約に関連する前払い及び未払いのリース料は，条件変更後の新しいリースにおけるリース料の一部に含まれるほか，条件変更前のリース契約に関連するリース・インセンティブの未償却残高についても，前払リース料に類似した性質を持つことから，条件変更時に認識を中止しない。なお，IFRS解釈指針委員会での議論を通じて示された見解によれば，賃料減免（レント・コンセッション）はリースの条件変更の定義を満たすことから，レント・コンセッションが付与された場合，オペレーティング・リースの貸手は，減免されたリース料のうち未収リース料，すなわち借手が未払いのリース料（IFRS16.87）についてはIFRS第16号におけるリースの条件変更の規定を適用する。しかし，リース対象資産を借手がすでに使用した期間に対応する借手の支払義務が確定している部分（オペレーティング・リース債権）は未収リース料に含まれず，したがって扱いが異なる。オペレーティング・リースの貸手は，オペレーティング・リース債権に対する予想信用損失の見積りにあたり，レント・コンセッションに関する見込みを考慮するとともに，これが実際に付与された場合は，IFRS第9号の規定に基づきオペレーティング・リース債権の認識を中止する。

　当法人の見解では，貸手はオペレーティング・リースの条件変更の結果として生じる追加の当初直接コストを資産化することを選択できる。

　リースの条件変更に際して，借手と貸手の合意により，当初規定されていなかった解約ペナルティが科されるケースがあるが，当法人の見解では，このような解約ペナルティは変更後の契約の対価に含める必要があると考えられる。ここで，条件変更後の契約に複数の構成要素が含まれる場合，貸手はIFRS第15号に基づき，各構成要素に含まれる財またはサービスの独立販売価格に従い条件変更後の対価を配分する。

| 図表5-9 | オペレーティング・リースの条件に変更があった場合 |

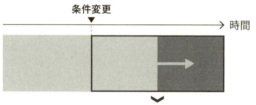

2 その他の事後的な見直し

　リースの条件変更に関する会計処理は借手・貸手双方に要求されるのに対して，それ以外の事後的な見直しは一部を除き，借手についてのみ会計処理に反映させることが要求される。貸手は，条件変更の場合を除いて，事後的な見直しを行うことは基本的に要求されておらず，解約不能期間の変更及び無保証残存価値の見積りの減額についてのみ対応する規定があるにすぎない。

　借手は，事後的な見直しに伴いリース負債を再測定した場合，リース負債の変動額を使用権資産で調整する。ただし，リース負債の変動額を調整して使用権資産残高がゼロとなった場合には，残りの変動額については純損益に含めて認識する（IFRS16.39）。

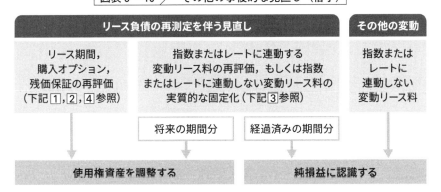

図表5-10　その他の事後的な見直し（借手）

　なお，借手が当初，複数のリース要素及び非リース要素に対価を配分している場合，リース負債の再測定時に，借手は改定された対価を各構成要素に再配分する。この場合，配分基準としては，開始日時点での当初の独立価格で配分する方法と，再測定日時点での改定された独立価格を用いる方法の2つが考えられる。IFRS第16号に明確なガイダンスがないことから，当法人の見解では，借手は以下のアプローチのいずれかに基づき，会計方針を選択して首尾一貫し

170

て適用しなければならないと考えられる。

- アプローチ1：再測定日時点の個々のリース要素及び非リース要素の独立価格に基づいて対価を配分する。このアプローチでは，再測定は現在の経済状況を反映するため，配分は現在の市場状況に基づいて行われる。
- アプローチ2：見直し後の契約対価の再配分に使用されるリース要素及び非リース要素の独立価格を見直すか否かは，再測定の際に割引率を見直すか否かによる（どのような場合に割引率を見直すかは，第5章の冒頭に示した表を参照）。
 ——割引率の見直しを行わない場合（例：残価保証の見直し）：独立価格の比率を見直さず当初の比率で対価を再配分する。
 ——割引率を見直す場合（例：リース期間の見直し）：独立価格の比率を見直したうえで対価を再配分する。

　一方，貸手は，複数のリース要素および非リース要素への対価の配分につきIFRS第15号の規定に従うこととされており，その参照先（IFRS15.73-90）には取引価格に事後的な変動があった場合の扱いが含まれている。しかしながら，取引価格の変動時におけるIFRS第15号の再配分に関するガイダンスが，解約不能期間に変更があった場合のリース料の再測定に伴う貸手の再配分にも適用されるか否かは明らかでない。当法人の見解では，貸手は以下のいずれかのアプローチに基づいて会計方針を選択し，首尾一貫して適用しなければならないと考えられる。

- アプローチ1：再測定日に決定されたリース要素及び非リース要素の独立販売価格の比率に基づいて対価を再配分する。このアプローチでは，解約不能期間の変化はリースの経済的な実態の変化を表すと考える。「実質的に新しい」対価を配分する際には，更新された独立販売価格を使用して配分するのが適切である。
- アプローチ2：契約日に決定されたリース要素及び非リース要素の独立販売価格の比率に基づき対価を配分する。このアプローチでは，貸手は，契約の変更を除いて契約時と同じ配分基礎を使用することを要求するIFRS第15号の再配分についてのガイダンスを適用する。解約不能期間の変更は，契約の条件変更により生じるものではないからである。

設例5−10　非リース要素を含む契約の事後的な見直しに伴う，借手による対価の再配分

前提条件

　借手であるA社は，貸手であるB社から建物を5年間賃借する契約を締結する。当該契約には，B社による建物のメンテナンス・サービスが含まれている。

第5章　事後的な変更　171

　A社は，最初の3年間，リースとメンテナンス・サービスの対価として毎年120,000（固定額）を支払う。4年目と5年目の支払額は，マーケットレントレビュー条項により，リース開始日と3年目終了時点の市場の賃料相場の変動を反映して改定される。

　なお，支払額の見直し前後における，リースとメンテナンス・サービスの独立価格は以下の表に記載のとおりである。

【計算】

　この契約には，建物のリースとメンテナンス・サービス（非リース要素）の2つの構成要素が含まれているため，A社はリース開始日において，リース開始日時点の独立価格の比率を用いてこれらの構成要素に契約の合計対価600,000（120,000×5年）を配分する。

	独立価格	割合	配分された対価
建物のリース	525,000	83.33%	500,000
メンテナンス・サービス	105,000	16.67%	100,000
	630,000		600,000

　3年目の終了時点において，4年目と5年目の対価は，3年経過時点の市場の賃料相場の変動を反映して年間125,000に改定された。

　前述のとおり，当法人の見解では，改定後の対価の再配分にあたり，以下のいずれかのアプローチを選択できると考える。

- アプローチ1：再測定日の独立価格の比率
- アプローチ2：リース開始日の独立価格の比率（当設例では，マーケットレントレビューに基づく見直しは，指数またはレートに連動する変動リース料の見直しに該当し，A社はリース負債の再測定に当初の割引率を使用するため）

　それぞれのアプローチに基づく対価の再配分額は，次のとおりである。

アプローチ1	独立価格 （見直し後）	割合	配分された対価
建物のリース	220,000	81.48%	203,703
メンテナンス・サービス	50,000	18.52%	46,297
	270,000		250,000

アプローチ2	独立価格 （当初の見積り）	割合	配分された対価
建物のリース	525,000	83.33%	208,333
メンテナンス・サービス	105,000	16.67%	41,667
	630,000		250,000

1 リース期間

リース期間が事後的に見直されるケースは2つある。1つは，リース期間に影響するオプションの行使可能性の見直しによるもので，これは借手のみに適用される。もう1つは，解約不能期間の見直しによるもので，こちらは借手と貸手の双方に適用される。

(1) 借手の場合

借手は，以下の条件をいずれも満たす重大な事象の発生，または重大な状況の変化があった時に，延長オプションの行使，または解約オプションの不行使が合理的に確実であるかどうかについて，見直さなければならない（IFRS16.20）。

(a) 当該事象・状況の変化が，借手のコントロールできる範囲のものであること。

(b) 当該事象・状況の変化が，リース期間の決定において考慮されていたオプションの行使または不行使に関する「合理的な確実性」に影響を与えるものであること。

以上の条件をいずれも満たす重大な事象の発生，または重大な状況の変化として，例えば以下の事象・状況が挙げられる（IFRS16.B41）。

- 当初想定されていなかった大幅な賃借設備の改良で，リースに付随する延長または解約オプション，あるいは原資産の購入オプションが行使可能となる時点で，借手にとって重大な経済的便益があると見込まれるもの
- 当初想定されていなかった，原資産の重要な変更またはカスタマイズ
- オプションの行使または不行使に直接的に影響するビジネス上の決定
- ヘッドリースの残存リース期間よりも長い期間のサブリース契約の締結

第5章　事後的な変更　173

　一方，市場環境の変化に基づき資産に減損の兆候が発生した場合や，地域開発の活発化による賃料相場の変動等，借手のコントロールの及ばない事象については見直しの対象とはならない（IFRS16.BC185(b)）。

①　原則的な会計処理モデルの場合

　上記の結果，リース期間が見直された場合には，借手は，見直し後のリース期間に基づく，見直し後のリース料を再計算し，見直し時点の割引率を用いてリース負債を再測定する（IFRS16.40(a), 41）（設例5－10参照）。

　また，リースの解約不能期間が実際に変化したときにもリース期間を見直さなければならない。例えば，当初はオプションの行使を想定せずにリース期間を決定していたにもかかわらず，オプションが行使された場合は，リースの解約不能期間は変化する（IFRS16.21）。その際に，当法人の見解では，借手は，解約ペナルティを改定後のリース料に含める必要があると考えられる（設例5－11参照）。

| 設例5－11 | 延長オプションの行使可能性の変化に伴う借手のリース期間の見直し（IFRS16.設例13参照） |

前提条件

　設例4－8と同じ前提を用いる。

　X社が契約しているオフィスフロアの賃借は10年間解約不能で，その後5年間の延長が可能であるが，X社は延長オプションの行使が合理的に確実とまではいえないと判断し，リース期間は解約不能期間の10年間として会計処理を行っている。オフィスフロアの年間賃借料は，当初の期間は年間50,000，オプション期間は年間55,000であり，各年度の期首に支払う。リース開始時点における借手の追加借入利子率は5％であった。リースの計算利子率については情報が入手できなかったため，X社はリース開始時点の割引率として追加借入利子率を用いている。X社はリース契約締結に際し当初直接コスト20,000を支出しており，一方，貸手からはリース・インセンティブ5,000を受領したため，当初認識時点のリース負債及び使用権資産はそれぞれ355,391及び420,391であった。

　オフィスフロアのリース開始後6年目に，借手であるX社はA社の株式を取得し，子会社化した。

A社は他のビルでフロアをリースしていたが，そのリース契約は途中解約が可能であった。X社はコスト削減のためにA社のリース契約を解約したうえで，自社がリースしているビルを1フロア追加で賃借することにより，A社の拠点及び従業員を移すこととした。すなわち，借手X社は，(a)リース開始後7年目の期末日時点から利用可能な追加の1フロアを8年間リースする契約を別途締結し，(b)リース開始後8年目の期首以降，A社が契約していたリースを早期解約する。

計算

A社の従業員が借手と同じビルに移ってくることにより，当初の10年の解約不能期間終了時点でリースを延長する経済的インセンティブが発生する。A社の取得とA社の従業員の移転は，借手がコントロールできる重要な事象に該当し，リース期間の判定の際には含まれていなかった5年間の延長オプションについて，行使することが合理的に確実であるかどうかの判断に影響する。なぜなら，借手がリースしているフロアは，オプション期間におけるリース支払額と同様の金額でリースできるであろう代替的な資産よりも，借手にとって高い効用がある（すなわち，より大きな経済的便益を得られる）からである。異なる建物で同様のフロアをリースした場合には，従業員が異なる建物で業務を行うことによる非効率に伴うコストが発生することになる。したがって，6年目の終了時に，借手であるX社はA社の取得と移転計画の結果として，リースの延長オプションを行使することが，合理的に確実になったと結論付けた。見直された残存リース期間は9年である（解約不能期間10年＋延長オプションの行使が確実な期間5年＝15年のうち，リース期間が見直されるまでに6年間が経過）。

6年目の終了時における借手の追加借入利子率は，年率6％である。借手は定額法によって使用権資産を償却する。

6年目の終了時において，リース期間の変更を考慮する前の，リース負債は186,162である。

$$50,000 + 50,000 \div 1.05 + 50,000 \div 1.05^2 + 50,000 \div 1.05^3 = 186,162$$

一方，定額償却計算に基づく6年目の終了時の借手の使用権資産は168,157（＝420,391×(1−6/10)）である。

第5章　事後的な変更　175

借手であるX社は，50,000の残り4回の支払いと55,000の5回の支払いを改定された年率6％の割引率で割り引いた現在価値378,174でリース負債を再測定する。

$$50,000 + 50,000 \div 1.06 + 50,000 \div 1.06^2 + 50,000 \div 1.06^3$$
$$+ 55,000 \div 1.06^4 + 55,000 \div 1.06^5 + \cdot \cdot \cdot + 55,000 \div 1.06^8 = 378,174$$

再測定された負債378,174とこれまでの帳簿価額186,162との差額は192,012であり，関連する調整は使用権資産で行う。

リース期間変更時の仕訳は以下のとおりである。

借方		貸方	
使用権資産	192,012	リース負債	192,012

再測定によって，借手の使用権資産の帳簿価額は360,169となる（360,169 = 168,157 + 192,012）。7年目の開始時点から借手はリース負債に係る利息費用を改定された年率6％の割引率で計算する。7年目以降の使用権資産及びリース負債は，次のとおりである。

年度	リース負債				使用権資産		
	期首残高	リース料の支払い	金利費用（6％）	期末残高	期首残高	減価償却費	期末残高
7	378,174	(50,000)	19,690	347,864	360,169	(40,019)	320,150
8	347,864	(50,000)	17,872	315,736	320,150	(40,019)	280,131
9	315,736	(50,000)	15,944	281,680	280,131	(40,019)	240,112

（以下略）

設例5－12　行使が当初想定されていない解約オプションを行使したことに伴う借手のリース期間の見直し

前提条件

A社は，1年目の期首にB社からビルを10年間リースする契約を締結した。年間リース料は100,000の各年度末払いで，A社の追加借入利子率は5％である。リースの計算利子率は容易に入手することができない。また，A社は解約ペナルティ120,000を支払うことを条件に，7年目の期末日にリースを解約できるオプションを保有している。

リースの開始日時点では，L社が解約オプションを行使しないことが合理的に確実であり，リース期間は10年間と評価されたが，結果的にA社は当該解約オプションを5年目の期末日に行使した。なお，その時点のA社の追加借入利子率は9％であり，当初認識時点のリース負債及び使用権資産は772,173であった。

[計算]

リース開始日時点におけるリース期間の見積りに解約オプションの行使は反映されていなかったため，A社が解約オプションを行使した時点（5年目末日）でリース期間を見直す。

5年目の終了時点において，リース期間の変更を考慮する前の，リース負債は432,948である。

$100,000 \div 1.05 + 100,000 \div 1.05^2 + 100,000 \div 1.05^3 + 100,000 \div 1.05^4 + 100,000 \div 1.05^5 = 432,948$

一方，定額償却計算に基づく5年目の終了時の借手の使用権資産は386,087である（$= 772,173 \times (1 - \frac{5}{10})$）。

借手であるA社は，7年目末日まで100,000の残り2回の支払いと，6年目の期末日に支払わなければならない120,000の解約ペナルティを年率9％の改定された割引率で割り引いた現在価値286,003にリース負債を再測定する。

$100,000 \div 1.09 + 120,000 \div 1.09 + 100,000 \div 1.09^2 = 286,003$

再測定された負債286,003とこれまでの帳簿価額432,948との差額は146,945であり，借手A社はリース負債を146,945減少させた。関連する調整は使用権資産で行う。

変更時の仕訳は以下のとおりである。

借方		貸方	
リース負債	146,945	使用権資産	146,945

再測定によって，借手の使用権資産の帳簿価額は239,142となる（239,142 = 386,087 - 146,945）。6年目の開始時点から借手はリース負債に係る利息費用を改定された年率9％の割引率で計算する。

6年目から7年目の使用権資産及びリース負債の事後測定は，次のとおりである。

年度	リース負債				使用権資産		
	期首残高	金利費用（9％）	リース料の支払い	期末残高	期首残高	減価償却費	期末残高
6	286,003	25,740	(220,000)	91,743	239,142	(119,571)	119,571
7	91,743	8,257	(100,000)	-	119,571	(119,571)	-

② 短期リースの免除規定を適用している場合

IFRS第16号第6項の免除規定により使用権資産・リース負債を認識しないことを選択した短期リースについて，リース期間が見直された場合（例えば，リース期間を決定する際，リース期間に含めていなかった延長オプションを借手が行使した場合）には，これを新たなリースとして扱う（IFRS16.7）。

リース期間が見直された結果，当初のリース開始日から起算したリース期間が結果的に12か月を超えたとしても，すでに短期リースの免除規定に基づいて行った過年度の会計処理を遡及的に修正する必要はない。また，リース期間が見直された日をリース開始日とする，新たなリースについて，そのリース期間が12か月以内であれば，引き続き短期リースとしての免除規定の対象となる。ただし，短期リースの免除規定を適用し続けた結果，物件を長期間借り続けられるような状態が頻発するような場合には，当初のリース期間の見積りが適切に行われていない可能性もあり，慎重な検討が必要であると考えられる。

(2) 貸手の場合

貸手は，リースの解約不能期間に変更がある場合にのみリース期間を見直す必要があり（IFRS16.21），例えば，借手による解約オプションの行使に伴い解約不能期間が変化した場合，貸手もリース期間を見直すこととなる。IFRS第16号は，貸手がリース期間を見直す場合に，どのように正味リース投資未回収額を再測定するかについて言及していない。そのため，当法人の見解では，貸手は以下のいずれかのガイダンスを類推適用することを会計方針として選択し，首尾一貫して適用する必要があると考えられる。

- IFRS第9号：予想キャッシュ・フローが変化した時の会計処理（1 2で扱っている貸手の1.「ファイナンス・リースの条件変更」（(2)「別個の

リースとして取り扱う要件を満たさない場合」）のうち，②「当初から変更後の条件であっても，ファイナンス・リースとなる場合」の(b)「「認識の中止」に該当しない場合」における解説を参照）。

- IFRS第16号：解約不能期間に変更が生じた場合に借手が行う，リース負債の再測定の会計処理（(1)「借手の場合」参照）。

なお，当初の契約で規定されているがリース料に含めていなかった解約ペナルティについて，借手が当該解約オプションを行使した場合，当法人の見解では，貸手はリース期間を短縮するとともに解約ペナルティを変更後のリース料に含めなければならない。その結果，例えばオペレーティング・リースの場合，解約ペナルティは変更後のリースの残存期間にわたり，原則として定額法で収益として認識されると考えられる。

2 購入オプションの行使可能性

リース期間の見直しと同様，借手のコントロールできる範囲において，重要な事象の発生，または重大な状況の変化があり，購入オプションの行使が合理的に確実であるか否かの判断に影響がある場合には，借手は，当初の判断の有効性について見直さなければならない（IFRS16.40(b)）。

その結果，当初の評価が変化した場合には，借手は，購入オプション行使価額の支払予定額の変化を反映するために見直し後のリース料を再計算し，見直し時点の割引率を用いてリース負債を再測定する（IFRS16.40(b), 41）。

すなわち，行使が合理的に確実であった購入オプションが，事後的な見直しにより合理的に確実といえなくなった場合には，リース料から購入オプション行使に係る払込額を除外する。反対に，行使が合理的に確実とまではいえなかった購入オプションが，事後的な見直しにより合理的に確実となった場合には，購入オプション行使に係る払込額を新たにリース料に含める。そのようにして見直されたリース料を，見直し時点の割引率で割り引いた価額にリース負債を再測定する。再測定に伴うリース負債の変動は使用権資産に加減算して調整する（設例5−12参照）。

なお，貸手については購入オプションの行使可能性に関連して，当初の見積りの見直しを要求する規定はない。

第5章　事後的な変更　179

設例5－13　借手の購入オプション：当初認識後の再評価

前提条件

　A社（借手）は，B社（貸手）との間で，機器を使用する5年間の解約不能リース契約を1年目の期首に締結した。契約に延長オプションは付されていないが，リース終了時に当該機器を500で購入するオプションが存在する。年間リース料は1,000の各年度末払いで，A社の追加借入利子率は5％である。リースの計算利子率は容易に入手することができない。

　A社は，リース終了までにリース対象の資産に代替する独自の機器を開発する予定であったため，リース開始日の時点で，オプションを行使することは合理的に確実とはいえないと結論付けた。

　3年目の期末日に，A社は代替機器の開発を含む開発プロジェクトの縮小を決定した。これにより，リース終了時までに代替機器を開発できる可能性は低くなり，また，リース終了時における機器の市場価格の見込額（2,000）が，オプションの行使額（500）を相当程度上回ることから，A社はオプションを行使することは合理的に確実であると結論付けた。なお，この時点におけるA社の追加借入利子率は5.5％であり，当初認識時点のリース負債及び使用権資産は4,330であった。

計算

　代替機器の開発を含む開発プロジェクトの縮小の意思決定は，A社のコントロールできる範囲にあり，状況の重大な変化を意味している。当該決定により，A社による購入オプションの行使が合理的に確実となったことから，A社はその時点（3年目末日）で，リース料にオプションの行使価格を含めてリース負債の再測定を行う。

　3年目の期末日において，購入オプションの行使可能性を見直す前の，リース負債は1,860である。

$$1,000 \div 1.05 + 1,000 \div 1.05^2 = 1,860$$

　一方，定額償却計算に基づく3年目の期末日の借手の使用権資産は1,732である（$= 4,330 \times (1 - \frac{3}{5})$）。

　借手であるA社は，購入オプションの行使価格を含めてリース負債を再測定

する。

$$1,000 \div 1.055 + 1,000 \div 1.055^2 + 500 \div 1.055^2 = 2,296$$

再測定された負債2,296とこれまでの帳簿価額1,860との差額は436であり，借手A社はリース負債を436増加させた。関連する調整は使用権資産で行う。

購入オプションの評価変更時の仕訳は以下のとおりである。

借方		貸方	
使用権資産	436	リース負債	436

再測定によって，借手の使用権資産の帳簿価額は2,168となる（2,168＝1,732+436）。

4年目の開始時点から借手はリース負債に係る利息費用を改定された年率5.5%の割引率で計算する。買取オプション行使時点である5年目末日での当該機器の残存経済的耐用年数（使用権資産の償却期間は，購入オプションの行使が合理的に確実になったことを反映し，リース期間から原資産の経済的耐用年数に変化している）は2年（3年目末日の見直し時点から4年）と見積もられた。

4年目から5年目の使用権資産及びリース負債は，次のとおりである。

年度	リース負債				使用権資産		
	期首残高	金利費用 (5.5%)	リース料 の支払い	期末残高	期首残高	減価 償却費	期末残高
4	2,296	126	(1,000)	1,422	2,168	(542)	1,626
5	1,422	78	(1,500)	-	1,626	(542)	1,084

3 変動リース料

リース料に含まれる指数またはレートに連動する変動リース料（第4章を参照。例として，市場の賃料水準の変動が反映されるリース料）について，当該変動リース料を決定するために使用された指数またはレートが変動した場合は，その結果として将来リース料に係るキャッシュ・フローが変化した時に限り，借手は，変動リース料の見直しによるリース料の変動が反映されるようにリース負債を再測定する（IFRS16.42(b)）（設例5-13, 14参照）。また，リース負債の計上対象に含まれない変動リース料がリース開始日以降に実質的に固

第5章　事後的な変更　181

定化された場合も，実質的に固定化されたリース料を反映してリース負債を再測定しなければならない（IFRS16.B42(a)(ii)）。

　実務上，リース料改定の交渉には長期間を要することもあり，借手は交渉中の期間は当初のリース料を支払い，新たなリース料が合意されたタイミングで過去に遡って調整が行われる場合がある。このようなケースにおいて，当法人の見解では，借手は新たなリース料が合意された際，すなわち，当該リースにおけるキャッシュ・フローの変動が実際に発生した時にリース負債を再測定することが認められると考えられる。

　変動リース料の見直しによるリース料の再測定の際に適用される割引率は，原則として当初認識時点で用いた割引率である。ただし，変動リース料が変動金利に連動するものである場合には，その金利の変動を反映するように見直した割引率を用いる（IFRS16.43）。ここで，リース料がベンチマーク金利（TIBOR等）の変動に連動している場合，見直し後の割引率として，現行水準のベンチマーク金利及びマージン（スプレッド）を反映した割引率と，現行水準のベンチマーク金利及び当初のマージンを反映した割引率のいずれを適用すべきかIFRS第16号は定めていない。そのため，当法人の見解では，借手はこれら2つのアプローチのうち1つを会計方針として選択し，首尾一貫して適用するべきであると考えられる。

　なお，貸手については変動リース料に関連して，当初の見積りの見直しを要求する規定はない。

設例5－14　マーケットレントレビューによる変動リース料の事後的な見直し

① 借手における会計処理

　ここでは，設例4－5①と同じ前提条件において，市場の賃料水準を反映するための賃料の見直し（マーケットレントレビュー）によりリース料が変化した際に，借手においてどのような会計処理が必要かを解説する。

前提条件

　借手は1年目の期首に，ある物件を10年間リースする契約を締結した。リース料は毎年期首に50,000を支払う。契約上，リース料は2年ごとに，基準となるエリアの市場平均賃料の変動率に基づいて変動する。リース開始日における

市場平均賃料は100㎡当たり1,250であった。割引率は，リースの計算利子率を容易に入手できなかったことから，借手の追加借入利子率である年率5％を用いることとした結果，当初認識時点のリース負債及び使用権資産はそれぞれ355,391及び405,391であった。なお，当初直接コスト及びリース契約に基づき必要な原状回復コストについては無視する。

　契約上，リース料は2年ごとに見直されるため，3年目の期首において，将来に向かってリース料は変更される。3年目の期首における平均賃料は100㎡当たり1,350であった。

計算

　マーケットレントレビューの反映後の3年目のリース料は54,000である（54,000＝50,000×1,350÷1,250）。市場平均賃料の変動によって将来のリース料が変更されたため，借手は改定後のリース料を反映するためにリース負債を再測定する。

　3年目の期首において，変動リース料に関する見積りを見直す前の，リース負債は339,319である。

$50,000+50,000÷1.05+50,000÷1.05^2+50,000÷1.05^3+50,000÷1.05^4+50,000÷1.05^5+50,000÷1.05^6+50,000÷1.05^7=339,319$

　一方，定額償却計算に基づく3年目期首の借手の使用権資産は324,313である（$=405,391×(1-\dfrac{2}{10})$）。

　借手は，1年当たり54,000の残り8回の支払いを，年率5％の当初割引率で割り引いた現在価値366,464にリース負債を再測定する。

$366,464=54,000+54,000÷1.05+54,000÷1.05^2・・・+54,000÷1.05^7$

　再測定された負債366,464とこれまでの帳簿価額339,319との差額は27,145であり，借手はリース負債を27,145増加させ，関連する調整は使用権資産で行う。リース料の調整が行われた時点の仕訳は以下のとおりである。

	借方		貸方	
X3期（期首）	使用権資産	27,145	リース負債	27,145

使用権資産の帳簿価額が増加したため，減価償却費が増加することとなる。

変更前減価償却費（年間）　　＝40,539（$\frac{405,391}{10}$）

減価償却費への影響　27,145÷8　＝　3,393

変更後減価償却費（年間）　　＝43,932（$\frac{324,313+27,145}{8}$）

一方，再測定後のリース負債から生じる3年目の支払利息ならびにリース負債の返済は以下のとおりである。

	リース負債		支払利息 (c)=(b)×5%	リース負債期末 残高 (d)=(b)+(c)
	再測定後残高 (a)	リース料決済後残高 (b)=(a)−54,000		
X3期	366,464	312,464	15,623	328,087

以上より，再測定後の3年目における仕訳は以下のとおりである。

	借方		貸方	
X3期	リース負債	54,000	現金	54,000
	支払利息	15,623	リース負債	15,623
	減価償却費	43,932	使用権資産	43,932

3年目以降の使用権資産及びリース負債の事後測定は，次のとおりである。

年度	リース負債				使用権資産		
	期首残高	リース料 の支払い	金利費用 （5%）	期末残高	期首残高	減価 償却費	期末残高
3	366,464	(54,000)	15,623	328,087	351,458	(43,932)	307,526
4	328,087	(54,000)	13,704	287,791	307,526	(43,932)	263,594
5	287,791	(54,000)	11,690	245,481	263,594	(43,932)	219,662

（以下略）

② 貸手における会計処理―マーケットレントレビューにより変動するリース料

ここでは，第4章の設例4－6①（設例4－5①と同じケースについて，貸手の処理を解説した設例）と同じ前提条件において，マーケットレントレビューにより変動するリース料が変化した際に，貸手においてどのような会計処理となるかについて焦点を置いて解説する。

184

前提条件

①の借手と同じ。ただし，貸手は割引率としてリースの計算利子率6％を用いる。リース期間終了後の無保証残存価値についてはゼロと仮定し，リースに供された資産の帳簿価額は300,000であった。

計算

未収金（＝正味リース投資未回収額）から生じる受取利息及び未収金の回収は以下のとおりである（第4章設例4－6①参照）。

	未収金		受取利息 (c)=(b)×6％	未収金期末残高 (d)=(b)+(c)
	期首残高 (a)	リース料決済後残高 (b)=(a)-50,000		
X1期		340,084	20,405	360,489
X2期	360,489	310,489	18,629	329,118

3年目の期首において，将来に向かってリース料は変更されるが，貸手においては未収金の再測定は行わない。

	未収金		受取利息 (c)=(b)×6％	未収金期末残高 (d)=(b)+(c)
	期首残高 (a)	リース料決済後残高 (b)=(a)-50,000		
X3期	329,118	279,118	16,747	295,865

そのため，指数・レートの変更に伴う受取リース料の増加部分は発生時の損益として純損益計算書に計上される。

したがって，当該リースにおけるX1～X3期の貸手の仕訳は以下のとおりである（X1及びX2期については第4章参照）。

	借方		貸方	
X1期	未収金	20,405	受取利息	20,405
X2期	現金	50,000	未収金	50,000
	未収金	18,629	受取利息	18,629
X3期	現金	54,000	未収金	50,000
	未収金	16,747	受取利息	16,747
			受取リース料	4,000

4 残価保証

残価保証に関する借手の支払予定額が変化したときは，借手は見直しの影響をリース料に反映させ，リース負債を再測定する。割引率の見直しは行わず，当初の割引率を使用する（IFRS16.42(a), 43）。なお，リース負債の変動は使用権資産に加減算して調整する。

なお，貸手における残価保証の事後的な変更に関して，IFRS第16号には明示的な記載はないが，貸手の場合，リース料に含まれる残価保証は借手または第三者による保証額であり（IFRS16.A），リースの条件変更以外で変動することは想定されない。

5 無保証残存価値

貸手は，正味リース投資未回収額の算定に用いられる無保証残存価値の見積りを定期的に見直す必要があり，無保証残存価値の見積りが減少した場合には，リース期間にわたる収益の配分額を見直し，発生した金額に関しての減額を即時に認識する（IFRS16.77）。また，当法人の見解では，貸手がリース期間を見直した場合，無保証残存価値も併せて見直さなければならないと考えられる。

6 原状回復コスト

リース終了時における原資産の原状回復コストについては，さまざまな要因によりその見積りに変更が生じるケースがあるが，リース期間の事後的な見直しが行われたり，リースの条件変更により1つ以上の原資産に対する使用権が追加された場合等にも影響を受けることが考えられる。

原資産の原状回復コストの変動は，IFRIC解釈指針第1号「廃棄，原状回復及びそれらに類似する既存の負債の変動」に従って，負債計上額を見直すとともに使用権資産の帳簿価額を調整することにより認識される。IAS第37号「引当金，偶発負債及び偶発資産」は，債務の金額を，各報告期間の末日現在で再検討し，新たな最善の見積りを反映するように修正することを求めている（IAS37.59）。IAS第37号に基づく引当金は報告日現在において「最新の見積

り」に基づく「当該時点の現在価値」として測定されるため，原状回復コスト
の見積額の変動は，①将来キャッシュ・アウト・フローの見積額の変更，及び
②直近の市場を基礎とする割引率の変動の両方の影響を受けることになる
（IFRIC1.4）。

日本基準との比較

　IAS第37号では，原状回復コストに係る負債計上額の見直しは，各報告期間の末日
ごとの再検討が求められるほか，リース期間の見直しやリースの条件変更等を含む
さまざまな要因による見積りの変更時にも必要となる。一方，日本基準においては，
原状回復コストの見直しに関する規定はあるものの，将来の資産除去に係るキャッ
シュ・フローに重要な見積りの変更が生じた場合にのみ資産除去債務の見直しが必
要となる。割引率についても，キャッシュ・フローが増加する場合にはその時点の
割引率を使用するが，キャッシュ・フローが減少する場合には負債計上時の割引率
を適用する点が，常に見直し時点での割引率を用いるIAS第37号と相違している（資
産除去債務会計基準第11項）。

第6章

セール・アンド・リースバック取引及びサブリース

本章のまとめ

1 セール・アンド・リースバック取引

　セール・アンド・リースバック取引が，売却取引とリース取引の組合せとして会計処理されるか，あるいは，資産の譲渡から生じた売却収入相当額の融資とリース料の名目による元本及び利息の返済として会計処理されるかは，資産譲渡がIFRS第15号「顧客との契約から生じる収益」の規定のもとで会計上の売却処理の要件を満たすか，すなわち履行義務が充足され買手（リースの貸手）に対象資産の支配が移転したか否かに基づき判定する。資産譲渡が対象資産の支配を移転し，セール・アンド・リースバック取引が売却取引とリース取引の組合せとして会計処理される場合，売手（リースの借手）はリース対象資産の認識を中止し，代わりに使用権資産を計上することになるが，借手としてリースバックを受けた部分に対応する売却損益は売却時点では計上されず，リースバック期間にわたって使用権資産の減価償却費を圧縮する形で純損益に含めて認識される。

2 サブリース

　オリジナルのリース（ヘッドリース）とサブリースは別個に会計処理する。サブリースはヘッドリースによって生じた使用権資産を原資産とするリースと考えられ，サブリースの貸手としてのリースの分類は，サブリースの貸手（ヘッドリースの借手）がヘッドリースにおいて認識する使用権資産のリスクと経済価値のほとんどすべてがサブリースを通じて移転しているか否かに基づき判断する。

【IFRS第16号と日本基準の主な差異】

トピック	対応する節	IFRS第16号	日本基準
セール・アンド・リースバック取引	1 セール・アンド・リースバック取引	セール・アンド・リースバック取引が売却取引とリース取引の組合せとして会計処理されるか，一連の取引を金融取	どのような場合に売却処理を行うかについて包括的な規定は存在しないが，特別目的会社を活用した不動産のセー

の判定	① **セール・アンド・リースバック取引の概要及び判定**	引とするかは，IFRS第15号の支配の移転の考え方に基づき決定される。	ル・アンド・リースバック取引に関しては定量基準の具体的な規定がある。
売却取引とリース取引の組合せとして会計処理される場合の売手（借手）の会計処理	① **セール・アンド・リースバック取引** ② **セール・アンド・リースバック取引の会計処理**	契約上の売却価額が公正価値と異なる場合は別途調整を行い，会計上は対象資産が公正価値で売却されたとみなして会計処理を行う。 売却損益のうち買手である貸手に移転された権利のみが認識され，リースバックによって生じる使用権資産に対応する部分は，リースバック取引により認識される使用権資産の帳簿価額に調整され，減価償却を通じてリース期間にわたって純損益に含めて認識される。	リースバック取引がオペレーティング・リース取引の場合，売却損益は一括認識される。リースバック取引がファイナンス・リース取引の場合は原則繰り延べ，リース資産の減価償却に加減算して償却する。
サブリースの会計処理	② **サブリース**	ヘッドリースとサブリースをそれぞれ別個にIFRS第16号に従い会計処理する。サブリースの貸手のリースの分類は，リース対象資産ではなく使用権資産のリスクと経済価値の移転に基づき行う。	原則ヘッドリースとサブリースはそれぞれ別個に会計処理するが，損益の表示方法については一部例外がある。サブリースの貸手のリースの分類は，リース対象資産のリスクと経済価値の移転に基づき行う。

1 セール・アンド・リースバック取引

1 セール・アンド・リースバック取引の概要及び判定

　セール・アンド・リースバック取引とは，ある企業（売手（譲渡者）かつリースの借手）が自ら保有する資産を他の企業（買手（譲受者）かつリースの貸手）に譲渡したうえで，当該他の企業からその資産のリースバックを受ける取引をいう。IFRS第16号「リース」におけるセール・アンド・リースバックの会計処理は，当該取引における資産譲渡がIFRS第15号規定のもとで売却処理の要件を満たすかどうかにより判定する。IFRS第15号に基づき売手の履行義務が充足され，資産の譲渡取引に伴い，売手から買手に対象資産の支配が移転する場合には，会計上も売却取引とリース取引の組合せとして取り扱う（IFRS16.98, 99, 100）。

　他方，セール・アンド・リースバック取引において，資産の譲渡がIFRS第15号の売却処理の要件を満たさない場合には，借手と貸手はともに，当該一連の取引を金融取引として会計処理する（IFRS16.103）。当法人の経験では，リースバックがファイナンス・リースである場合において，譲渡部分が売却処理の要件を満たすことは稀な状況である。なお，資産の譲渡がIFRS第15号の売却処理の要件を満たさないと判定された場合でも，事実や状況の変化（例：買戻しオプションの失効）により，契約当事者の権利及び義務が変化していることが示されている場合には，再評価が必要となるケースも考えられる。

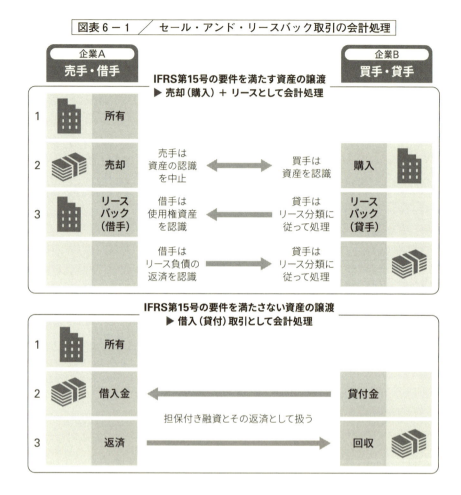

図表6-1 ／ セール・アンド・リースバック取引の会計処理

| Point & 分析 | IFRS第15号では，先渡取引または売手に付与されたコール・オプションによる実質的な買戻権が存在することにより，譲渡資産に対する支配が譲受者に移転していない場合，資産の売却は認められず，取引内容によりリース取引または金融取引として会計処理する。また，セール・アンド・リースバック取引における資産譲渡がIFRS第15号の支配の移転の要件を満たさない場合は，当該資産を引き続き認識するとともに，顧客からの対価について金融負債を認識すべき旨が規定されている（IFRS15.B66, B68）。
他方，買手にプット・オプションが付与されている場合，IFRS第15号では，そのことをもって直ちに売却が否定されるわけではない。ただし，当該 |

第6章　セール・アンド・リースバック取引及びサブリース　191

> オプションの行使価格が資産の当初の売却価格を上回り，かつ当該資産の
> 予想市場価格をも上回るような場合には，通常，売却は認められないと考
> えられる（IFRS15.B70, B71, B72, B73）。

日本基準との比較

　日本基準では，セール・アンド・リースバック取引において，どのような場合に売却処理を行うかを定める包括的な規定は存在しない。

　一方で，不動産の流動化を目的としたセール・アンド・リースバック取引は，特別目的会社を買手として行われることが多いと考えられるが，このような特別目的会社を活用した不動産の流動化取引は，会計制度委員会報告第15号「特別目的会社を活用した不動産の流動化に係る譲渡人の会計処理に関する実務指針」（以下，「実務指針」という）及び「特別目的会社を活用した不動産の流動化に係る譲渡人の会計処理に関する実務指針についてのQ&A」に従って会計処理する必要がある。すなわち，不動産が特別目的会社に適正な価額で譲渡されており，かつ，当該不動産に係るリスクと経済価値のほとんどすべてが，譲受人である特別目的会社を通じて他の者に移転していると認められる場合には，譲渡人は不動産の譲渡取引を売却取引として会計処理する。不動産が特別目的会社に適正な価額で譲渡されているものの，当該不動産に係るリスクと経済価値のほとんどすべてが，譲受人である特別目的会社を通じて他の者に移転していると認められない場合には，譲渡人は不動産の譲渡取引を金融取引として会計処理する（「実務指針」第5項）。そして，譲渡人がセール・アンド・リースバック取引により，継続して譲渡不動産を使用する場合，当該リースバック取引がオペレーティング・リース取引であって，譲渡人（借手）が適正な賃借料を支払うこととなっている場合には，その限りにおいて，当該不動産のリスクと経済価値のほとんどすべてが譲渡人（借手）から譲受人である特別目的会社を通じて他の者に移転していると認められる（「実務指針」第11項）。

　なお，不動産のセール・アンド・リースバック取引が，関係会社間で行われることも考えられる。この場合には，監査委員会報告第27号「関係会社間の取引に係る土地・設備等の売却益の計上についての監査上の取扱い」を考慮した会計処理が求められる。すなわち，関係会社間のセール・アンド・リースバック取引を譲渡人が売却取引とリースバック取引の組合せとして会計処理するためには，譲渡価額には客観的な妥当性が要求されるほか，取引全体の妥当性を総合的に判断することも求められる。したがって，セール・アンド・リースバック取引が売却取引とリース取引の組合せとして取り扱うことができるかどうかの判断は，IFRS第16号と日本基準とで異なる場合もあると考えられる。

　なお，セール・アンド・リースバック取引における「セール」の中には，法的な売却取引だけでなく，法的には売却取引でなくても経済的効果が法的売却

取引と同等の他の形態の取引も含まれるとされており（例えば，法的にはリース・アンド・リースバック取引であっても，セール・アンド・リースバック取引に該当するかを検討する必要がある），実質的な評価が求められている（IFRS16.BC261）。また，設例6－1で言及されているように，リースの対象となる原資産について，貸手への譲渡前に借手が支配していた場合も，セール・アンド・リースバック取引に該当する（IFRS16.B46）。

> **Point & 分析**　法的にはリースでも実質的には売買に該当するものとして，例えばSIC解釈指針第27号「リースの法形式を伴う取引の実質の評価」に挙げられた例示のように，あるリース契約において，貸手がリースしている資産を借手に売却するプット・オプションを保有し，当該オプションにおける行使価格がオプション行使可能時点における公正価値の見込みよりも十分に高いために，そのオプションの行使がほぼ確実であるような場合がある。同解釈指針はIFRS第16号によって廃止されたが，当該例示の意図するところはIFRS第16号においても変わらないと考えられる。

　上記のとおり，セール・アンド・リースバック取引の会計処理は，IFRS第15号の売却処理の要件を満たすかどうか，すなわち譲渡資産に対する支配の移転が起きているかどうかにより決定される。ここで，IFRS第15号の関連規定は以下のとおりである。

(a)　企業は，約束した財またはサービス（すなわち資産）を顧客に移転することによって企業が履行義務を充足した時に（または充足するにつれて），収益を認識しなければならない。資産が移転するのは，顧客が当該資産に対する支配を獲得した時（または獲得するにつれて）である（IFRS15.31）。

(b)　資産に対する支配とは，当該資産の使用を指図し，当該資産からの残りの便益のほとんどすべてを獲得する能力を指す。支配には，他の企業が資産の使用を指図して資産から便益を得ることを妨げる能力が含まれる（IFRS15.33）。

　IASBは，IFRS第15号の検討を容易にするような追加的なガイダンスをIFRS第16号の中に含めるべきかを検討した結果，IFRS第15号の原則の適切かつ首尾一貫した適用は可能であるとして，そのようなガイダンスを含めないこととした（IFRS16.BC264）。

なお，IFRS第16号の結論の背景においては，以下のような見解が示されている（IFRS16.BC262）。

(a) リースバックが存在することそれ自体は，売手がリース対象資産を買手へ移転したと結論付けることを妨げるものではない。なぜなら，リースバックにより移転するのは「リース対象資産の使用権」であって「リース対象資産に対する支配」ではないからである。セール・アンド・リースバック取引の買手は，他の者から資産を購入するのと同じように，セール・アンド・リースバック取引の売手からも資産を購入しうる。

(b) リースの貸手の多くは，リースの借手と条件面で合意をした後，第三者からリース対象資産を購入し，これを借手にリースしている。貸手は，リース期間が終了するまで当該資産を物理的に占有しないことがある（例えば，車のリースにおいて，貸手はリース対象車を販売業者から購入するものの，対象車は販売業者から借手に直接届けられる場合）。セール・アンド・リースバック取引においても同様に，買手（リースの貸手）がリース期間の終了までリース対象資産を物理的に占有しないことがある。IASBは，どちらのケースにおいても，貸手がリース開始日の直前にリース対象資産に対する支配を獲得することは可能であると考えている。

(c) IFRS第15号は，資産の売手が資産の買戻しオプションを保有する場合，資産の譲受者に資産の支配は移転していないとしている。その理由は，譲受者により資産は物理的に占有されているものの，買手が保有する買戻しオプションの存在により，譲受者が資産の使用を指図できる権利，そして残存期間において資産から生じるほとんどすべての経済上の便益を獲得する権利が制限されているためである。

なお，従前はIAS第16号「有形固定資産」に基づき会計処理されていた土地及び建物がセール・アンド・リースバック取引に含まれる場合，当法人の見解では，IFRS第15号の売却要件を満たすかどうか判断するうえで，土地及び建物は，それぞれ別個に評価すべきである。これは，IAS第16号において，土地及び建物はそれぞれ別個の資産として認識されるとともに，処分の規定も別個に適用されるためである。

建物全体を売却し，一部のフロアのみをリースバックするような場合，セール・アンド・リースバック取引の検討を行う会計単位をどのように考えるべき

かに関するガイダンスは，IFRS第16号にはない。当法人の見解では，以下の2つのアプローチが許容されると考えられる。

- IAS第40号「投資不動産」第10項の要件を類推適用し，各フロアを個別に売却もしくはファイナンス・リースの対象にできる場合は1つひとつのフロアを，そうでない場合は建物全体を1つの会計単位とする。
- 各フロアがファイナンス・リースの対象となるかは特に考慮せず，個別に売却可能か否かのみに基づいて1つのフロアか建物全体かを判断する。

Point ＆ 分析

　例えば，本社ビルの流動化においては，通常，本社ビルの所有者（オリジネーター）が当該ビルをファンド等の特別目的会社（以下，「SPE」という）に譲渡し，オペレーティング・リースにより借り戻すことが行われる。このような場合，当該ファンドが本社ビルをオリジネーター以外の第三者に売却することを防止するため，SPEによる売却に際してオリジネーターに買戻しの優先交渉権が付けられているようなケースがある。このようなケースにおいては，以下のような検討が必要になると考えられる。

- 当該SPEがオリジネーターの子会社に該当する場合は，SPEへの資産の売却は連結上の内部取引として取引自体が消去されることになるため，SPEがオリジネーターの連結対象か否かをIFRS第10号「連結財務諸表」に従い検討する必要がある。
- 当該SPEがオリジネーターの子会社でないと判断される場合で，当該優先交渉権がIFRS第15号における買戻しオプションと同等とみなされる場合には，上記のIFRS第15号の要求に従い，資産に対する支配はSPEに移転していないと判断される。したがって，セール・アンド・リースバックの会計処理を検討するにあたり，優先交渉権が買戻しオプションと同等か否か評価することが必要と考えられる。

設例6－1　建設中の資産を借手が支配しているかどうかの判定

前提条件

　企業Aは，企業Bから50年間にわたり土地を賃借してその上に建物を建設し，当該建物を企業Bに5年間リースするという契約を締結する。建設工事は土地のリース開始後に実施され，建設期間は約2年，建物の経済的耐用年数は40年となる。

　建物の建設コストは企業Aが負担し，建物は企業Bが指定した仕様に沿って建設されるが，その仕様はエリア内の一般的なオフィスビルのものと同等であ

る。

なお，いずれの期間においても建物の購入選択権は付されていない。

分析

企業Bは，自社の土地に建設中の建物を支配しているか否かを判定する必要がある。建設中の建物を企業Bが支配していると判断される場合，この取引はセール・アンド・リースバック取引として扱われ，建設開始当初から，企業Bは建設中の建物を建設仮勘定として認識する一方で，企業Aが負担する建設コスト見合いの負債を認識する。他方，企業Bが建設中の建物を支配していない場合は，建設工事が完了しリースが開始されたタイミングで，建物の使用権及びリース負債を認識するのみとなる。なお，IFRS第16号では「支配」の定義は規定されていないものの，IFRS第15号の支配の定義（当該資産の使用を指図し，当該資産からの残りの便益のほとんどすべてを獲得する能力）を参照することにより，支配の有無を判断することができると考えられる。

当設例では，企業Bは建設中に建物の購入選択権を有しておらず，建物自体も企業Bのために大幅にカスタマイズしたものではないことから，企業Aはこれを他の用途に転用することが可能である。また，企業Aは土地を50年間賃借するため，少なくとも当該建物の経済的耐用年数のほとんどすべての期間にわたり，当該土地の使用権を企業Aが支配している。以上の点を総合的に考慮すると，企業Bは建設中の建物を支配しておらず，当該取引はセール・アンド・リースバック取引としては会計処理されない。

2 セール・アンド・リースバック取引の会計処理

セール・アンド・リースバック取引における，売手（リースの借手）と買手（リースの貸手）のそれぞれの会計処理は，資産の譲渡が公正価値で行われた場合，図表6－2のとおりである（IFRS16.100, 101, 103)。

	リースの借手 **売手**	リースの貸手 **買手**
資産の譲渡が IFRS第15号 の売却要件 を**満たす**	対象資産の認識を中止し，リースバック取引についてはリースの借手としての会計処理を行う。使用権資産及びリース負債を認識するが，その際，リース負債はリース料（未決済分）の割引現在価値で当初測定する一方，使用権資産は，対象資産の帳簿価額のうち，リースバックにより売手に保持される部分として当初測定する。その結果，売手は買手である貸手に移転された権利に係る利得または損失の金額のみを認識する。	対象資産の購入を認識したうえで，リースバック取引がファイナンス・リースもしくはオペレーティング・リースのいずれに該当するかを判断し，リースの貸手としての会計処理を行う。
資産の譲渡が IFRS第15号 の売却要件 を**満たさない**	対象資産を認識し続ける。 買手から受領した金額を金融負債としてIFRS第9号に基づき認識する。	対象資産の認識は行わない。 売手に支払った金額を金融資産としてIFRS第9号に基づき認識する。

図表6-2／売手と買手の会計処理

　資産の譲渡がIFRS第15号の売却要件を満たし，したがって会計上売却として処理される場合であっても，経済的観点から，売手（借手）はリースバック期間において引き続き資産を使用する権利を有するため，売手が売却しているのはリース期間終了時点における対象資産の価値（＋リース期間中における使用権以外の価値で買手（貸手）が享受できるもの）であると考えられる。すなわち，借手にとって資産の使用権は当該資産を当初に購入した時に所有権の一部として獲得されており，その権利は売却取引によっても買手に譲渡されずリースバック期間にわたって引き続き借手に保持されると考えられる。

　その結果，使用権資産として認識される金額は，売手（借手）の対象資産の売却前帳簿価額のうちリースバック期間の使用権に対応する部分（使用権の価値が資産の公正価値全体に占める割合で，対象資産の帳簿価額を按分計算した金額）として計算される。セール・アンド・リースバック取引を通じて一括認識される売却損益は，図表6-3のとおり，リースバックにより売手に戻ってこなかった部分，つまり，買手に移転した価値に対応する部分のみとなる。

　なお，使用権資産が売却前の原資産の帳簿価額の一部を引き継ぐことで，実

質的に繰り延べられたリースバックに対応する売却損益は、リース期間にわたって使用権資産の減価償却額の減額を通じて認識されることになる。

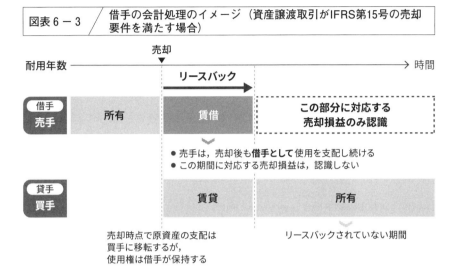

図表6－3　借手の会計処理のイメージ（資産譲渡取引がIFRS第15号の売却要件を満たす場合）

売手（借手）が使用権資産として認識する額：

$$原資産の帳簿価額 \times \left(\frac{リースバックに支払うリース料の現在価値}{原資産の公正価値}\right)$$

売手（借手）が売却損益として認識する額：

$$(原資産の公正価値 － 原資産の帳簿価額) \times \left(\frac{原資産の公正価値 － リースバックに支払うリース料の現在価値}{原資産の公正価値}\right)$$

また、セール・アンド・リースバック取引においては、売却取引における売却価額とリースバック取引におけるリース料とは、両者がパッケージとして交渉される場合、相互に依存することになる。結果として、セール・アンド・リースバック取引における売却価額及びリース料は、対象資産の公正価値及びリース料の市場水準とそれぞれ乖離する可能性がある。

このような状況において契約価格をそのまま会計処理に用いると、期間損益を適切に認識できない懸念があるため、IFRS第16号においては、会計上の売却価額を対象資産の公正価値で認識したうえで、図表6－4の調整を行うことを要求している（IFRS16.101, BC267）。

198

図表 6 − 4 ／ 売却価額の調整

売却価額及びリース料が市場実勢と乖離している（オフマーケット）ケース	売却価額を対象資産の公正価値に合わせるための調整
資産の売却価額が対象資産の公正価値よりも高く，これに対応して，リースバック取引における借手から貸手へのリース料の支払いが市場レートよりも高いケース（両者がともに高いため，何も調整を行わなければ，当初の売却益が過大に計上され，これが事後的にリースを通じた過大な支払利息により補填される）。	買手（リースの貸手）から売手（リースの借手）への追加的な融資が行われたとみなす。
資産の売却価額が対象資産の公正価値よりも低く，これに対応して，リースバック取引における借手から貸手へのリース料の支払いも市場レートよりも低いケース（両者がともに低いため，何も調整を行わなければ，当初の売却益が過小計上され，その分，リースを通じた支払利息が圧縮される）。	売手（リースの借手）から買手（リースの貸手）へリース料が前払いされたものとみなす。

　上記の調整をするにあたって，オフマーケット取引による乖離額は，以下のいずれかのうち，より容易に算定可能な方法を用いて測定する（IFRS16.102）。

(a)　対象資産の売却価額と対象資産の公正価値の差異

(b)　リースバック取引における契約上のリース料の現在価値と市場リース料の現在価値の差異

　なお，IFRS第13号「公正価値測定」はリース取引には適用されないため，公正価値を算定するために観察可能な価格と情報を，IFRS第13号が適用されるケースと同様に「最大限」利用することまでは求められていない。

設例 6 − 2 ／ セール・アンド・リースバック取引の会計処理（オフマーケット調整を含む）

前提条件

企業Aは，自社建物を企業Bに以下の条件で譲渡し，リースバックした。

	帳簿価額	公正価値	売却価額
対象資産（建物）	500,000	900,000	1,000,000

• リース料は80,000／年（年末払い）で，25年の残存耐用年数のうち，15年

間リースバック。

- リースの計算利子率は5.0%（企業Aにおいても容易に算定可能）。
- 建物が譲渡された時点でIFRS第15号の売却要件を満たしている。
- 当初直接コストは無視する。
- 企業Bにとって，当該リースはオペレーティング・リースとなる。
- 企業Aはリースバックによって認識された使用権資産を定額法により減価償却する。

(計算)

契約に基づくリース料の現在価値は，年間リース料80,000の15回払いを5.0%で割り引くことで830,400と計算される。

$$830,400 = 80,000 \div 1.05 + 80,000 \div 1.05^2 + \cdot\cdot\cdot\cdot\cdot$$
$$+ 80,000 \div 1.05^{14} + 80,000 \div 1.05^{15}$$

しかし，売却価額が建物の公正価値と等しくないため，企業A，企業Bはともに，売却（購入）価額を対象資産の公正価値に等しくするために，売却価額と公正価値の差額を調整する（オフマーケット調整）。そのため，契約上のリース料の現在価値830,400のうち，建物の公正価値を超えて支払われた100,000は企業Bから企業Aへのリース開始時の追加融資として会計処理されることから，会計上のリース料の現在価値は730,400（＝830,400－100,000）となる。

年間のリース料80,000を，追加融資の返済と，会計上のリース料の支払いに，それぞれの総額の比率で按分すると，

追加融資の年間返済額：
$$9,634 = 80,000 \times (100,000 \div 830,400)$$
年間支払リース料：
$$70,366 = 80,000 \times (730,400 \div 830,400) \text{ or } (= 80,000 - 9,634)$$

【企業A（売手かつリースの借手）】

リース開始日において，売手である企業Aは建物の認識を中止し，リースバック取引から生じる使用権資産を借手として認識する。使用権資産の当初測

定額は，企業Aの建物の譲渡前帳簿価額のうち，リースバックにより企業Aに使用権として残存する部分の割合から算定する。

使用権資産の当初測定額
  ＝建物の譲渡前帳簿価額×（会計上のリース料の現在価値÷建物の公正価値）
  ＝500,000×（730,400÷900,000）＝405,778

リース負債として認識する額は，先に計算したとおり730,400である。

売手（借手）である企業Aは，建物をその公正価値900,000で売却したとみなして会計処理する。そのうち，リース料の現在価値に対応する730,400は，リースバック取引を通じて企業Aにとどまった権利に対応し，残額の169,600（＝900,000－730,400）は，買手（貸手）である企業Bに移転した権利に対応する対価と考えられる。

売手（借手）である企業Aがリース開始日において認識する売却損益は，買手（貸手）である企業Bに移転した権利の対価（169,600）について計算される。そのため，建物の売却益合計400,000（＝建物の公正価値900,000－帳簿価額500,000）のうち，リース開始日に会計上売却益として認識されるのは，75,378＝400,000×（169,600÷900,000）となる。

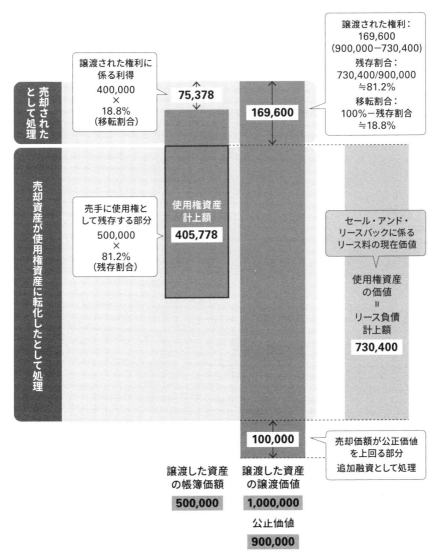

　建物の売却益のうちリースバック取引を通じて企業Aに残存した権利に対応する部分324,622 = 400,000×(730,400÷900,000)の売却益については、使用権資産の当初認識額がリース料の現在価値730,400と比較してその分だけ圧縮されることにより、リース期間を通じた減価償却費が抑えられる形で、リース期間にわたって認識されることになる。

売却益の構成要素	会計処理
324,622 ＝400,000×(730,400÷900,000)	売手に保持されている使用権資産に対応する売却益部分であり，毎期の使用権資産の減価償却費が圧縮される効果を通じて実現される。
75,378 ＝400,000×(169,600÷900,000)	企業Bに移転された権利に対応する売却益部分であり，リース開始日に認識される。

以上より，リース開始日における企業Aの仕訳は，以下のとおりとなる。

借方		貸方	
現金及び預金	1,000,000	建物	500,000
使用権資産	405,778	リース負債	730,400
		借入金^(※)	100,000
		固定資産売却益^(※)	75,378

(※)　勘定科目名は例示。売却益について，上記の仕訳では固定資産売却益が計上されているが，セール・アンド・リースバック取引が売手（借手）の通常の営業活動の一環で行われる場合，売手（借手）は，製造業者または販売業者である貸手の表示（IFRS16.71）と同様に，売上高及び売上原価を認識する必要がある。

借手である企業Aの各期のリース負債の会計処理は，以下の計算に基づくこととなる。

	リース負債 期首残高 (a)	支払利息 (b)=(a)×5%	リース負債の返済 (c)=70,366－(b)	リース負債 期末残高 (d)=(a)－(c)
1期	730,400	36,520	33,846	696,554
2期	696,554	34,828	35,538	661,016
3期	・	・	・	・
・	・	・	・	・
・	・	・	・	・
15期	67,015	3,351	67,015	0

企業Aの各期の借入金の会計処理は，以下の計算に基づくこととなる。

第6章　セール・アンド・リースバック取引及びサブリース　203

	借入金期首 残高 (a)	支払利息 (b)=(a)×5%	借入金の返済 (c)=9,634−(b)	借入金期末 残高 (d)=(a)−(c)
1期	100,000	5,000	4,634	95,366
2期	95,366	4,768	4,866	90,500
3期	・	・	・	・
・	・	・	・	・
・	・	・	・	・
15期	9,175	459	9,175	0

　企業Aのリース開始日後の初年度である第1期の仕訳は以下のとおりである。

	借方		貸方	
1期	リース負債	33,846	現金及び預金	80,000
	借入金	4,634	使用権資産（減価償却累計額）	27,052
	支払利息^(※1)	41,520		
	使用権資産減価償却費^(※2)	27,052		

（※1）　リース負債に係る支払利息36,520＋借入金に係る支払利息5,000＝41,520
（※2）　405,778÷15年＝27,052。使用権資産の減価償却は定額法により行っている。

【企業B（買手かつリースの貸手）】

　リース開始日における企業Bの仕訳は，以下のとおりである。

借方		貸方	
建物	900,000	現金及び預金	1,000,000
貸付金^(※)	100,000		

（※）　勘定科目名は例示。

　企業Bは，当該リースをオペレーティング・リースとして会計処理しているため，第1期においては，毎期のリース料90,000のうち，9,634については金融資産100,000にかかる元本の返済（4,634）と利息の認識（5,000＝100,000×利率5％）として会計処理し，残額の70,366については受取リース料として収益認識する。

　企業Bのリース開始日後の第1期の仕訳は，以下のとおりである。

	借方		貸方	
1期	現金及び預金	80,000	貸付金	4,634
	建物減価償却費 (※)	36,000	受取利息	5,000
			受取リース料	70,366
			建物（減価償却累計額）(※)	36,000

(※) 建物は定額法により減価償却する。900,000÷25年＝36,000

　セール・アンド・リースバック取引のリースバックにおけるリース料は，その全額が売上または使用に応じた変動リース料となることもある。IFRS第16号第27項は，リース負債の当初測定に含める変動リース料を指数またはレートに応じて決まる金額に限定しているが，それ以外の変動リース料のみでリース料が構成される場合，同項に従えばリース負債が認識されず，したがって使用権資産も認識されないこととなる。このような場合，取引日においてリースバック取引から生じる使用権資産及び，利得または損失の金額をどのように算定するのかについて疑問が生じる。IFRS解釈指針委員会はこの論点について議論し，売手（借手）はIFRS第16号第100項を適用して，リースバック取引から生じた使用権資産を測定すべきであると2020年6月のアジェンダ決定で指摘した。つまり，売手（借手）は，原資産の従前の帳簿価額のうち，借手に使用権として残存する部分で使用権資産を測定するが，これは，残存する使用権と原資産を構成する権利全体とを比較することで行う。ここで，IFRS第16号はその具体的な計算方法を定めていないが，上記のような変動リース料を含む取引については，予想されるリース料（変動リース料を含む）の現在価値と，取引日における原資産の公正価値との比較に基づき，借手に残存する使用権部分を測定する方法が当アジェンダ決定で例示されている。さらに，売手（借手）は，たとえリース料のすべてが変動であり指標またはレートに応じて決まるものではない場合であっても，取引日において負債を認識することが示された。

　その後，IASBは2022年9月，IFRS第16号の改訂「セール・アンド・リースバック取引におけるリース負債」（2024年1月1日から発効）を公表した。本改訂は，セール・アンド・リースバック取引から生じる使用権資産及びリース負債の当初測定についての新たな要求事項を導入するものではないが，本改訂で追加された設例により，以下の点が明確化された。

・売手（借手）がリースバック期間にわたり計上する金融負債の貸方科目

第6章　セール・アンド・リースバック取引及びサブリース　205

は，リース負債であること。

- リースバックを通じて売手（借手）に使用権として残存する部分の割合を算定する方法は，従来からIFRS第16号の設例で示されていた方法に限られないこと（改訂後のIFRS第16号では，リースバックのリース料が，指数またはレートに応じて決まるものではない変動リース料のみで構成されている場合の算定方法として，2つのアプローチが新たに例示されている。なお，いずれの方法によっても，当該割合はセール・アンド・リースバックに係るリース料の現在価値（＝リース負債）を譲渡資産の公正価値で除した比率と一致する）。

Point & 分析	2022年9月におけるIFRS第16号の改訂に際して，IASBは公開草案（ED）の段階では，「セール・アンド・リースバックに係るリース料」として予想される変動リース料を見積もり，これに基づき原資産の従前の帳簿価額のうち売手（借手）に残存する使用権部分の割合を算定するという，単一のアプローチ（設例6－3参照）を提案していた。しかし，一部の利害関係者から，このアプローチは企業に将来の支払いを予測することを求めているため，特に，長期のリースの場合や市場が不安定な場合において，見積りに高度の不確実性が含まれることに懸念が示された。

　　こうした経緯を経て，最終的な改訂基準では規範性が弱められることになり，当初提案されていたアプローチに加え，上記割合を他の方法により算定し，「セール・アンド・リースバックに係るリース料」をリース期間にわたり均等なリース料と仮定するアプローチ（設例6－4参照）も例示されている。

　また，本改訂では，リースバックに伴うリース負債に事後測定に係るIFRS第16号の要求事項を適用するにあたり，売手（借手）は，自らに残存する使用権に係る利得・損失を認識してはならないことも明確化された（IFRS16 102A）。なお，毎期実際に支払われた（変動）リース料と，リース開始時に決定された「セール・アンド・リースバックに係るリース料」に基づくリース負債の減少額との差額は毎期発生時に純損益に認識される。

　以下，設例6－3及び設例6－4では，リースバックのリース料が変動リース料（指数またはレートに応じて決まるもの以外）のみで構成されているセール・アンド・リースバック取引に対して，IFRS第16号の改訂「セール・アンド・リースバック取引におけるリース負債」（2024年1月1日発効）で例示さ

206

れている２つのアプローチを適用した際の会計処理についてそれぞれ解説する。

> **設例６−３** 「セール・アンド・リースバックに係るリース料」を予想リース料に基づいて決定するアプローチ

前提条件

- 企業Aは，オフィスビル（帳簿価額500,000）を，企業Bにその時点の公正価値である900,000で譲渡し，６年間リースバックする契約を締結する。
- オフィスビルの譲渡は，IFRS第15号の売却処理の要件を満たしている。
- リース料は指数またはレートに連動しない変動リース料（年末１回払い）のみで構成されている。
- 企業Aの追加借入利子率は年率４％であり，借手は，リースバックにおける貸手の計算利子率を容易に知ることができない。

計算

企業Aは，リースバック期間の変動リース料について，以下のように合理的に見積もることができると評価している。

	セール・アンド・リースバックに 係るリース料＝予想リース料	追加借入利子率に より割引	リース料の 現在価値
1期	48,000	$1/1.04^1$	46,200
2期	50,000	$1/1.04^2$	46,200
3期	51,000	$1/1.04^3$	45,300
4期	52,000	$1/1.04^4$	44,400
5期	54,000	$1/1.04^5$	44,400
6期	55,000	$1/1.04^6$	43,500
	合計（リース開始時のリース負債）		270,000

企業Aは，追加借入利子率で割り引いた「セール・アンド・リースバックに係るリース料」の現在価値，すなわちリースバック開始日のリース負債について，上記のとおり270,000と算定する。

また，企業Bに譲渡するオフィスビルの帳簿価額のうち，企業Aに使用権と

して残存する部分の割合について、予想されるリース料に基づく「セール・アンド・リースバックに係るリース料」の現在価値270,000を当該オフィスビルの公正価値900,000と比較することにより、270,000÷900,000×100＝30％と算出した。そのうえで、企業Aは、リースバックの開始日における使用権資産の当初帳簿価額を、150,000（30％×500,000（当該オフィスビルの従前の帳簿価額））と算定する。

なお、売却に係る利得は、貸借差額で算出するか、またはリースバックがなければ生じたであろう利得合計（売却収入900,000から当該オフィスビルの帳簿価額500,000を差し引いた金額）に譲渡される権利の割合（1－30％＝70％）を乗ずることで算出できる。

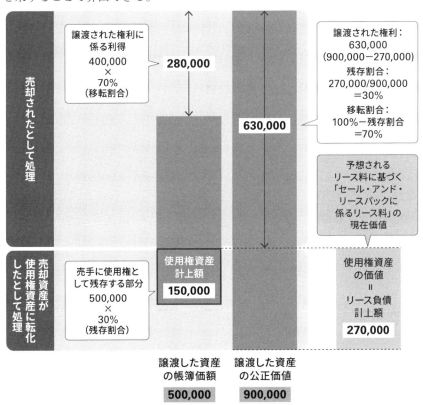

以上より、企業Aのリースバック開始日の仕訳は以下のとおりである。

借方		貸方	
現金及び預金	900,000	建物	500,000
使用権資産	150,000	リース負債	270,000
		固定資産売却益	280,000

その後，企業Aが支払う実際のリース料と，リースバック開始時点で決定した「セール・アンド・リースバックに係るリース料」との間に発生した差額については，以下のように毎期純損益で認識されることとなる。

	実際のリース料	リース開始時点で決定した「セール・アンド・リースバックに係るリース料」	純損益で認識される差額借方／（貸方）
1期	46,000	48,000	(2,000)
2期	47,000	50,000	(3,000)
3期	52,500	51,000	1,500
4期	54,000	52,000	2,000
5期	52,000	54,000	(2,000)
6期	50,000	55,000	(5,000)

設例6-4 「セール・アンド・リースバックに係るリース料」をリース期間にわたり均等なリース料として決定するアプローチ

前提条件

設例6-3と同様の仮定とする。ただし，企業Aは，予想されるリース料の合理的な見積りは不可能であり，設例6-3の方法により自らに残存している使用権部分の割合を算定することはできないと判断している。その代わり，企業Aは，リースバックの対象となるフロア数と契約締結前に所有していたフロア数を比較して(※)，当該割合を33％と算出した。

(※)　こうした算定方法は一例である。事実及び状況に応じて，例えば，リースバック期間と原資産の合計使用期間を比較するといった別の方法が適切なケースも考えられる。

計算

企業Aは，上記の割合を用いて，リースバックの開始日における使用権資産

の当初帳簿価額を165,000（33％×500,000（当該オフィスビルの従前の帳簿価額）），セール・アンド・リースバックに係るリース負債を297,000（33％×900,000（当該オフィスビルの公正価値））と算定する。

　なお，売却に係る利得は貸借差額で算出するか，またはリースバックがなければ生じたであろう利得合計（売却収入900,000から当該オフィスビルの帳簿価額500,000を差し引いた金額）に譲渡される権利の割合（1－33％＝67％）を乗ずることで算出できる。

　以上より，企業Aのリースバック開始日の仕訳は以下のとおりである。

借方		貸方	
現金及び預金	900,000	建物	500,000
使用権資産	165,000	リース負債	297,000
		固定資産売却益	268,000

　また，企業Aは，下記の表のように，「セール・アンド・リースバックに係るリース料」をリース期間にわたり全期間同額となり，かつ，追加借入利子率の年率4％を用いて割り引いた現在価値がリース負債の当初帳簿価額297,000と一致する金額として決定する。このような条件を満たす a は，56,656と逆算される。

	セール・アンド・リースバックに係るリース料（毎期同額）	追加借入利子率により割引	リース料の現在価値
1期	a	$1/1.04^1$	$a \times 1/1.04^1$
2期	a	$1/1.04^2$	$a \times 1/1.04^2$
3期	a	$1/1.04^3$	$a \times 1/1.04^3$
4期	a	$1/1.04^4$	$a \times 1/1.04^4$
5期	a	$1/1.04^5$	$a \times 1/1.04^5$
6期	a	$1/1.04^6$	$a \times 1/1.04^6$
	合計（リース開始時のリース負債）		297,000

　その後，企業Aが支払う実際のリース料と，リースバック開始時点で決定した「セール・アンド・リースバックに係るリース料」との間に発生した差額については設例6－3と同様，発生時に純損益に認識される。

210

　資産の譲渡がIFRS第15号の要求事項を満たさず，会計上売却として処理されない場合は，売手（借手）は譲渡した資産を引き続き認識し，譲渡収入と同額の金融負債を認識し，その後はIFRS第9号「金融商品」に従い会計処理を行う。同様に，買手（貸手）は譲渡された資産を認識せず，譲渡対価と同額の金融資産を認識し，その後，当該金融資産をIFRS第9号に従い会計処理する（設例6－5参照）。

　なお，売手（借手）は金融負債を当初認識するにあたり，分離される組込デリバティブがないと仮定した場合，以下を考慮して将来の現金支払額を見積もる必要があると考えられる。

- リースバックの予想期間にわたる予想リース料（資産に関連するコストの貸手への補償を表す部分（例：メンテナンス）を除く）。
- 負債を決済するための最終的なキャッシュ・フローに関連する予想。最終的なキャッシュ・フローは，資産を買い戻すことが予想される場合はオプションの行使価格，貸手に資産を引き渡すことが予想される場合はリースバック期間の終了時における原資産の公正価値となる可能性がある。

設例6－5　IFRS第15号の売却要件を満たさない場合の会計処理

前提条件

- 企業Aは，企業Bに船舶を1,250で譲渡し，5年間リースバックする契約を締結した。
- 当該契約には実質的な買戻しオプション（下記）が含まれていることから，IFRS第15号の売却処理の要件を満たしていない。
- 年間リース料は220で年度末払いである。
- 企業Aには契約終了時に固定価格（670）で当該船舶を買い戻すオプションが付与されており，企業Aは当該オプションを行使する意向である。

計算

　当該契約の開始時に，企業Aは，受領した現金収入1,250について同額の金融負債を認識し，企業Bは，支払った現金支出1,250について同額の金融資産を認識する。

　企業Aは，当該金融負債の当初認識時に，将来キャッシュ・フローを以下の

とおり見積もっている。

- 年間キャッシュ・アウトフローは220
- 契約期間終了時に発生するキャッシュ・アウトフローは670

これらの見積将来キャッシュ・フローに基づき，企業Aは実効金利を10％と算出し，当該契約期間中の金利費用を以下のように認識する。

日付	年間リース料	金利	負債の帳簿価額
当初	－	－	1,250
1期	220	125	1,155
2期	220	116	1,051
3期	220	105	936
4期	220	93	809
5期	220	81	670
合計	1,100	520	

契約期間の終了時に，企業Aは予定どおり買戻しオプションを行使し，行使価格670を支払うと上記の金融負債は決済される。

日本基準との比較

日本基準上，セール・アンド・リースバック取引が売却取引とリースバック取引の組合せとして会計処理される場合，売手（借手）の会計処理は，以下のとおり，リースバック取引がファイナンス・リース取引かオペレーティング・リース取引かで処理が異なる（リース適用指針第48項）。

種　類	会計処理
ファイナンス・リース取引	リース対象物件の売却に伴う損益を長期前払費用または長期前受収益等として繰延処理し，リース資産の減価償却費の割合に応じ減価償却費に加減して損益に計上する。ただし，当該物件の売却損失が，当該物件の合理的な見積市場価額が帳簿価額を下回ることにより生じたものであることが明らかな場合は，売却損を繰延処理せずに売却時の損失として計上する（リース適用指針第49項）。
オペレーティング・リース取引	売却損益は即時純損益に計上する。

すなわち，日本基準上は，リスクと経済価値のほとんどすべてを借手が保持している場合（ファイナンス・リースバック）には，すべての売却損益を繰り延べる処理を行い，リスクと経済価値のほとんどすべてを借手が保持しているとはいえない場合（オペレーティング・リースバック）にはすべての売却損益が認識される。これに対してIFRS第16号では，資産の譲渡が売却処理の要件を満たす場合，売却損益のうち買手である貸手に移転された権利に係る利得または損失の金額のみが認識され，リースバックによって生じる使用権資産に対応する部分は，リース期間にわたって使用権資産の減価償却費の減額を通じて認識される（ただし，リースバックが貸手（買手）にとってファイナンス・リース取引である場合，売却処理の要件が満たされるのは稀な状況である）。

また，IFRS第16号で，売却はリース対象資産の公正価値で行われたかのように会計処理が行われ，リース対象資産の公正価値と実際売却価額の差（及び契約上のリース料と市場リース料との差）はオフマーケット調整として別途の会計処理が要求される。日本基準では売却の会計処理，及びその後のリースの会計処理は実際取引価額に基づき行われ，売却価額がオフマーケットであった場合にどのような処理を行うかの明示的な規定はない。

なお，日本基準上，特別目的会社を活用した，または関係会社間で行われる不動産のセール・アンド・リースバック取引については，譲渡価額の適正性や客観性が売却処理の前提として要求されており，これらを満たさない限り売却処理はできないこととされている。しかし，当該適正または客観的とされる譲渡契約価額とIFRS第13号「公正価値測定」で要求される公正価値が異なるケースもありうると考えられる。

2 サブリース

1 サブリースの概要

サブリースとは、リース対象資産の使用権が当初の借手（中間的な貸手）から第三者に与えられ、当初の貸手と借手との間のリース（ヘッドリース）も依然として有効である取引をいう。すなわち、ヘッドリースの借手は、同時にサブリースの貸手として、2つの取引を行うことになる。

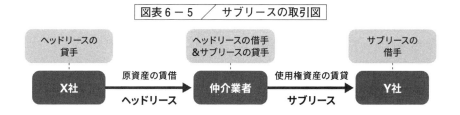

図表6-5 ／ サブリースの取引図

サブリースの貸手は、ヘッドリースとサブリースをまとめて1つの取引として処理するのではなく、それぞれを別個に、IFRS第16号の規定に従い会計処理する。これは、ヘッドリースの貸手とサブリースの借手は異なる会社であり、それぞれの契約は通常別々に交渉、締結されることから、両者を分けて会計処理することが適切であると考えられることによる。サブリースの貸手が計上するヘッドリースから生じる債務は、通常、サブリースの契約条件によって消滅するものではない（IFRS16. BC232）。

> **Point & 分析**　実務では、サブリースの貸手が実質的にはヘッドリースの貸手の代理人またはサブリースの借手の代理人として行動している場合がある。どのような場合に会計上も代理人に該当するかに関しては、関連するIFRS第15号のガイダンスを類推適用し、中間的なサブリースの貸手が、サブリースの借手に原資産の使用を支配する権利が移転する前に当該使用権をヘッドリース

を通じて獲得しているか否かを評価することで判断を行うことが可能と思われる。また，IFRS第15号の本人・代理人の規定は，収益を総額と純額のいずれで認識すべきかを扱うものであり，リース負債と未収金の認識の中止については別途検討が必要である。

IFRSの会計処理上，サブリースの貸手がヘッドリースの貸手の代理人と判断された場合には，ヘッドリースとサブリースの両者を一体として，ヘッドリースの貸手からサブリースの借手へのリースとして会計処理するケースもある。

2 ▎ サブリースの貸手によるサブリースの分類

サブリースの貸手は，ヘッドリースにおけるリース対象資産を所有しているわけでなく，また財政状態計算書上に資産として認識しているわけでもない。サブリースの貸手が資産として認識しているのは，ヘッドリースから生じた使用権資産であり，サブリースの貸手にとってのサブリース対象資産は当該使用権資産である。したがって，サブリースの貸手がサブリースを分類する際には，当該使用権資産のリスクと経済価値のほとんどすべてが移転するかどうかという観点から，ファイナンス・リースであるかオペレーティング・リースであるかの分類を行う。

サブリースがファイナンス・リースに分類される場合，ヘッドリースで認識していた使用権資産の認識は中止され，代わりに正味リース投資未回収額が未収金として認識されるが，このことは，サブリースの貸手が有していた使用権資産に関連するリスクの大部分が，サブリースの借手に対する信用リスクに変換されたことを意味している。なお，ヘッドリースが短期リースの免除規定の対象となる場合には，サブリースはオペレーティング・リースに分類される（IFRS16.B58，BC233(a)(b)）。

設例6-6 ▎ サブリースの貸手によるサブリースの分類

ある事業会社が本社ビルとして不動産を10年間解約不能のリースで借りたものの，3年後に経営計画が変更された結果，残り7年間の残存リース期間がある状態で本社が移転したため，当該物件について他社に解約不能の契約で6年間転貸したとする。

第6章　セール・アンド・リースバック取引及びサブリース　215

　ヘッドリースの残りのリース期間7年に対し，6年間のサブリースが締結されたため，ビルの使用権資産に関するリスクと経済価値のほとんどすべてがサブリースの貸手から借手に移転したと判断される場合，これはファイナンス・リースとなる。財政状態計算書上で認識されていた使用権資産の認識は中止され，代わりに転貸先（サブリースの借手）に対する金融資産（未収金）が認識されることとなる。

> **Point & 分析**
>
> 　IFRS第16号において，サブリースの分類は，リース対象資産そのものについてではなく，使用権資産についてのリスクと経済価値のほとんどすべてが移転したかどうかという観点から判定される。
>
> 　この考え方は，原則としてすべてのリースの借手が使用権資産を計上することに起因するものである（ヘッドリースが短期リースに該当し，短期リースの免除規定に基づき使用権資産を認識していない場合は，サブリースもオペレーティング・リースと判定される）。このことにより，サブリースがファイナンス・リースと判定されるケースが実務上多くなることが想定される。
>
> 　サブリースがファイナンス・リースと判定される場合には，使用権資産の認識を中止し，代わりにサブリースの借手に対する金融資産を認識することになる。この場合，当該貸手はすでにリース対象物件の使用権に対する支配を失っており，また，その使用権の利用によって得られる便益を享受することはできない。使用権資産をサブリースの借手に対するリース料の請求権に変換する当該会計処理は，そのような取引の経済的実態を反映していると考えられる。

日本基準との比較

　日本基準上も，ヘッドリースとサブリースは原則としてそれぞれ別個に会計処理される。ただし，日本基準上，リースの分類は，IFRSとは異なり，リース対象資産そのもののリスクと経済価値のほとんどすべてが移転したかどうかにより行われ，これはサブリースも例外ではない。

　また，日本基準においては，ヘッドリースとサブリースの条件がおおむね同一の場合で，借手としてのリース取引，及び貸手としてのリース取引の双方がファイナンス・リース取引に該当する場合，貸借対照表上はリース債権（またはリース投資資産）とリース債務の双方を計上することとなるが，支払利息，売上高，売上原価等は計上せずに，貸手として受け取るリース料と借手として支払うリース料の差額

を手数料収入として各期に配分し，転リース差益等の名称で損益計算書に計上する。この場合，リース債権（またはリース投資資産）とリース債務は利息相当額控除後の金額で計上することを原則とするが，利息相当額控除前の金額で計上することができる（リース適用指針第47項）。これに対して，IFRSにおいてはヘッドリースとサブリースの影響額を純損益計算書上で純額処理することは原則として認められていない（IFRS16. BC236）。

3 | サブリースの貸手としての会計処理

(1) 原則的な取扱い

サブリースがファイナンス・リースに該当する場合，サブリースの貸手はファイナンス・リースの貸手の処理を行い，サブリースにおけるリース対象資産（すなわち使用権資産）の認識を中止しなければならない。

ここで，第3章「貸手の会計処理」において説明したとおり，ファイナンス・リースの貸手としての原則的な処理を行うためには，リースの計算利子率を算出したうえで，当該処理に必要な割引計算を行うことが求められる。しかし，そのためにはサブリースの開始日において転貸に供した資産（例えば設例6－6では，リース期間が3年経過した残り7年の使用権資産）の公正価値や，サブリース終了時に転貸先から返却される使用権資産（設例6－6では，サブリース開始から6年後における残り1年の使用権資産）の（無保証）残存価値を見積もることが必要となるが，これは実務的に困難であることが想定される。

IFRS第16号はこの点に配慮し，サブリースの貸手が，サブリースにおけるリースの計算利子率を容易に決定できない場合においては，ヘッドリースにおける割引率と同じ割引率を用いてサブリースの会計処理を行うことを認めている（IFRS16.68）。

> **Point & 分析**　ファイナンス・リースであるサブリースを開始することによって計上される取組利益（使用権資産の認識を中止して代わりに未収金を認識する際に計上される売却損益）は，本来は使用権資産の帳簿価額とその公正価値の差額となるべきである。しかし，サブリースにおいてヘッドリースと同じリースの計算利子率を用いる場合には，使用権資産の認識を中止し未収

> 金を認識する際に，当該割引計算に起因して本来とは異なる損益が発生することとなる。

サブリースがオペレーティング・リースと判定された場合には，サブリースの貸手の財政状態計算書上，ヘッドリースで賃借した使用権資産が認識され続けることになる。ここで，転貸される資産がIAS第40号の投資不動産の定義を満たす場合には，ヘッドリースで賃借され認識された使用権資産はIAS第40号上の投資不動産として処理する必要がある（IAS40.5, 8）。この場合の処理については下記(2)で扱う。なお，使用権資産が投資不動産の定義を満たさず，自社使用資産の定義に該当する場合にはIFRS第16号が適用される（IAS40.5, 7）こととなり，当法人の見解では，サブリースの獲得の際に中間の貸手に発生する当初直接コストは，ヘッドリースで生じる使用権資産の帳簿価額に加算されるべきである。

(2) 使用権資産が投資不動産に該当する場合の取扱い

借手が認識する使用権資産が投資不動産の定義に該当する場合（サブリースによる賃貸を目的としてヘッドリースの借手となっているような場合等）でも，当該使用権資産の当初認識・測定はIFRS第16号に基づいて行われる（IAS40.5, 19A, 29A）。

当初認識後は，IAS第40号に基づいて投資不動産の事後測定で採用されている会計方針（原価モデルまたは公正価値モデル）が投資不動産である使用権資産にも同様に適用される（IAS40.30, 32A）。IAS第40号において，投資不動産である使用権資産の事後測定については図表6－6のとおり規定されている。

図表 6 - 6	使用権資産が投資不動産に該当する場合の事後測定
会計方針	**IAS第40号が要求する事後測定**
原価モデル	● IFRS第5号の「売却目的で保有する非流動資産」に該当する場合を除き，IFRS第16号の原価モデルで測定する（IAS40.56，IFRS16.30）。 ● IFRS第5号の「売却目的で保有する非流動資産」に該当する場合には，以下のいずれかより低い価額で測定する（IFRS5.15）。 ・帳簿価額 ・売却コスト控除後の公正価値
公正価値モデル	● 公正価値により測定し，その変動損益は純損益に含めて認識する（IAS40.33，35，40A）。 ● ただし，公正価値を継続的に信頼性をもって測定できないと判断した場合には，IFRS第16号の原価モデルにより測定を行う（IAS40.53，IFRS16.30）。

なお，投資不動産の測定に原価モデルを採用している場合には，他の投資不動産と同様，使用権資産の公正価値を開示する必要がある（IAS40.79(e)）。開示については第7章で解説する。

IFRS第16号では，借手はシングルモデルで原則としてすべてのリースに使用権資産を認識するのに対し，貸手の会計処理については，IAS第17号のファイナンス・リースとオペレーティング・リースの考え方が残ることとなった。これは，リース取引の収益認識取引としての側面を考慮して借手会計との整合性が優先課題とされなかったこと，及び現行の貸手の会計処理に実務上の重大な問題点が特段識別されていなかったためである。このように基準上，借手と貸手で異なるモデルを採用していることに起因して，サブリースの貸手が賃借物件を転貸することにより，以下のような問題が生じる可能性がある。

4 サブリースにかかる会計上の論点

(1) サブリースがオペレーティング・リースに該当する場合

サブリースがオペレーティング・リースに該当する場合には，ヘッドリースとサブリースとで損益のミスマッチが発生する可能性が高いと考えられる。す

なわち，サブリースから生じる受取リース料は，転貸（サブリース）のリース期間にわたり原則として毎期定額で収益が認識されるのに対し，ヘッドリースでリース負債から生じる支払利息と減価償却費を合わせた費用の合計は，支払利息の金額がリース負債残高に比例する関係で，リース開始当初に大きく認識され，次第に逓減することになる。したがって，サブリースされている期間を通して見た場合，当初はマージン（転貸ザヤ）が圧縮され，期間の経過とともに大きくなる。

> **Point & 分析**
> IFRS第16号では借手と貸手の会計モデルに整合性が図られなかった結果，契約上はサブリース期間にわたり一定の転貸ザヤを確保している場合でも，純損益計算書では安定的な収益の稼得として表示されないケースが存在すると考えられる。転貸取引がもたらす経営成績への影響の重要性によっては，何らかの補足的な開示を検討する必要があるかもしれない。

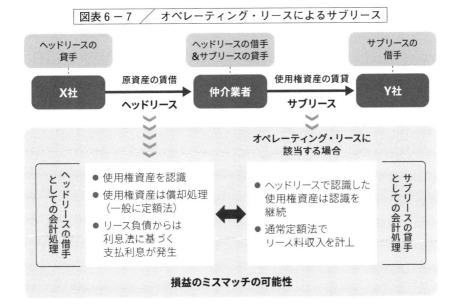

図表6-7　オペレーティング・リースによるサブリース

設例6-7　サブリースがオペレーティング・リースに該当する場合

前提条件

設例6-6の前提条件を以下のように変更する。

- ヘッドリースの当初リース期間は10年で，サブリース契約締結時点における残りのリース期間は7年，リース料は100,000（毎期末日払い）である。
- サブリースのリース期間は4年でリース料は110,000（毎期末日払い）である。
- ヘッドリースの計算利子率は年率5％であり，サブリースの計算利子率はヘッドリースと同じ利子率を使用する。
- ヘッドリースの借手として使用権資産を当初認識した際の当初測定額はリース負債と同額（すなわち，前払リース料や当初直接コスト，原状回復コスト等による調整が入らなかったものと仮定）であり，使用権資産の減価償却はリース期間にわたり定額法で行う。

[計算]

【ヘッドリースの借手としての当初認識と事後測定】

　使用権資産の当初認識額はリース負債と同額であり，リース負債はヘッドリースのリース料をリースの計算利子率5％で割り引いた現在価値で測定される。

リース料の現在価値部分：
$(100,000 \div 1.05) + (100,000 \div 1.05^2) + \cdot \cdot \cdot + (100,000 \div 1.05^{10}) = 772,173$

　ヘッドリースの借手としての会計処理は，以下の計算に基づく。

	リース負債 期首残高 (a)	利息費用 (b)=(a)×5％	リース負債の返済 (c)=100,000−(b)	リース負債 期末残高 (d)=(a)−(c)
1期	772,173	38,609	61,391	710,782
2期	710,782	35,539	64,461	646,321
3期	646,321	32,316	67,684	578,637
4期	578,637	28,932	71,068	507,569
5期	507,569	25,378	74,622	432,947
・	・	・	・	・
・	・	・	・	・
10期	95,238	4,762	95,238	0

使用権資産は，ヘッドリースのリース期間にわたり毎期定額法で減価償却される。各期の減価償却費は772,173÷10年＝77,217。

【サブリースの貸手としての当初認識と事後測定】

サブリース締結時点におけるヘッドリースの残りのリース期間は7年であり，サブリースの期間は4年であることから，ビルの使用権資産に関するリスクと経済価値のほとんどすべては貸手から移転していないと判断された。その結果，当該サブリースはオペレーティング・リースと判定された。したがって，使用権資産は財政状態計算書上に認識され続け，サブリースの貸手は，サブリース期間においても減価償却費を計上する。サブリースの貸手として受け取る毎期110,000のリース料は定額法により収益認識する。

サブリース開始後の各期のヘッドリースの費用とサブリースの収益は，以下のとおりである。

	ヘッドリースの借手としての費用			サブリースの貸手としての収益	両者の差異（純額利益）
	使用権資産減価償却費	リース負債の利息費用	費用合計	サブリースのリース料	
4期	77,217	28,932	106,149	110,000	3,851
5期	77,217	25,378	102,595	110,000	7,405
6期	77,217	21,647	98,864	110,000	11,136
7期	77,217	17,730	94,947	110,000	15,053

上記のとおり，サブリースがオペレーティング・リースに該当する場合，実効金利法で計算されるヘッドリースのリース負債に生じる利息費用が契約期間の当初に大きく認識され期間の経過とともに逓減していくため，ヘッドリースの費用合計（使用権資産の減価償却費とリース負債の利息費用の合計）は当初大きく認識され期間の経過とともに逓減することとなる。他方で，サブリースの貸手として認識される受取リース料は毎期定額の110,000で認識される。結果として，このようなヘッドリースとサブリースの損益の認識方法の違いにより，サブリース期間にわたって，損益のミスマッチが生じてしまう。

(2) サブリースがファイナンス・リースに該当する場合

　サブリースがファイナンス・リースに該当する場合，使用権資産の認識は中止され，実効金利法により事後測定されるヘッドリースのリース負債と，同じく実効金利法により事後測定されるサブリースの未収金が財政状態計算書に認識される結果，ヘッドリースとサブリースのリース期間が近似する場合には，サブリースがオペレーティング・リースのときに懸念されるような重要な損益のミスマッチは発生しないと考えられる。

　しかし，ヘッドリース，サブリースともに実効金利法により会計処理することに起因する手間の問題や，以下の(3)に記載する会計単位の問題に注意する必要がある。

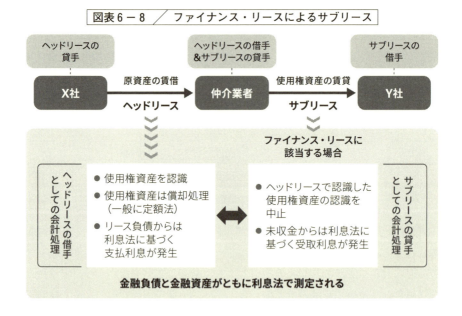

設例6-8　サブリースがファイナンス・リースに該当する場合

前提条件

　設例6-7の前提条件を以下のように変更する。
- サブリースのリース期間は6年（毎期のリース料は設例6-7と同じ

第6章　セール・アンド・リースバック取引及びサブリース　223

100,000（毎期末日払）である）。

- サブリースの貸手としてのリース終了時点における使用権資産の（無保証）残存価値は，80,000と見積もられた。

（計算）

【ヘッドリースの借手としての当初認識と事後測定】

　ヘッドリースはサブリースとは別に会計処理を行うため，設例6－7と同様となる。

【サブリースの貸手としての当初認識と事後測定】

　設例6－6の分析により，ヘッドリースの残りのリース期間7年に対し，6年間のサブリースが締結されたため，当該サブリースはファイナンス・リースと判定されている。サブリースの貸手は，ヘッドリースの借手として認識していた使用権資産を4期目の期首にオフバランスし，代わりにサブリースの借手に対する未収金を認識する。認識される未収金額は，6年間のサブリースのリース料とサブリース終了時点（9期末）における使用権資産の（無保証）残存価値をサブリースの計算利子率で割り引いた現在価値となる。当設例では，サブリースの計算利子率をヘッドリースの計算利子率と同じとしているので5%を用いる。

　リース料の現在価値（リース債権）部分：
　$(110,000 \div 1.05) + (110,000 \div 1.05^2) + \cdots + (110,000 \div 1.05^6) = 558,326$
　使用権資産の（無保証）残存価値部分の現在価値：$(80,000 \div 1.05^6) = 59,697$

　したがって，計上される未収金は，$558,326 + 59,697 = 618,023$である。サブリースの貸手としての会計処理は，以下の計算に基づく。

	未収金 期首残高(a)	利息費用 (b)=(a)×5%	リース債権の回収 (c)=110,000－(b)	未収金期末残高 (d)=(a)－(c)
4期	618,023	30,901	79,099	538,924
5期	538,924	26,946	83,054	455,870
・	・	・	・	・
・	・	・	・	・

| 9期 | 180,952 | 9,048 | 100,952 | 80,000 |

使用権資産が未収金に振り替わる4期目の期首における仕訳は以下のとおりである。

	借方		貸方	
4期	未収金	618,023	使用権資産(※) 取組利益	540,522 77,501

(※)　使用権資産の帳簿価額：当初認識額772,173－3年間の減価償却累計額231,651（77,217×3年間）＝540,522

サブリース開始後における各期のヘッドリースの費用とサブリースの収益は，以下のとおりである。

	ヘッドリースからの 利息費用	サブリースからの 利息収益	両者の差異 （純額利益）
4期	28,932	30,901	1,969
5期	25,378	26,946	1,568
6期	21,647	22,794	1,147
7期	17,730	18,433	703
8期	13,616	13,855	239
9期	9,297	9,048	△249

上記のとおり，サブリースがファイナンス・リースに該当する場合は，ヘッドリースで認識される支払利息とサブリースで認識される受取利息がともに実効金利法で計算されることになるため，各期の純損益の認識額はともに契約期間の当初に大きく計上され期間の経過とともに逓減することとなる。ヘッドリースとサブリースでは実効金利法を適用する期間や割引率が通常異なるため（本ケースでは割引率は同じに設定），利息収益と利息費用の発生パターンにはずれがあり，転貸差益として認識される金額は期によって変動するものの，サブリースがオペレーティング・リースに該当する場合と比較して，ヘッドリースとサブリースの会計処理の違いに起因する損益のミスマッチは限定的である。

(3) サブリースのリース分類における会計単位

　サブリースの会計処理を行うにあたり，会計単位をどのように決定すべきか判断が難しいケースがある。

　リースの貸手は，リース対象資産にかかるリスクと経済価値の移転に基づきリースの分類を行うため，不動産のリースの場合，ファイナンス・リースに分類される可能性がある取引は相対的に少ないものと考えられる（例えば，ビルの耐用年数と同等と考えられるほど長期のリース契約を締結することは相対的に少ないと考えられる。また，土地の賃貸は通常，オペレーティング・リースに分類される）。他方で，サブリースの貸手の場合は，使用権資産にかかるリスクと経済価値の移転に基づきリースの分類を行うため，対象資産が不動産の場合であってもヘッドリースのリース期間とサブリースのリース期間が近似しているようなケースにおいては，不動産のサブリースがファイナンス・リースに分類されるケースが増えると想定される。

　借りた資産をそのまますべて転貸する（1棟のビルを賃借し，それをそのまま賃貸する）場合は，ファイナンス・リースとしての会計処理が煩雑である点を除けば重要な問題は認識されないと考えられる。しかし，借りた資産の一部だけを転貸するような場合には，会計単位をどのように設定するかにより使用権資産のリスクと経済価値のほとんどすべてが移転したかどうかの結論が変わる可能性がある。すなわち，以下の会計単位の例で見るように，サブリースを分類するにあたっての会計単位がビル単位か，フロア単位か，部屋単位か，またはさらに細かいフロアの中の構成要素（会議室等）単位かが問題となる。

■会計単位の例

① 20階建てのビル1棟を10年間賃借し，そのうち19フロアについて，ビルの賃借開始と同時に10年間転貸した。この場合，会計単位はフロアごとなのか，ビル全体なのかが問題となる。

【会計単位がフロアごとである場合】

➡転貸されるフロアごとに，その部分についてファイナンス・リースの契約があったと判断する結果（当該フロアについて10年賃借し，10年賃貸するため），その部分について使用権資産から未収金への振替が必要となる。すなわち，20フロアを対象とするヘッドリースは実質的に各フロアを

対象とするリースに分割されることになり，ヘッドリースにおけるリース料を各フロアに割り振ったうえで転貸された部分の使用権資産についてファイナンス・リースの処理に伴う認識の中止を行うことが必要となる。

【会計単位がビル全体である場合】

➡20階建てのビルのうち，ほとんどすべてのフロアを転貸した場合にはファイナンス・リースとして使用権資産から未収金への振替が行われるものの，転貸が1つの取引ではなく，細かい複数のリース契約の積上げで結果的にほとんどすべてのフロアが転貸されてしまった場合にどのような会計処理になるのかは明らかではない。

② 20戸から構成される投資用マンション1棟を10年間の契約で賃借した。転貸による入居者の募集を開始したところ，徐々に短期の入居契約が成立し，8年経過した時点で，投資用マンションの賃借契約の残り2年のほぼ全期間を通じて全戸が賃貸された状況となり，借りたマンションの使用権にかかるリスクと経済価値はほとんどサブリースの貸手に残っていない。このような場合，会計単位が投資用マンションの各戸単位であるのか，投資用マンション全体なのかが問題となる。

【会計単位が投資用マンションの各戸である場合】

➡投資用マンションの各戸が転貸される都度，その部分についてリースの分類を判断することになる。投資用マンションのサブリース期間は通常，短期間であるため，ヘッドリースの賃借期間の初期では転貸契約はオペレーティング・リースに分類されやすく，賃借期間の残期間が短くなるにつれ転貸契約はファイナンス・リースに分類されやすくなる。

【会計単位が投資用マンション全体である場合】

➡投資用マンション全体で判断して，20戸のうちほとんどすべてが転貸され，かつ，ヘッドリースの残りの賃借期間のうちの大部分が転貸される時点において，使用権資産から未収金に振り替えるべきと考えられる。

③ あるビルのある1フロアを5年間賃借し，そのフロアに設けられた会議室スペースを5年間転貸した。転貸された会議室スペースは，借上げフロアの面積の40％相当である。このような場合，会計単位はフロアの中のスペースごとであるのか，フロア全体であるかが問題となる。

第6章　セール・アンド・リースバック取引及びサブリース　227

【会計単位が会議室スペースである場合】

➡転貸契約を締結した時点で使用権資産の40%部分を未収金に振り替える処理を行うことになると考えられる。

【会計単位がフロア全体である場合】

➡40%部分の転貸は、使用権資産のリスクと経済価値のほとんどすべてを移転していないと判断されるため、使用権資産（または投資不動産）の認識は中止されないと考えられる。

| Point & 分析 | 会計単位をどのレベルに設定するかにより、リースの分類及び当該リース分類に基づくその後の会計処理が変わることになる。なお、IAS第40号には二重目的の不動産についての規定がある。すなわち、ある不動産の一部分のみが投資不動産の定義を満たしている場合、投資不動産とそれ以外は以下のとおりに区分するとされている（IAS40.10）。 |

(1) 投資不動産の定義を満たす部分が、その部分だけで売却またはファイナンス・リースできる場合には、当該部分は投資不動産として会計処理する。

(2) 投資不動産の定義を満たす部分をその部分だけで売却またはファイナンス・リースできない場合には、投資不動産に該当しない部分が重要でない場合に限り、全体を投資不動産として会計処理する。

上記の投資不動産に関する考え方をリースの分類に類推適用すると、上の例におけるフロアや投資用マンション、またはフロアの中の一部のスペース（会議室等）がその部分だけで売却等ができるかどうか、及び全体に占める転貸部分の割合の判断に基づき、会計単位を決めることも考えられる。

(4) 共同支配の取決めがリースの当事者となる場合

共同支配を有している複数の当事者が、IFRS第11号「共同支配の取決め」で定義される共同支配の取決め（共同支配企業もしくは共同支配事業）を形成し、その運営のために使用する資産をリースするケースも考えられる。その際、共同支配の取決めは、自身で契約を締結することもあれば（ただし、法人格を有している場合）、共同支配の取決めの当事者のうちの1以上の者が当該共同支配の取決めの代理人として契約を締結することもある。ここで、IFRS第16号の要求事項に従い、契約にリースが含まれているか否かを判断するにあたっては、共同支配の取決めの当事者それぞれではなく、共同支配の取決め自

身を契約の顧客として判断する（IFRS16.B11）。契約において，共同支配を構成する各当事者が集合的に，特定された資産の使用を使用期間全体にわたり支配する権利を，共同支配の取決めに対する共同支配を通じて有している場合には，リースが含まれている。

例えば，共同支配事業を構成するすべての当事者が，自身の名前により本人として，単一のリース契約に署名する場合（すなわち，共同支配事業者が集合体として契約した場合）は，共同支配事業自身がリース契約を締結する場合と会計上の帰結は同じであると考えられる。そのため，リース契約の顧客は，共同支配事業を構成する各当事者ではなく，共同支配事業自身となる（IFRS16.BC126）。

他方，共同支配事業者のうち特定の者がリース契約を締結し，それを共同支配事業にサブリースすることにより，当該リース対象資産が共同支配事業の運営のために使用される場合もある。以下の設例は，そのようなケースの会計処理について考察したものである。

設例6－9　共同支配事業の事業者のうちの1社がリース契約を締結し，共同支配事業にサブリースする場合

前提条件

企業A，B及びCは共同支配事業である法人Xを設立した。共同支配事業者である企業Aは，企業Yから掘削機を4年間リースする契約を締結し，当該掘削機を最初の2年間は法人Xでの使用に割り当て，残りの2年間は企業Aが営む別の事業で使用することとした。

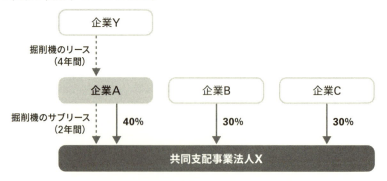

分析

　この設例では，企業Aは自身が当事者としてリース契約を締結しており，企業Yとの間のリースにおける借手となるため，4年間にわたる掘削機のリースに係る使用権資産とリース負債を認識する。

　上記に加えて，企業Aは自身を貸手，法人Xを借手とする掘削機のサブリースを行っているかどうかを検討する。なお，契約の顧客としての法人Xの立場（リースの借手であるか）を判断するにあたっては，法人Xに対する企業Aの持分を含めて分析する必要がある。

　サブリースが存在する場合，企業Aはサブリースの貸手の会計処理を適用する。ただし，企業Aが自身にサブリースする会計処理はできないことから，サブリースの貸手としての会計処理を行う対象は，法人Xに対する企業Bと企業Cの持分のみに限られる。また，企業Bと企業Cは，企業Aと法人Xとのサブリースにおけるそれぞれの持分について，サブリースの借手の会計処理を適用する。

　他方，法人Xが掘削機を使用する2年間において，掘削機に対する集合的な支配が存在しない等の理由によりサブリースが存在しないと判断された場合は，企業Aは受取者として，企業B及び企業Cは支払者として，掘削機に関連する支払いをその他のコストと同様に会計処理する。

第7章

表示・開示

本章のまとめ

IFRS第16号「リース」において，リースの借手の会計処理は，資金調達を伴う使用権資産の取得として一元化されており，財務諸表上の借手の表示も，この観点に基づくものとなっている。他方，リースの貸手の会計処理は，ファイナンス・リースとオペレーティング・リースに分類され，財務諸表上の表示も分類ごとに定められている。

開示については借手・貸手とも「開示の目的」が明示的に掲げられるとともに，特に定性的開示については，最低限開示すべき事項を一律に規定するのではなく，開示の目的に沿って必要と考えられる事項の開示を財務諸表作成者に求めるというアプローチが採用されている。

【IFRS第16号と日本基準の主な差異】

トピック	対応する節	IFRS第16号	日本基準
借手の表示	**1** 借手	使用権資産は財政状態計算書で区分掲記するか，区分掲記しない場合にはどの勘定科目に含まれているかを注記する。	ファイナンス・リース取引において計上するリース資産は，原則として有形固定資産，無形固定資産の別に一括してリース資産として表示するが，各科目に含めることも認められる。
貸手のファイナンス・リースにより生じる資産の表示	**2** 貸手	ファイナンス・リースにより生じる資産（正味リース投資未回収額)は，債権として表示する。	ファイナンス・リース取引により生じる資産について，所有権移転ファイナンス・リース取引の場合は「リース債権」で表示され，所有権移転外ファイナンス・リース取引の場合は「リース投資資産」で表示される。

開示	1 借手 2 貸手	「開示の目的」が明示的に掲げられるとともに，特に定性的開示については，開示の目的に沿って必要と考えられる事項の開示を，財務諸表作成者に求めるというアプローチが採用されている。また，定量的開示については，日本基準に比して多くの開示が要求されている。	ファイナンス・リース取引，オペレーティング・リース取引において，それぞれ開示が求められる項目が明確に定められている。

1 借　手

1 借手の表示

(1) 財政状態計算書における表示

　リースの借手は，使用権資産とリース負債を，財政状態計算書上で区分掲記するか，区分掲記しない場合には財政状態計算書上，どの勘定科目に使用権資産やリース負債が含まれているかを注記しなければならない。なお，使用権資産を財政状態計算書上で区分掲記しない場合には，リース対象原資産を自ら保有していた場合に表示するであろう勘定科目に含めて表示する（IFRS16.47）。

　投資不動産の定義に該当する使用権資産は，上記によらず，「投資不動産」として表示する（IFRS16.48）。

図表7－1／借手の表示：使用権資産（財政状態計算書）の表示

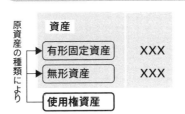

> **Point & 分析**　IFRS第16号は，使用権資産をIAS第16号「有形固定資産」やIAS第38号「無形資産」の適用対象としては位置付けておらず，異なる資産区分を設けた形となっている。そのため，使用権資産が有形固定資産なのか無形資産なのかは明らかにされていない。

　棚卸資産の一部として，通常の営業過程で売却を予定している使用権資産（例えば，買手に譲渡される集合住宅（マルチユニット）の建物の建設のために賃借される土地）を，財政状態計算書において区分掲記するか，または棚卸資産に含めて表示するかについてIFRS第16号の借手に関する表示のガイダンスには示されていない。当法人の見解では，企業が通常の営業過程で使用権資産を売却する場合，使用権資産を財政状態計算書において区分掲記するか，または使用権資産を棚卸資産に含めて表示するかについて，会計方針として選択し一貫して適用すべきと考える。なお，企業が使用権資産の区分掲記を選択するか，棚卸資産に含めて表示するかを問わず，使用権資産の償却費は棚卸資産に資産計上すべきと考える。

日本基準との比較

　日本基準では，ファイナンス・リース取引において計上するリース資産は，原則として有形固定資産，無形固定資産の別に一括してリース資産として表示するが，各科目に含めることも認められる（リース基準第16項）。

(2)　純損益計算書における表示

　リース負債の支払利息と使用権資産の減価償却費は，純損益計算書上，一括して表示してはならない（IFRS16.49）。

第7章　表示・開示　235

図表7－2／借手の表示（純損益計算書）

	使用権資産・リース負債を認識するリース	リース負債の測定に含まれない変動リース料	短期リース・少額資産リース
売上	XXX	XXX	XXX
売上原価・販売費	減価償却費	賃借料	賃借料
営業利益			
金融費用	支払利息	―	―
税引前純利益			

　2024年4月に，IFRS第18号「財務諸表における表示及び開示」が公表され，純損益計算書は営業区分，投資区分，財務区分の3区分で表示されることとなる。強制適用開始日は2027年1月1日以降に開始する事業年度とされている。IFRS第18号においてリース負債は資金調達のみを伴うものではない取引から生じる負債に分類されるため，リース負債の支払利息は財務区分に計上される。これは，業種を問わず適用される要求事項であることから，例えば主たる事業活動としてサブリースを行う企業（リース負債から生じる費用が原価を構成する企業）であってもサブリース収益は営業区分，リース負債の支払利息は財務区分に計上する必要がある。

⑶　キャッシュ・フロー計算書における表示

　キャッシュ・フロー計算書上は，リース負債の元本返済に係るキャッシュ・アウト・フローは「財務活動によるキャッシュ・フロー」として表示する。また，リース負債に課される支払利息に係るキャッシュ・アウト・フローは，IAS第7号「キャッシュ・フロー計算書」に基づく各社の会計方針に従い，借入金の利払いのケースと同様に表示する（IFRS16.50）。

　なお，IFRS第18号の適用後は，支払利息に係るキャッシュ・アウト・フローは，「財務活動によるキャッシュ・フロー」として表示し，主要な事業活動の一部として顧客にファイナンスを提供している企業等は営業活動，投資活動，財務活動のいずれか単一の区分に表示する（IFRS第18号改訂後IAS7.34A，

34B)。

　なお，リース負債の測定に含まれない支払い（短期リースや少額資産のリースなどの免除規定を適用した場合の支払い，リース料に含まれない変動リース料の支払いなど）は，「営業活動によるキャッシュ・フロー」に含める（IFRS16.50）。

　原資産が土地であるリース契約等で，リースの開始日に多額の前払金を支払い，年間のリース料の支払額が少額となっている場合がある。当法人の見解では，借手におけるこのような前払リース料は，使用権資産の取得に関連するものであるため，「投資活動によるキャッシュ・フロー」に分類すべきであると考える。

　また，当法人の見解では，借手における当初直接コスト（使用権資産の測定に含められる）の支払いについても，上記前払リース料と同様，使用権資産の取得に関連するものであるため，「投資活動によるキャッシュ・フロー」に分類すべきであると考える。

　なお，リースに関連する重要な会計論点としてセール・アンド・リースバック取引がある。資産の譲渡が売却処理の要件を満たすセール・アンド・リースバック取引において，原資産の売却時に受け取った対価の公正価値が，原資産の公正価値より高い場合，売手である借手は，売却収入を原資産の公正価値で認識し，受け取った対価の公正価値と原資産の公正価値の差額は，買手である貸手からの追加的な融資として会計処理する。したがって，キャッシュ・フロー計算書上の表示についても，追加的な融資として会計処理される部分と，売却収入として会計処理される部分を分けて取り扱う必要がある。この場合における，売手である借手のキャッシュ・フローの表示について，当法人の見解では，追加的な融資部分に関連するキャッシュ・フローを財務活動に分類すべきであると考える。また，売却収入（原資産の公正価値）に関連するキャッシュ・フローの分類については，当法人の見解では，以下のアプローチのいずれかを会計方針として選択し，一貫して適用すべきであると考える。

- **アプローチ1**：原資産の公正価値に関連するすべてのキャッシュ・フローを投資活動に分類する。
- **アプローチ2**：移転された権利（すなわち売却損益を認識した部分）に関連するキャッシュ・フローを投資活動に，保持した権利（すなわち売却損益を認識しなかった部分）に関連するキャッシュ・フローを財務活動に分類する。

資産の譲渡が売却処理の要件を満たさないセール・アンド・リースバック取引においては、売手である借手と、買手である貸手はともに、当該譲渡を金融取引として会計処理する（第6章■「セール・アンド・リースバック取引」参照）。そのため、当法人の見解では、売手である借手が受け取る対価は、「財務活動によるキャッシュ・フロー」に分類すべきであると考える。

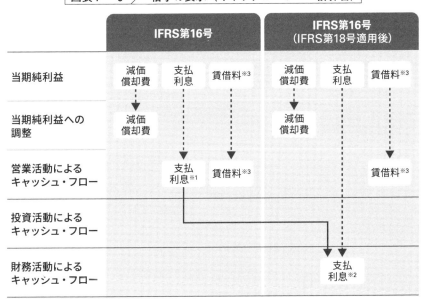

図表7-3　借手の表示（キャッシュ・フロー計算書）

※1　会社の会計方針により、異なるキャッシュ・フロー区分の場合もある。
※2　主要な事業活動の一部として顧客にファイナンスを提供している企業等は営業活動、投資活動、財務活動のいずれか単一の区分に表示する。
※3　リース負債の測定に含まれないリース費用。変動リース料や、短期リースまたは少額資産のリースの免除規定を適用した場合のリース費用。

2　借手の開示

IFRS第16号においては、要開示事項を列挙するのではなく、開示の目的をまず記載したうえで、特に定性的開示については、当該目的を達成するために必要な開示を、各社の検討・判断に任せている。

借手における開示の目的は、財務諸表の利用者が財政状態計算書、損益計算書及びキャッシュ・フロー計算書で提供される情報と併せて見ることにより、

リースが借手の財政状態，財務業績及びキャッシュ・フローにもたらす影響を把握できるようにすることとされている（IFRS16.51）。

(1) 定量開示

定量的事項については以下のとおり一定の開示すべき事項が具体的に定められており，1つの注記内，または独立したセクションにおいて原則として表形式で記載しなければならない（IFRS16.54）。

- 原資産のクラスごとに，使用権資産の減価償却費（IFRS16.53(a)）
- リース負債から生じた利息費用（IFRS16.53(b)）
- リース負債の測定に含めていない変動リース料，短期リースや少額資産のリースから生じる費用（IFRS16.53(c)(d)(e)）
- 使用権資産のサブリースから生じる賃貸収益（IFRS16.53(f)）
- リースから生じたキャッシュ・アウト・フローの合計額（IFRS16.53(g)）
- 使用権資産の増加（IFRS16.53(h)）
- セール・アンド・リースバック取引から生じた損益（IFRS16.53(i)）
- 原資産のクラスごとに，使用権資産の期末帳簿価額（IFRS16.53(j)）

例えば，以下のような開示が考えられる。なお，財務諸表内の他の場所で同様の開示がすでに行われている場合には，重複開示を繰り返す必要はなく，相互参照を付せばよいとされている（IFRS16.52）。

第7章 表示・開示 239

図表 7 － 4 ／ 借手の定量開示の例	
使用権資産減価償却費※	
不動産を原資産とするもの	XXX
器具備品を原資産とするもの	XXX
減価償却費計	**XXX**
リース負債に係る支払利息	XXX
短期リースの免除規定によるリース費用	XXX
少額資産のリースの免除規定によるリース費用	XXX
リース負債の測定に含まれていない変動リース料	XXX
サブリース収益※	XXX
リース費用合計（純額）	XXX
セール・アンド・リースバック取引による損益	XXX
リースに係るキャッシュ・アウト・フロー合計	XXX
使用権資産の増加※	XXX
使用権資産の期末帳簿価額※	
不動産を原資産とするもの	XXX
器具備品を原資産とするもの	XXX
使用権資産合計	**XXX**

※に関する説明は，以下の投資不動産に該当する使用権資産の記載を参照。

　これらの開示にあたっては以下の点に留意する。

①　当期の損益に計上せず報告期間中に他の資産（棚卸資産など）の帳簿価額に含めた金額も含める（IFRS16.54）。
②　短期リース及び少額資産のリースについて免除規定を適用した場合のリース費用の開示については，以下の点に留意する。
　(a)　これらの免除規定を採用している旨を開示する（IFRS16.60）。
　(b)　短期リースによるリース費用の開示金額には，リース期間が1か月以内の契約に係るリース料は含める必要がない（IFRS16.53(c)）。これにより，例えばコインロッカーの利用料などは集計・開示の対象から外すことが可能となっている。
　(c)　短期リースに関して開示した当期費用額が，期末時点において契約済みの短

期リースのポートフォリオの状況を表していないような場合には，当該コミットメントの金額を開示する（IFRS16.55）。
　(d)　少額資産の免除規定によるリース費用の開示金額からは，短期リースの免除規定によるリース費用の開示金額に含めた金額を除く必要がある（IFRS16.53.(d)）。
③　投資不動産に該当する使用権資産は，IFRS第16号での開示要求事項に加え，IAS第40号「投資不動産」の開示規定に従う（IAS40.74）。IAS第40号のもとで要求される開示事項のうち主なものは以下のとおりである。なお，この場合，図表7－4で※を付した事項についての開示は不要である（IFRS16.56）。
　(a)　投資不動産の公正価値測定における，独立鑑定人の利用状況（IAS40.75(e)）
　(b)　損益に関する事項として，投資不動産から生じる賃貸料収益，ならびに稼働物件の投資不動産からの直接営業コストと不稼働物件の投資不動産からの直接営業コスト（IAS40.75(f)）
　(c)　期首から期末にかけての増減調整表（IAS40.76, 79(d)）
　(d)　原価モデル（投資不動産に該当する使用権資産をIFRS第16号の規定により測定）を採用している場合（IAS40.79）
　　•減価償却の方法
　　•耐用年数または減価償却率
　　•投資不動産の公正価値（信頼性を持って測定できない例外的な場合にはその内容）
　(e)　公正価値モデルを採用している場合
　　•信頼性を持って公正価値を測定できないために原価で測定している投資不動産についての説明（IAS40.78）
　　•独立鑑定人の評価額を大きく修正した場合は，入手した評価額と修正後の評価額との差異調整（IAS40.77）
④　IAS第16号「有形固定資産」の再評価モデルを採用している使用権資産については，別途規定がある（IFRS16.57, IAS16.77）。

| Point & 分析 | 投資不動産に該当する使用権資産は，公正価値で測定または開示のいずれかが要求される。使用権資産の公正価値は，賃借に供されている原資産の公正価値とは異なり，かつIFRS第13号「公正価値測定」の測定及び開示の要求事項が適用されない（IFRS13.6(b)）。 |

(2)　満期分析の開示

　リース負債について「リース負債の満期分析」として，他の金融負債に関する満期分析とは区別して開示することが要求されている（IFRS16.58）。リース

負債は，IAS第32号「金融商品：表示」に定義される金融負債であり，IFRS
第9号「金融商品」の分類と測定に関する規定の適用は受けないが（IFRS9.2.1
(b)），IFRS第7号「金融商品：開示」の適用対象となることに注意する必要が
ある。IFRS第7号は金融商品から生じるリスクの内容及び程度の開示を要求
しており，特に信用リスク，流動性リスク，市場リスクについて具体的な定量
的開示事項を定めている。リース負債について特に影響するのは，このうち流
動性リスクの開示である（IFRS7.39）。IFRS第7号において，リース負債を含
めた流動性リスクの開示例が，満期日ゾーンのパターン別に示されている（図
表7－5）。

図表7－5 ／ 満期分析の開示例（IFRS7.IG31A参照）

パターン1：5年超の金額の重要性は高くないと判断し，一括するパターン

割引前キャッシュ・フロー ▶ 非デリバティブ金融負債

	満期					
	合計	1か月未満	1～3か月	3か月～1年	1～5年	5年超
銀行借入金	1,625	—	—	285	1,340	—
リース負債	2,300	70	140	610	1,370	110
営業債務及びその他の債務	350	70	190	90	—	—

パターン2：1年未満の金額の重要性が高くなく，
かつ5年超の金額にある程度の重要性があるものと判断し，区分するパターン

割引前キャッシュ・フロー ▶ 非デリバティブ金融負債

	満期					
	合計	1年未満	1～3年	3～5年	5～7年	7～10年	10年超
銀行借入金	3,100	40	338	2,722	—	—	—
リース負債	4,400	500	980	860	790	800	470
営業債務及びその他の債務	95	95	—	—	—	—	—

パターン3：リース負債以外の非デリバティブ金融負債の満期が期末日後3年以内に集中している一方で，リース負債の満期が長期にわたっているパターン

割引前キャッシュ・フロー ▶ 非デリバティブ金融負債

	満期						
	合計	1か月未満	1～6か月	6か月～1年	1～2年	2～3年	3年超
銀行借入金	2,100	7	34	40	79	1,940	—
リース負債※	4,970	—	—	340	310	290	4,030
営業債務及びその他の債務	980	280	700	—	—	—	—

※リース負債の満期分析についての詳細は下表に示している

	満期					
	合計	1年未満	1～5年	5～10年	10～15年	15～20年	20～25年
リース負債	4,970	340	1,200	1,110	1,050	970	300

　なお，IFRS第7号は金融負債の公正価値を帳簿価額と比較形式で開示することを求めているが，リース負債については，公正価値の開示を必要としない旨が明記されており（IFRS7.29(d)），IFRS第13号における公正価値ヒエラルキーのレベル別の開示も求められていない。

(3)　その他の開示事項

　以上は個別に開示が要求されている事項であるが，その他の事項についても，前述の「開示の目的」を達成するために必要な定性的情報及び定量的情報については開示が求められている。財務諸表利用者が以下のことを評価するのに役立つ情報は，そのような追加開示の対象になりうる事項として，具体的に例示されている（IFRS16.59）。

　①　借手のリース活動の性質

　②　将来的にキャッシュ・アウト・フローが生じる可能性があるもののリース負債の測定に反映されていないもの。これには以下が含まれる。

　　(a)　変動リース料について，例えば，

　　　• 変動リース料を使用する理由，及びそのような支払いが一般的なものかどうか

　　　• 固定リース料に対する変動リース料の重要性

第7章　表示・開示　243

- 変動リース料の計算のベースとなる主な変数，及び当該変数が変動することによって，どのように変動リース料が変化すると見込まれるか
- 変動リース料によるその他の営業上及び財務上の影響（IFRS16.B49）

(b)　延長オプション及び解約オプションについて，例えば，
- 延長または解約オプションを使用する理由，及びそのようなオプションが一般的なものかどうか
- リース料全体に対するオプション期間のリース料の重要性
- リース負債の測定に含まれていないオプションについて，一般的に行使されるものかどうか
- オプションによるその他の営業上及び財務上の影響（IFRS16.B50）

(c)　残価保証について，例えば，
- 残価保証を提供する理由，及びそのような残価保証が一般的なものかどうか
- 残価の変動リスクに借手はどの程度さらされているか
- 残価保証の対象となる原資産の性質
- 残価保証によるその他の営業上及び財務上の影響（IFRS16.B51）

(d)　いまだリースは開始されていないが締結済みのリース契約

③　リース契約によって課される制限，コベナンツ

④　セール・アンド・リースバックについて，例えば，
- セール・アンド・リースバック取引を利用する理由及びそのような取引が一般的かどうか
- 個々のセール・アンド・リースバック取引の主要な条件
- リース負債の測定に含まれていない要支払額
- 報告期間において，セール・アンド・リースバック取引がキャッシュ・フローに与える影響（IFRS16.B52）

なお，「開示の目的」に照らし，追加的な開示が必要かどうかを検討するにあたっては，以下の①と②を考慮する（IFRS16.B48）。

①　その情報が財務諸表の利用者にとって目的適合性（利用者が行う意思決定に相違を生じさせることができること）があるかどうか。
　　借手は自社の財務諸表利用者にとって目的適合性があると考える情報のみを追加開示する。「目的適合性がある」の例として，財務諸表の利用者が以下の(a)か

ら(e)に示した内容を理解するのに役立つ情報が挙げられている。
(a)　リース取引の持つ柔軟性

　　例えば，解約オプションを行使することでエクスポージャーを削減したり，有利な条件でリースを更新できたりするという点で，借手はリースを柔軟に利用できることがある。
(b)　リース契約による制限条項

　　一部のリースでは，例えば，借手に特定の財務指標を維持することを要請する場合がある。
(c)　主要な変数に関する報告情報の感応度（影響の度合）

　　報告情報は，例えば，将来の変動リース料によって，大きな影響を受ける可能性がある。
(d)　リースにより発生するその他のリスクにどの程度さらされているか
(e)　業界慣行からの逸脱

　　例えば，借手のリース・ポートフォリオに影響を与えるような，通常想定されない，または独特のリース条項。
②　その情報が主要財務諸表または開示されている注記から明らかに読み取れるものであるかどうか。

借手は他の箇所にすでに記載されている情報について重複した情報を記載する必要はない。

> **Point & 分析**　IFRS第16号では，特に定性的事項については，最低限開示すべき事項が定められているわけではない。各社は，開示目的を達成するために必要な開示を自ら判断することが求められる。

日本基準との比較

　日本基準では，ファイナンス・リース取引について，リース資産の内容（リース基準第19項）の開示が求められている。また，リース債務は借入金等明細表の対象項目に含められていることから，決算日後5年内における1年ごとの返済予定額の総額の開示が必要となる。また，オペレーティング・リース取引については，解約不能のものに係る未経過リース料を1年以内と1年超に区分して開示（リース基準第22項）することが求められている。

IFRS第16号は，定性的事項について，どのような開示が考えられるのかを，以下のとおり変動リース料，ならびに延長オプション及び解約オプションを例

第7章　表示・開示　245

にして示している。

定性的開示①　変動リース料（IFRS16.設例22参照）

ケース1：支払条件がある程度類似した大量のリースを有している借手（セグメント情報と関連付けて開示するケース）

前提条件

　小売業者である借手は，ブランドA～Dそれぞれにつき大量の店舗を展開しており，店舗の多くを賃借している。新規出店の際には，不動産賃借契約に変動支払条件を含めるよう交渉することがグループ方針となっている。借手は，変動リース料に関する情報が自社の財務諸表の利用者にとって目的適合性があり，かつ，財務諸表の他の箇所からは入手できない情報であると結論付けた。リース料の合計のうち変動支払条件から生じたリース料が占める割合，及び変動リース料が売上高の変動によってどのように変化するかが，自社の財務諸表の利用者にとって特に目的適合性がある情報であると判断している。なお，変動リース料に関する同様の情報は，経営者にも報告されている。

開示例

　当社グループにおける不動産賃借契約の一部は，各店舗の売上高に連動する変動支払条件を含んでいる。新規に出店される店舗では，支払賃料を店舗のキャッシュ・フローと連動させて固定費を最小限にするために，可能な場合に変動支払条件を付けることにしている。20X1年における店舗ブランド別の固定賃料と変動賃料は下表のとおりであった。

	店舗数	固定賃料	変動賃料	賃料合計	売上高の1％の増加が年間賃料に与える影響
ブランドA	4,522	3,854	120	3,974	0.03％
ブランドB	965	865	105	970	0.11％
ブランドC	124	26	163	189	0.86％
ブランドD	652	152	444	596	0.74％
合　計	6,263	4,897	832	5,729	0.15％

　既存店ベースでの店舗情報については経営概況のセクションを参照されたい。ま

た，ブランドA ～ DについてのIFRS第 8 号「事業セグメント」に基づくセグメント情報は注記Xに開示されている。

ケース 2 ：支払条件がある程度類似した大量のリースを有している借手（支払条件別に開示するケース）

前提条件

　小売業者である借手は，店舗の多くを賃借しており，不動産賃貸借契約の多くは店舗売上に連動する変動リース料の条項を含んでいる。どのような場合に変動リース料の条項を導入するかは借手のグループ方針で決められており，リース条件の交渉はすべて本部の承認を受ける必要がある。リース料は本部がモニタリングしている。借手は，変動リース料に関する情報が自社の財務諸表の利用者にとって目的適合性があり，かつ，財務諸表の他の箇所からは入手できない情報であると結論付けた。多様な変動支払条件をどのような形で設定しているか，これらの条件が財務業績に与える影響，及び変動リース料が売上高の変動によってどのように変化するかが，自社の財務諸表の利用者にとって特に目的適合性がある情報であると判断している。なお，変動リース料に関する同様の情報は，経営者にも報告されている。

開示例

　当社グループにおける不動産賃貸借契約の多くは，賃借店舗の売上規模に連動する変動支払条件を含んでいる。これらの条件により，より高いキャッシュ・フローを生み出す店舗により多くの賃借料が対応することとなる。個々の店舗ごとに見た場合，変動支払部分がリース料に占める割合は大きく異なっており，売上高に対する連動割合もさまざまである。契約によっては，変動支払条件に関する年間賃借料の下限と上限が定められている場合もある。

　20X0年12月31日に終了した期間についてのリース料と条件は，下表のとおりである。

	店舗数	固定支払い	変動支払い	支払合計
固定賃料のみ	1,490	1,153	－	1,153
変動賃料（最低支払額なし）	986	－	562	562
変動賃料（最低支払額あり）	3,089	1,091	1,435	2,526
合　計	5,565	2,244	1,997	4,241

第7章 表示・開示 247

　全店舗において売上高が１％増加したと仮定すると，リース料の合計額は約0.6%から0.7%増加すると見込まれる。また，全店舗において売上高が５％増加したとすると，リース料の合計額が約2.6%から2.8%増加すると見込まれる。

ケース３：支払条件が幅広く異なる大量のリースを有している借手

前提条件

　小売業者である借手は，店舗の多くを賃借しており，不動産賃貸借契約にはさまざまな変動支払条件が付けられている。リースの契約条件は現地のマネジメントが交渉，モニタリングしている。借手は，変動リース料に関する情報が自社の財務諸表の利用者にとって目的適合性があり，かつ，財務諸表の他の箇所からは入手できない情報であると結論付けた。不動産賃借のポートフォリオがどのように管理されているのかは，特に自社の財務諸表の利用者にとって目的適合性のある情報であると判断している。さらに，翌年度における変動リース料の予想水準（経営者に内部的に報告されるものと同様の情報）も，自社の財務諸表の利用者にとって目的適合性があるものと判断している。

開示例

　当社グループにおける不動産賃貸借契約の多くは，変動支払条件を含んでいる。店舗の粗利益については現地マネジメントが責任を負うため，不動産の賃借条件も現地で交渉しており，さまざまな支払条件が含まれている。変動支払条件が利用される理由も，新規出店店舗における固定費の最小化や，粗利益管理及び運営上の柔軟性を目的としたものなど，さまざまである。
　(a) 変動支払条件のほとんどは，店舗売上高の一定範囲内での比率に基づいている。
　(b) 変動支払条件に基づく賃借料は，個々の不動産に係る賃借料合計の０％から20%の範囲内である。
　(c) 変動支払条件の中には，年間最低賃借料の下限と上限を含んでいるものがある。
　変動支払条件の全体的な財務上の影響は，売上高の多い店舗に高額の賃借コストが発生するということであり，グループ全体における粗利益管理を容易にする。
　なお，変動賃借料は，将来の各年度において，店舗売上高に対し同水準の比率を占めることが予想されている。

定性的開示② 解約及び延長オプション（IFRS16.設例23参照）

ケース１：契約条件が幅広く異なり，集中管理されていない大量のリースを有している借手

前提条件

　借手は，契約条件が多様な設備リースを大量に有している。リース条件は，現地マネジメントにより交渉され，管理されている。借手は，解約オプションや延長オプションをどのように活用しているかについての管理情報が自社の財務諸表の利用者にとって目的適合性があり，かつ，財務諸表の他の箇所からは入手できない情報であると結論付けた。また，(a)オプションの行使可能性に関する再評価が与える財務的影響，及び(b)１年ごとの解約条項の付いたリースからなる短期リース・ポートフォリオの割合に関する情報は，自社の財務諸表の利用者にとって目的適合性がある情報であると判断している。

開示例

　当社グループは，延長及び解約オプションを含む設備リース契約を多数締結している。リースの管理は各拠点が責任を負っていることから，リース契約は現地ベースで管理されており，その条件は個別交渉されるため，多様な契約条件を含んでいる。延長及び解約オプションは，可能な場合，顧客との契約を履行するためにニーズに合わせて設備を使えるようにするうえで，現地マネジメントがより柔軟に対応できるようにするために設けられたものである。グループ内に存在する各種契約での個別条件はさまざまである。

　保有する延長及び解約オプションの大半は，借手である当社だけが利用可能なものであり，それぞれの契約において貸手には付与されていない。当社によるリース期間の延長オプションの行使が合理的に確実ではない場合には，当該オプションの行使によって延長されるリース期間に関連する支払いはリース負債には含めていない。

　20X0年において，延長及び解約オプションの行使による影響を反映した，リース条件の改定による財務上の影響は，リース負債489の増加であった。

　さらに，当社は，ペナルティのない１年ごとの解約条項を含んだ多数のリース契約を有している。これらのリースは，短期リースに分類されており，リース負債には含まれていない。20X0年中に認識した短期リースの費用30には，このような１年ごとの解約条項の付いたリースに関する費用27が含まれている。

第7章 表示・開示 249

ケース2：支払条件がある程度類似した大量の不動産リースを有している借手

前提条件

　飲食店業を営む借手は，ペナルティなしで借手のみが行使可能な解約オプションを含む不動産賃借契約を大量に締結している。借手のグループの方針は，可能な限り，5年超のリースには解約オプションを付すことである。リースの交渉は本部の不動産チームが行う。借手は，解約オプションに関する情報が自社の財務諸表の利用者にとって目的適合性があり，かつ，財務諸表の他の箇所からは入手できない情報であると結論付けた。特に，(a)リース負債の測定に含まれていない将来の賃借料に対する潜在的なエクスポージャー，及び(b)解約オプションのうち過去に行使された割合に関する情報は，自社の財務諸表の利用者にとって目的適合性がある情報であると判断している。借手は，この情報をIFRS第8号におけるセグメント情報と同様に，レストラン・ブランド別に開示することが自社の財務諸表の利用者にとって目的適合性があると判断した。なお，解約オプションに関する同様の情報が，経営者にも報告されている。

開示例

　当社グループの有する不動産賃借契約の多くには解約オプションが含まれている。解約オプションは，当社グループが個々の賃借契約に拘束される期間を限定することにより，各飲食店の開店及び閉店に際し，最も柔軟に対応できるように利用されている。解約オプションの行使可能日以降については，リースを継続することが合理的に確実とまで判断されなかったため，飲食店の賃借契約の大半についてリース負債として認識されている金額に，解約オプション行使可能日後の潜在的な将来の支払賃料は含まれていない。当該オプションが付されたリースは契約期間が長いが，その多くにおいて，その契約期間を順守するかどうかは借手の任意であり，貸手側から強制することはできない。なお，これらのオプションに解約損害金は科されない。

　解約オプションの行使日後の期間に係る潜在的な将来の支払賃料の要約は，下表のとおりである。

事業別 セグメント	認識済みの リース負債 （割引後）	リース負債に含まれていない 潜在的な将来の賃借料支払予定額（割引前）		
		20X1年から 20X5年まで	20X6年から 20Y0年まで	合　計
ブランドA	569	71	94	165
ブランドB	2,455	968	594	1,562
ブランドC	269	99	55	154
ブランドD	1,002	230	180	410
ブランドE	914	181	321	502
合　計	5,209	1,549	1,244	2,793

下表は，20X0年中の解約オプションの行使率の要約である。

事業別 セグメント	20X0年中に行使 可能であった解約 オプション契約件数	行使されなかった 解約オプション 契約件数	行使された 解約オプション 契約件数
ブランドA	33	30	3
ブランドB	86	69	17
ブランドC	19	18	1
ブランドD	30	5	25
ブランドE	66	40	26
合　計	234	162	72

ケース3：支払条件がある程度類似した大量の設備リースを有している借手

前提条件

　借手は，借手が行使可能な延長オプションを含んだ設備リース契約を大量に締結している。借手のグループ方針は，可能な限り，大型設備の約定リース期間を，関連する顧客との契約期間に合わせる一方で，販売契約を超えた大型設備を保持し，資産の契約上の位置付けを変えることについて柔軟性を維持することである。借手は，延長オプションに関する情報が自社の財務諸表の利用者にとって目的適合性があり，かつ，財務諸表の他の箇所からは入手できない情

報であると結論付けた。特に，(a)リース負債の測定に含まれていない将来の賃借料に対する潜在的なエクスポージャーに関する情報，及び(b)過去の延長オプションの行使率に関する情報は，自社の財務諸表の利用者にとって目的適合性がある情報であると判断している。なお，延長オプションに関する同様の情報が，経営者にも報告されている。

開示例

当社グループの有する大型設備リース契約の多くには借手が行使可能な延長オプションが含まれている。延長オプションは，契約の管理に関する運用上の柔軟性を最大化するために利用されている。延長オプションは，ほとんどの場合，リース負債の測定に含まれていない。当社グループがオプションを行使する可能性が合理的に確実でないからである。これは，原資産である大型設備が，延長オプション行使可能日後において特定の顧客向けの契約で使用されていない場合に当てはまる。下表は，延長オプション行使可能日後の期間に係る潜在的な将来の支払賃料を要約したものである。

事業別セグメント	認識済みのリース負債（割引後）	リース負債に含まれていない潜在的な将来リース料（割引後）	延長オプションの過去の行使率
ブランドA	569	799	52%
ブランドB	2,455	269	69%
ブランドC	269	99	75%
ブランドD	1,002	111	41%
ブランドE	914	312	76%
合　計	5,209	1,590	67%

2 貸　　手

1 貸手の表示

　ファイナンス・リースの貸手は，ファイナンス・リースにより生じる資産，すなわちリース料債権及び無保証残存価値の現在価値を，財政状態計算書に債権として表示する。この債権について，財政状態計算書における区分掲記の定めはないが，次項に記載するとおり，債権の内訳の開示が要求されている。

　また，オペレーティング・リースの貸手は，対象となっている原資産を，原資産の性質に応じて，財政状態計算書に表示する（IFRS16.88）。

日本基準との比較

　日本基準においては，ファイナンス・リース取引は所有権移転ファイナンス・リース取引と所有権移転外ファイナンス・リース取引に分類される。所有権移転ファイナンス・リース取引の場合は「リース債権」が計上され，所有権移転外ファイナンス・リース取引の場合は「リース投資資産」が計上される（リース基準第13項）が，貸借対照表における区分掲記等についての要求事項はない。

2 貸手の開示

　貸手における開示の目的は，財務諸表の利用者が財政状態計算書，損益計算書及びキャッシュ・フロー計算書で提供される情報と併せて見ることにより，リースが貸手の財政状態，財務業績及びキャッシュ・フローにもたらす影響を，財務諸表の利用者が判断する基礎を提供することにある（IFRS16.89）。

　開示の目的を満たすために必要な開示事項として，ファイナンス・リース，オペレーティング・リースともに，以下に関して財務諸表の利用者が理解できるような情報を開示しなければならない。

第7章　表示・開示　253

(1)　貸手のリース活動の性質

(2)　リース対象資産に関して貸手が保持する権利に関するリスクをどのように管理しているか。特に，当該リース対象資産について保持している権利に係るリスク管理戦略を，当該リスクの削減方法を含め開示する。リスク削減方法としては，例えば，買戻し条項，残価保証，または特定の閾値を超えた場合に適用される変動リース料がある。

　なお，上記以外にも，リースの貸手は，開示の目的を達成するために必要なリース活動に関する定性的かつ定量的情報についての開示を行う（IFRS16.92）。

(1)　ファイナンス・リースの貸手の開示

　ファイナンス・リースの貸手は以下の情報を開示することが求められる。

- 収益に関する開示：原則表形式（IFRS16.90, 91）
  - (i)　売却損益
  - (ii)　正味リース投資未回収額からの金融収益
  - (iii)　正味リース投資未回収額の測定に含まれていない変動リース料
- 正味リース投資未回収額の帳簿価額に関する著しい変動についての定性的及び定量的説明（IFRS16.93）
- リース料債権に係る満期分析，及び将来受け取るリース料合計と正味リース投資未回収額の差異調整（IFRS16.94）

　リース料債権に係る満期分析については，最初の5年間の各年で受け取るリース料と6年目以降の合計リース料を開示する。将来受け取るリース料合計と正味リース投資未回収額の差異調整の開示に際しては，リース料債権に係る未稼得金融収益と無保証残存価値の現在価値を明らかにする（IFRS16.94）。

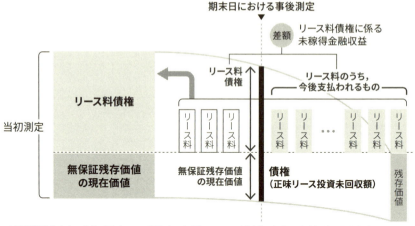

図表7-6 将来受け取るリース料と正味リース投資未回収額の関係

- 財政状態計算書上の債権（正味リース投資未回収額）＝リース料債権＋無保証残存価値の現在価値
- リース料＝リース料債権＋リース料債権に係る未稼得金融収益
- したがって，満期分析で用いるリース料と債権（正味リース投資未回収額）の差異は，リース料債権に係る未稼得金融収益と無保証残存価値の現在価値に分けられる。

　ファイナンス・リースにより生じる債権（正味リース投資未回収額）は，IFRS第7号の適用対象である。IFRS第7号は金融商品から生じるリスクの内容及び程度を財務諸表利用者が評価することができるような情報を提供することを求めている。具体的には，金融商品から生じるリスク及びそのリスクがどのように管理されているかを開示する必要がある。

　ファイナンス・リース取引から生じる債権に係るリスクとしては，主には信用リスクが該当すると考えられ，負っている信用リスクの程度及びそのリスクの管理方法について，企業は定性的及び定量的情報を提供する必要がある（IFRS7.31-35N）。具体的には，信用リスクの開示は，信用リスクが将来キャッシュ・フローの金額，時期及び不確実性に与える影響を財務諸表利用者が理解できるようにしなければならず，この目的を達成するため，信用リスクの開示においては以下の情報を提供する必要がある（IFRS7.35B）。

(a) 企業の信用リスク管理実務，ならびにそれが予想信用損失の認識及び測定にどのように関連しているのかに関する情報（予想信用損失の測定に用いた方法，仮定及び情報を含む）
(b) 予想信用損失から生じた財務諸表上の金額を財務諸表利用者が評価できるようにする定量的情報及び定性的情報（予想信用損失の金額の変動，及び当該変動の

第7章　表示・開示　255

　　理由を含む）

(c)　企業の信用リスク・エクスポージャー（すなわち，企業の金融資産及び与信を行うコミットメントに固有の信用リスク）に関する情報（重大な信用リスクの集中を含む）

　また，債権はリース負債と異なり，IFRS第7号の公正価値の開示について適用除外とはされていない。したがって，その公正価値を帳簿価額と比較できるような方法で開示しなければならない（IFRS7.25, 29）。ただし，リース取引はIFRS第13号の開示対象外とされているため，債権についてIFRS第13号によって要求される各種の開示，例えば公正価値ヒエラルキーの開示などは求められてはいない（IFRS13.6(b)）。

(2)　オペレーティング・リースの貸手の開示

　オペレーティング・リースの貸手は以下の情報を開示することが求められる。

- リース収益。ただし，指数またはレートに基づかない変動リース料は別途開示する（IFRS16.90(b)）。
- リース料に係る満期分析（最初の5年間の各年で受け取るリース料と6年目以降の合計リース料を開示）（IFRS16.97）。

　オペレーティング・リースの対象となっている有形固定資産については，IAS第16号の開示要求事項を適用する。なお，IAS第16号に従った開示を行う際には，それぞれの有形固定資産のクラス（建物，備品等）ごとに，オペレーティング・リースの対象となっている資産とそうでない資産に分けて開示を行う（IFRS16.95）。また，該当がある場合，IAS第36号「資産の減損」，IAS第38号「無形資産」，IAS第40号「投資不動産」及びIAS第41号「農業」の開示要求を適用する必要がある（IFRS16.96）。

日本基準との比較

　日本基準では，ファイナンス・リース取引については，リース投資資産にのみリース料債権部分，見積残存価額（各々，利息相当額控除前）ならびに受取利息相当額の開示が求められている（リース基準第20項）。また，債権（リース債権，及び，リース投資資産のうちリース料債権部分）の回収予定に係る満期分析の開示が求め

られている（リース基準第21項）。また，オペレーティング・リース取引については，解約不能のものに係る未経過リース料を１年以内と１年超に区分して開示（リース基準第22項）することが求められている。

第8章

初度適用

本章のまとめ

IFRS会計基準の適用を新たに開始する企業（初度適用企業）は，従来適用していた会計基準に基づく財務諸表をIFRS会計基準に準拠して作成しなおすにあたり，IFRS移行日の財政状態計算書からIFRS第16号「リース」の適用が求められ，リースの借手は使用権資産とリース負債を認識しなければならない。その際，初度適用の原則に従って，各リースが開始された時点に遡及してその時点の割引率を見積もり，リース１件ごとに，当初からIFRS第16号を適用していたとしたら設定していたであろうリース期間を見積もり，さらにその後の契約更新やリース期間の見直しによるリース負債の再測定と使用権資産の修正を反映するのは，実務上の負荷が高いと考えられる。また，すでに当時のデータを入手するのは困難である可能性もある。

IFRS第１号「国際財務報告基準の初度適用」では，初度適用企業が直面するこのような状況に対処するために，免除規定などを設けることで，IFRS会計基準への移行に関するコストの軽減を図っている。これはリースについても例外ではなく，いくつかの免除規定を利用することで，IFRS第16号の適用に関する移行時の負担を軽減できる。本章では，リースに関するそのような初度適用に関する規定を解説する。

1 初度適用の概要

IFRS会計基準の初度適用企業は,IFRS移行日における開始財政状態計算書,すなわち,最初のIFRS財務諸表で表示される最も古い比較年度の期首からIFRS会計基準を適用する。

図表8－1　初度適用の概要

(1) 原則的な方法

従前にIFRS会計基準以外の会計基準を採用していた企業がIFRS会計基準に移行する際には,原則として最初の報告日現在に有効なIFRS会計基準を完全に遡及適用する必要がある。従前のGAAPと会計方針が異なることによる影響はIFRS移行日の利益剰余金(または,適切な場合,資本における他の区分)に直接認識しなければならない。

(2) 初度適用における例外措置

IFRS移行日の開始財政状態計算書においてIFRS会計基準の完全な遡及適用を要求する上記原則については,2つの例外措置がある。1つは「IFRS会計基準の遡及適用に対する例外措置」と呼ばれており,IFRS移行日以前の一定の取引・事象について遡及適用を禁じるものである。もう1つは初度適用の

「免除規定」と呼ばれるもので，IFRS会計基準の一部の要求事項についてその遡及適用の免除を認めるものである。免除規定の適用は任意であり，免除規定の適用を選択した場合には原則と異なる会計方針を使用することになるため，初度適用時に用いた会計方針に関する追加的な開示を行う必要がある。

どの免除規定を適用するかは，初度適用にあたっての実務負担とIFRS会計基準適用後における財務情報との比較可能性とのトレードオフ関係を生じさせることになる。さまざまな選択肢が設けられたことにより，企業は両者のバランスを評価したうえで，適用方法を柔軟に設計することが可能となっている。複数の選択肢がある場合にどの免除規定を適用するかは，これから初度適用を行う企業にとって重要なポイントとなる。

⑶　リース会計への適用

初度適用においては，原則として最初の報告日現在に有効なIFRS会計基準を完全に遡及適用する必要がある。すなわち，すべてのリースにIFRS第16号を遡及的に適用し，IFRS第16号によりリースと判定された取引について，各リースのリース開始日からIFRS第16号を適用していたと仮定してIFRS移行日時点における帳簿価額を算定することが必要になる。

この場合，借手はIFRS第16号に設けられた認識の免除規定（短期リース・少額資産のリース）に該当するものを除き，リース開始日において，原則としてすべてのリースについて遡及して使用権資産・リース負債の帳簿価額を算定する必要がある。

しかし，これではIFRS会計基準への移行に大変な事務作業を要する可能性があることから，IFRS第16号が公表された際に，IFRS第1号にも改訂が行われ，初度適用企業が従前GAAPのリース会計からIFRS第16号のリース会計への移行を簡便に行うため多くの免除規定が設けられた。そのため，IFRS第16号の適用においても，IFRS初度適用時にどの免除規定の適用を選択するかは，企業や企業の財務情報に重要な影響を与える可能性がある。

2 初度適用アプローチの概要

1 借手における初度適用アプローチ

　リースの借手である初度適用企業が，IFRS移行日におけるリース負債及び使用権資産の帳簿価額を測定する際のアプローチには，以下の２つがある。１つはIFRS第16号の原則に従った処理（以下，「原則的アプローチ」という）であり，もう１つはIFRS第１号のD9B項における免除規定を適用するアプローチ（以下，「修正遡及アプローチ」という）である。

　従前のGAAPと会計方針が異なることによる影響は，原則としてIFRS移行日の利益剰余金（または，適切な場合，資本における他の区分）に直接認識しなければならない。

(1)　原則的アプローチ

　リースの借手である初度適用企業は，IFRS第16号を原則として遡及的に適用し，IFRS移行日の開始財政状態計算書を作成しなければならない。

　ただし，原則的アプローチでは，使用権資産及びリース負債を測定する際に，リース開始日に遡及してIFRS第16号に従った帳簿価額の再構築を行い，IAS第36号「資産の減損」の適用も必要となるが，リースの定義については必ずしも契約日時点まで遡及して適用する必要はない。また，測定に関するその他の免除規定を適用できることから，原則的アプローチはIFRS第16号の完全な遡及適用とは異なる（本章 **3** 「初度適用における免除規定」参照)。

(2)　修正遡及アプローチ

　リースの借手である初度適用企業は，すべてのリースについて，リース負債および使用権資産を以下のとおり測定することが認められる。

(a) リース負債の測定：IFRS移行日現在の残存リース料をその時点の借手の追加借入利子率で割り引いた現在価値で測定する。

(b) 使用権資産の測定：リース１件ごとに，以下のいずれかで測定する。

【リース開始日に遡って再計算する方法】

- IFRS移行日時点の借手の追加借入利子率を用いて，IFRS第16号をリース開始日から適用していたと仮定して算定された帳簿価額

【IFRS移行日のリース負債と同額とする方法】

- リース負債と同額（ただし，当該リースに関してIFRS移行日直前の財政状態計算書に認識していた前払リース料または未払リース料があれば調整する。)

(c) IFRS移行日に使用権資産にIAS第36号「資産の減損」を適用する。

　借手における初度適用アプローチの全体像は，図表8 - 2のとおりである。

　なお，修正遡及アプローチにおける2つの方法の具体的な会計処理については，本章 **3** 「初度適用における免除規定」 **2** (2)で解説している。

2　貸手における初度適用アプローチ

　リースの貸手である初度適用企業には，IFRS移行日におけるファイナンス・リース債権及びオペレーティング・リース債権の測定について，特段の免除規定は認められていない。ただし，リースの定義に関する免除規定は貸手である初度適用企業も適用することができる（本章 **3** 「初度適用における免除規定」 **1** 「リースの定義」参照）。

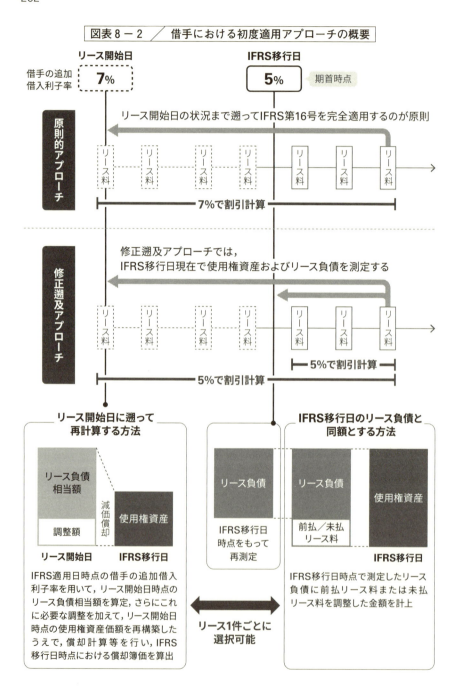

第8章 初度適用 263

3 初度適用における免除規定

　IFRS第1号では，初度適用企業が従前のGAAPからIFRS第16号における
リース会計への移行を簡便に行うための免除規定が設けられており，リースの
定義については借手・貸手ともにIFRS第16号を遡及して適用する必要はない。
また，リース負債及び使用権資産の測定に際して，借手が適用可能な免除規定
の組合せは多数あり，本章 **2** の原則的アプローチを適用する場合であっても，
初度適用企業は一部の免除規定をリース1件ごとに選択適用することができ
る。一方，貸手については，リースの定義に関する免除規定を除いて，免除規
定は用意されていない。
　IFRS第1号において初度適用企業が適用可能な免除規定は次の図表8－3
のとおりである。以下，これらの免除規定について解説する。

図表8－3　／　免除規定の一覧

免除規定の概要	説明箇所	選択適用の単位	借手 原則的アプローチ	借手 修正遡及アプローチ	貸手
リースの定義 (IFRS1.D9)	1	すべての契約	○	○	○
リース負債の測定 (IFRS1.D9B(a))	2 (1)	すべてのリース	×	○	×
使用権資産の測定 (IFRS1.D9B(b))	2 (2)	リース単位ごと	×	○	×
その他の免除規定 (IFRS1.D9D) ・割引率 ・残存期間12か月以内のリース ・少額資産のリース ・当初直接コスト ・いわゆる「後知恵」の利用	3	リース単位ごと	○	○	×

　なお，上記のほか，みなし原価による使用権資産の測定（IFRS 1.D5－7）
が認められるが，適用事例が多くはないことから本章では解説を省略してい
る。また，使用権資産が投資不動産に該当し，公正価値モデルを採用している

264

場合には，上記免除規定にかかわらずIFRS移行日における使用権資産は公正価値により測定されることとなるが，これについても適用事例は多くはないことから本章では解説を省略している。

1 リースの定義

IFRS第16号では，支配の概念に基づきリースの定義が規定されているため，契約にリースが含まれているか否かは，契約の法形式のみから判断することができず，契約日時点の事実と状況に基づき判断しなければならない（第1章**1**「リース会計の適用対象」参照）。

しかしながら，IFRS第16号の原則に従って，リースの定義に関する判断を契約日に遡って行うためには，契約当時の情報を入手したうえで検討が必要となり，特に契約日から長期間経過している場合には情報の入手が困難な可能性もある。また，今までリースと判断されていた契約がリースでなくなる可能性があるのみならず，従来はリースと判断されていなかった契約についても，それがリースに当たるか，リースを含むかという観点からの検討が求められるため，過去に遡ってこうした検討を行うことは，多くの企業にとっては負荷が高いと考えられる。

そこで，IFRS第1号では初度適用企業に対してリースの定義に関する免除規定を設けており，契約にリースが含まれているか否かの検討に際して，IFRS移行日時点で存在するすべての契約について，同日時点の事実と状況に基づいて判断することができる（IFRS1.D9）。

2 リース負債と使用権資産の測定 （借手における修正遡及アプローチの会計処理）

本章**2**の修正遡及アプローチを選択する借手は，以下の(1)及び(2)の方法によりIFRS移行日時点のリース負債及び使用権資産を測定する。

(1) リース負債の測定

リース負債の測定に関する免除規定を適用する場合，初度適用企業は，IFRS移行日における借手の追加借入利子率を用い，残存リース料の割引現在

価値をもって，リース負債の金額を測定する。

　ここで，IFRS第16号における割引率は，リースの計算利子率が容易に算定できる場合は当該利子率を，それ以外の場合には追加借入利子率を使用することとされている。しかし，IFRS第1号では，企業がIFRS移行日のリース負債を測定する際に，IFRS移行日時点の追加借入利子率を使用することが明記されている。そのため，借手はこの免除規定の適用にあたり，リースの計算利子率を用いることは認められないことに留意が必要となる。企業は，リースの条件変更またはリース負債の再測定に伴って新たな割引率の適用が必要となる場合を除き，リース負債の事後測定においても追加借入利子率をそのまま継続して使用する必要がある。

　なお，修正遡及アプローチでは，すべてのリースについてIFRS移行日時点の追加借入利子率を適用することとされているため，初度適用においては特別にすべてのリースに同じ割引率を適用できるように思われるかもしれない。しかし，借手は初度適用においてもIFRS第16号の原則に従い，追加借入利子率をそれぞれのリースについて決定する必要があり，リース負債の測定において単一の割引率をすべてのリースに適用することはできないことにも留意が必要となる。これは，IFRS第16号における追加借入利子率の定義では，例えばリース期間，付されている保証の価値，使用権資産の価額，経済環境などの要因を考慮することが求められており，適用すべき割引率はリース1件ごとに異なると想定されるためである（第4章 4 「割引率」参照）。

　ただし，初度適用においては特性が合理的に類似したリースをポートフォリオにまとめ，単一の割引率を適用する免除規定も設けられており，この免除規定の適用は，修正遡及アプローチを適用する場合に限られない（本節 3 「その他の免除規定」(1)参照）。

設例8−1　リース負債の測定

前提条件

　小売業を営むJ社は，店舗を賃借し毎事業年度末（3月末決算）に100の固定賃料を支払っている。このリース契約は2019年4月1日に開始し，その時のJ社の追加借入利子率は7％であった。また，解約不能のリース期間は10年であり，その後5年間の再リースを行うことが可能であった。

266

　J社は当該リース取引を日本基準でオペレーティング・リース取引として分類し，毎期定額で支払リース料を100認識していた。2024年4月1日をIFRS移行日とする初度適用にあたって修正遡及アプローチを適用する。IFRS移行日における前提は下記のとおりである。

- J社が再リースを選択することは合理的に確実ではなく，残存リース期間は5年間と判断された。
- J社の2024年4月1日における追加借入利子率は5％である。

（計算）

　J社はIFRS移行日に，その時点の残存リース期間及び追加借入利子率に基づいて残存リース料の割引現在価値を算出し，リース負債の測定額とする。具体的には，IFRS移行日におけるリース負債の測定額は，IFRS移行日以後の5年間にわたって事業年度末に100支払われる計5回のリース料を，以下のとおり5％で割り引いて算出した433となる。

年度	リース料	割引計算	割引後
1	100	$100 / 1.05 = 95.2$	95
2	100	$100 / 1.05^2 = 90.7$	91
3	100	$100 / 1.05^3 = 86.3$	86
4	100	$100 / 1.05^4 = 82.2$	82
5	100	$100 / 1.05^5 = 78.3$	78
IFRS移行日におけるリース負債			433

　なお，通常，企業はリース期間と同様の期間にわたり借入を行う際の利率を参考にして追加借入利子率を決定するが，初度適用時において参照すべき利率の借入期間を以下のいずれとすべきかが問題となる。

　(a)　リース期間の全体：リース開始日からリース期間終了までの期間

　(b)　残存リース期間：IFRS移行日からリース期間満了までの期間

　例えば，企業が2017年4月1日から固定期間10年，すなわち2027年3月31日に終了するリース契約を締結したとする。企業のIFRS移行日は2024年4月1日とすると，以下のいずれに基づいて，追加借入利子率を決定すべきかが明確ではない。

(a) 全リース期間：2017年4月1日から2027年3月31日までの10年間

(b) 残存リース期間：2024年4月1日から2027年3月31日までの3年間

　割引率はリース開始日に決定されるIFRS第16号の原則からすると，リース開始日時点におけるリース負債の支払期間が10年である事実を反映している(a)が適切であるようにも思われるが，IFRS移行日時点（2024年4月1日）から10年間の追加借入利子率を適用すると，当該リースが存続していない期間（2027年4月1日〜2034年3月31日）も考慮している点が不整合となる。一方，IFRS移行日時点における残存リース期間が3年である事実を反映している(b)は，IFRS移行日時点のリースに適用される割引率としては適切であるように思われるが，元々リース負債の支払期間が10年である点からすれば不整合となる。

　この点，IFRS第1号には明確な規定はないことから，どちらの期間を使用することも否定されないと考えられる。

(2) 使用権資産の測定

　借手である初度適用企業は，リース1件ごとに，以下の2つの方法のいずれかで使用権資産を測定する。いずれの方法であっても，IFRS移行日において使用権資産にIAS第36号「資産の減損」を適用する。

　(a) リース開始日に遡って再計算する方法

　IFRS第16号をリース開始時から遡及的に適用したと仮定して測定する。ただし，割引率はIFRS移行日における借手の追加借入利子率を用いる必要があり，リース開始日に遡及して使用権資産の帳簿価額を再計算するとしても，リース開始日時点における追加借入利子率を用いるわけではないことに留意する。

　前述のとおり，企業は，IFRS移行日時点における追加借入利子率の決定に際して，リース期間全体または残存リース期間と同様の借入期間の利子率を参照することもできると考えられる。

　しかし，企業は，初度適用時のリース負債及び関連する使用権資産の測定に際しては，同じ割引率を使用する必要があると考えられる。よって，企業が初度適用時のリース負債の測定にあたって残存リース期間と同様の期間にわたる借入利子率を参考に追加借入利子率を決定した場合には，使用権資産をリース開始日に遡って再計算する場合であっても，残存リース期間に対応する利子率

を使って，使用権資産の測定を行うこととなる。

(b) IFRS移行日のリース負債と同額とする方法

初度適用に際して認識したリース負債の金額にリース支払額の前払い・未払い等を調整して測定する。

設例8−2 使用権資産の測定

前提条件

（設例8−1の続き）J社が測定したIFRS移行日2024年4月1日におけるリース負債の測定額は433であったが，現在J社は使用権資産をいくらでオンバランスすべきか検討しており，リース開始日に遡って再計算する方法及びIFRS移行日のリース負債と同額とする方法を適用した場合のそれぞれの測定額を求めている。なお，J社に今回考慮すべき当初直接コストはなかったと仮定する。

計算

(a) リース開始日に遡って再計算する方法

IFRS移行日の追加借入利子率を使用して使用権資産の帳簿価額を遡及的に測定する。

J社はリース開始時，すなわち2019年4月1日における使用権資産の帳簿価額を算出する。この価額は，リース開始日から10年間にわたるリース料をIFRS移行日である2024年4月1日の追加借入利子率5％で割引計算した割引現在価値772であった。J社の会計方針により，使用権資産はリース期間にわたって定額法により減価償却されるため，2024年4月1日における帳簿価額は386（772×（10年−5年）÷10年）となり，2024年4月1日の仕訳は下記のとおりである。

借方		貸方	
使用権資産	386	リース負債	433
期首利益剰余金	47		

(b) IFRS移行日のリース負債と同額とする方法

IFRS移行日におけるリース負債の測定額に基づいて使用権資産を測定する。

J社は2024年4月1日のIFRS移行日における使用権資産の帳簿価額を，同時

点のリース負債の測定額433に基づいて測定する（リース料の前払い・未払いはないと仮定）。J社の2024年4月1日の仕訳は下記のとおりである。

借方		貸方	
使用権資産	433	リース負債	433

Point & 分析

　設例8−2の計算のとおり，毎期規則的にリース料を支払うリースの場合には，一般的にリース開始日に遡って再計算する方法の方がIFRS移行日のリース負債と同額とする方法よりもIFRS移行日の使用権資産の帳簿価額は小さくなる。

　これは，使用権資産とリース負債の償却方法が異なることが原因であり，使用権資産は一般的に定額法に基づいて償却されるのに対して，リース負債は実効金利法に基づいて測定されるためである。つまり，リース負債の減価に比べて使用権資産の減価の方が早く進むことになる。

　リース開始日に遡って再計算する方法では使用権資産をリース開始時に遡って測定し償却計算を行うため，IFRS移行日までに償却が進み，リース負債に比べて使用権資産の方が帳簿価額は小さくなる。一方，IFRS移行日のリース負債と同額とする方法ではリース負債の価額をもって使用権資産の測定額とするため両者は原則として同じになる。

　このことは，IFRS移行日以降の会計処理に重要な影響を与える可能性がある。具体的には，リース開始日に遡って再計算する方法を適用した場合，IFRS移行日のリース負債と同額とする方法に比べて使用権資産の帳簿価額が少額となるため，その後の期間における減価償却費が小さくなり，また減損損失を計上するリスクも低減されることになる。

　こうしたことから，企業がIFRS会計基準を初度適用するにあたっては，実務負担の軽減と比較可能性とのバランスを考慮することが重要となる。例えば，使用権資産の測定において，IFRS移行日のリース負債と同額とする方法は実務の負担を軽減できる一方で，IFRS移行後のリースに係る費用がより原則的な方法であるリース開始日に遡って再計算する方法よりも多く計上されるため，移行日に存在するリースが終了するまでの期間の利益計算が歪み比較可能性を損なうおそれがある。このようなトレードオフの関係がある中で，リースの重要性を考慮しながらリース1件ごとに企業の裁量によりオプションを選択する余地があることから，初度適用に係る免除規定は企業にとってメリットが大きいといえる。

3 | その他の免除規定

借手である初度適用企業は，以下の免除規定を用いることができる。どの免除規定を選択するかは，リース1件ごとに選択できる。この選択に際しては，IFRS移行日における使用権資産・リース負債の帳簿価額の測定について原則的アプローチを採用しているか修正遡及アプローチを採用しているか（本章 **2**）は問われない。

(1) 割 引 率

IFRS移行日の使用権資産・リース負債を測定する際，リース1件ごとに個別の割引率を用いるのに代えて，特性が合理的に類似したリースをポートフォリオとしてまとめ，ポートフォリオ単位で単一の割引率を用いることができるとされており，例えば，類似した経済環境における類似したクラスの原資産についての，残存リース期間が類似したリースが該当するとされている（IFRS1.D9D(a)）。

この免除規定は，IFRS第16号におけるポートフォリオ処理，すなわち，特性が類似したリースをまとめてポートフォリオ単位でIFRS第16号を適用することを許容する規定（IFRS16.B1）と，一見，同じように見える。

しかしながら，これらは以下の点で異なり，初度適用時の免除規定の方が適用における実務的なハードルは低いと考えられる。

- ポートフォリオ処理を適用するためには，IFRS第16号を個々のリースについて適用する原則的な方法を適用した場合との相違が重要でないことが要件となるが，初度適用時の免除規定にはこのような要求事項はなく，ポートフォリオに含まれるリースの特性が「合理的に」類似していれば適用できる。
- 初度適用時の免除規定では，リースの特性が「合理的に」類似しているか否かを判定する要素として残存リース期間が挙げられており，IFRS移行日時点における残存リース期間が類似していれば，リース開始時点が異なるリースであっても特性が「合理的に」類似しているものと判断し，ポートフォリオ化することも否定されないと思われる。

(2) 残存期間12か月以内のリース・少額資産のリース

借手である初度適用企業は，IFRS移行日から12か月以内にリース期間が終了するリースについて，短期リースに準じてリース負債・使用権資産の認識を

行わないことができる（IFRS1.D9D(b)）。また，原資産が少額であるリース
は，リース負債・使用権資産の認識を行わないことができる（IFRS1.D9D(c)）。
これらの免除規定を採用した場合，それぞれ，IFRS第16号の短期リース及び
少額資産のリースの規定（IFRS16.6）に従って会計処理し，それらに関する情
報の開示に含める必要がある。

(3) 当初直接コスト

借手である初度適用企業は，IFRS移行日における使用権資産の測定におい
て，当初直接コストを測定額に含めないことができる（IFRS1.D9D(d)）。この
免除規定により，リースに係る当初直接コストの有無及び金額を調査，認識す
る必要がないため，初度適用に際して企業の実務負担が軽減される。また，財
務情報に関する影響としては，本来であれば使用権資産の帳簿価額に加算され
ていたであろう当初直接コストの分だけ使用権資産の帳簿価額が減少するた
め，IFRS移行日以降の減価償却費が減少するとともに，使用権資産について
減損損失を認識するリスクが軽減される。

なお，IFRS第1号には明記されていないものの，修正遡及アプローチを適
用し，使用権資産の測定に際してIFRS移行日のリース負債と同額とする方法
（本節[2]「リース負債と使用権資産の測定（借手における修正遡及アプローチ
の会計処理)」(2)参照）を適用した場合には，この免除規定は関係しない。こ
の場合には，IFRS移行日の使用権資産は，リース負債にリース支払額の前払
い，未払いを調整して測定されることから，使用権資産に過去の調整（例え
ば，当初直接コスト，過去の条件変更など）が反映されることはないためであ
る。

(4) いわゆる「後知恵」の利用

借手である初度適用企業は，いわゆる「後知恵」に依拠することが許容され
ている。例えば，リース期間の決定にあたり，延長オプションや更新オプショ
ンを行使したかどうかについて，リース契約締結後に判明した事実に基づいて
判断を行うことができる（IFRS1.D9D(e)）。

IFRS第1号の免除規定を適用し，IFRS移行日の使用権資産の測定におい
て，IFRS移行日のリース負債と同額とする方法（本節[2]「リース負債と使用
権資産の測定（借手における修正遡及アプローチの会計処理)」(2)参照）を採

用する場合には，そもそもIFRS移行日以前の過去時点における情報を必要としないため，この免除規定による恩恵はない。しかし，それ以外の場合には，本免除規定によって過去時点におけるリース期間の見直しを反映するための再計算を省くことが可能になり，その計算過程を文書に残す手間もなくなることで，負担が大きく軽減される。

なお，この免除規定によって「後知恵」が使えるものは，IFRS第16号を当初から適用していたとしたら過去に見積りが要求されたであろう事項に限定されると考えられる。

例えば，使用権資産の帳簿価額を遡及して測定する原則的アプローチや修正遡及アプローチにおいてリース開始日に遡って再計算する方法（本節②「リース負債と使用権資産の測定（借手における修正遡及アプローチの会計処理）」(2)参照）を適用する場合に，リース期間の決定に際して，当初時点の解約不能期間5年に加えてオプション期間である3年におけるリースの継続が合理的に確実であるか否かを遡って検討し，その後，IFRS移行日に至るまでにその見積りがどのように見直されてきたかを考慮する必要はない。この場合，リース開始日からIFRS移行日までの期間が例えば4年であり，IFRS移行日時点でリースの継続が合理的に確実なオプション期間を含む残存リース期間が4年であるとすると，リース開始日におけるリース期間の見積りは，両者を通算した8年であったとみなすことができることを意味している。

一方，使用権資産の帳簿価額を遡及して測定するに際して，現在の契約条件がリース開始当初から有効であったとみなすことはできないと考えられる。そのため，例えば，当初時点の契約期間が5年で延長オプションが含まれていなかったが，リースの開始から2年経過した時点で契約期間を5年から8年に延長する（すなわち，その時点における残存リース期間を3年から6年に延長する）リースの条件変更が生じた場合には，リース開始日におけるリース期間が当初から8年であったとみなすことはできない。この場合，リース開始日からIFRS移行日までの期間が例えば4年であり，2年前にリースの条件変更によりリース負債の再測定の必要が生じたのであれば，リースの開始から当初2年間は当初時点の契約期間である5年に基づいて使用権資産を償却したうえで，2年前の再測定時点で使用権資産の調整（リース負債の増加額を加算）が必要となり，当該調整時点における残存リース期間7年に基づいて，当該調整後の帳簿価額をIFRS移行日までの2年間にわたって償却することになると考えられる。

第8章 初度適用 273

4 初度適用に係るその他の論点

(1) 原状回復義務に係る負債

　借手はリース開始日に，使用権資産を取得価額で測定する。原資産の解体・撤去や原資産が建つ敷地の原状回復またはリースの契約条件で借手に要求される原資産の原状回復にかかる見積りコスト（棚卸資産の製造のために生じるものを除く）も取得原価に含まれる。これらの原状回復にかかる費用を支払う義務（資産除去債務）は，IAS第37号「引当金，偶発債務及び偶発資産」に従って，認識・測定される。

　さらに，IFRS移行日までに生じたその後の原状回復義務に係る負債の変動額は，その都度使用権資産の帳簿価額に加減し，使用権資産の残存リース期間（または残存耐用年数）にわたり償却することになる（IFRIC1.4−7）。こうした原則的な方法による使用権資産の測定への調整（図表8−4参照）をリースごとに再現することは大変な実務負担となる可能性がある。

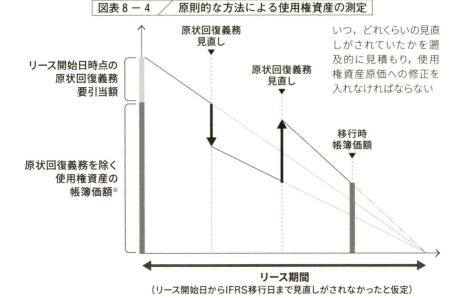

※リース料の前払いや当初直接コストなどはないと仮定

　初度適用企業は，IFRS移行日前に発生した原状回復義務に係る負債の変動に関しては，原則的な方法による使用権資産の測定への調整（図表8－4参照）を行う必要がないという免除規定が設けられている（IFRS1.D21）。この免除規定を適用する場合は，以下のとおり会計処理を行う必要がある（図表8－5参照）。

- IFRS移行時点で原状回復義務に係る負債をIAS第37号に従って測定する。
- 原状回復義務に係る負債が最初に発生した時点で使用権資産の取得価額に算入されていたであろう金額は，IFRS移行日時点における当該負債をIAS第37号におけるリスク調整後割引率により発生時点まで割り引いて測定する。
- 使用権資産の帳簿価額の一部としてIFRS移行日まで償却する。

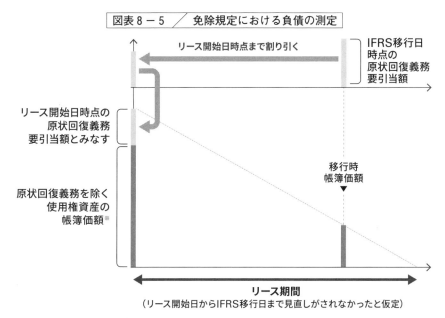

※リース料の前払いや当初直接コストなどはないと仮定

　この免除規定は，原則的アプローチまたは修正遡及アプローチにおいてリース開始日に遡って再計算する方法を適用する場合に適用できる。

(2) 過去に企業結合に関して認識した金額

　初度適用企業は，遡及適用の免除規定を適用することにより，IFRS移行日より前に生じた企業結合にIFRS第3号「企業結合」を遡及適用しないことができる（IFRS1.C1）。ただし，この免除規定の適用により，企業結合の会計処理が従前のGAAPから引き継がれた場合であっても，IFRS第1号の資産及び負債の認識に関する一般規定は適用される。例えば，従前のGAAPのもとでの企業結合の会計処理においてリースに関連する借手の権利・義務が資産・負債として認識されなかったという理由で，IFRS移行日の開始財政状態計算書において当該リースに関連する資産・負債（使用権資産・リース負債）の認識を省略することはできない（IFRS1.IG22 設例7）。

276

設例 8 − 3　企業結合を修正再表示しない場合におけるリースの取扱い

前提条件

　J社は 2024年 4 月 1 日をIFRS移行日とする初度適用企業である。J社は子会社のM社を，IFRS会計基準のもとでは企業結合となる取引で2020年に取得した。J社はM社の取得について修正再表示しないことを選択した。従前のGAAPのもとでの企業結合会計の一部として，M社が契約していたリースはオフバランス処理の条件を満たしており，J社の連結財政状態計算書上ではリースに関連する資産及び負債は認識されていなかった。ただし，当該リースは，仮にIFRS会計基準を適用していたならばM社の財政状態計算書上で使用権資産及びリース負債として認識されていたものであった。

結論

　このリースは2024年 1 月 1 日（すなわち，IFRS移行日）時点で引き続き契約中であり，短期リースまたは少額資産のリースに係る免除規定の要件を満たしていない。この場合，J社は，IFRS第 1 号の認識規定に準拠するために，使用権資産及びリース負債をIFRS開始財政状態計算書上で認識する必要がある。ただし，J社は使用権資産及びリース負債を測定する際には，移行に関する多くの免除規定を適用することができる。

第9章

米国におけるリース会計の概要

本章のまとめ

　IASBと米国財務会計基準審議会（以下，「FASB」という）の共同プロジェクトにより，2016年にIFRS会計基準及び米国基準においてリース会計が改訂され，それぞれ従来のリース会計基準は完全に置き換えられた。最終的に完全なコンバージェンスには至らなかったものの，両者のリース会計には共通の視点に立脚する点も多い。

　本章では，IFRS会計基準との主な差異を中心に，米国基準におけるリース会計の概要について解説する。

1 リース会計におけるコンバージェンス

　IFRS第16号「リース」の公表から約1か月後の2016年2月25日，FASBはFASB会計基準アップデート（以下，「ASU」という）2016-02「リース（トピック842）」を公表し，このASU 2016-02により，リース会計に関する会計基準としてFASB会計基準編纂書（以下，「ASC」という）にトピック842が新設された。リース会計基準の改訂プロジェクトは，IASBとFASBが長きにわたって共同で推進してきたものである。しかし，残念ながら，最終的に公表された基準書において完全なコンバージェンスを達成することはできなかった。両者の主な差異の1つに，米国基準の借手会計におけるデュアルモデルの採用がある。

　IASBは，複数の会計処理が併存することの煩雑性を回避し，シングルモデルを採用することによって情報の透明性を改善させることを優先した。IFRS会計基準のシングルモデルにおいては，ほとんどすべてのリースは，資金調達を伴う使用権資産の取得として会計上取り扱われ，資金調達を行って資産を購入する一般的な処理と同様に，リース負債から支払利息が発生するとともに，取得された使用権資産は減価償却を通して経済的便益の費消とともに減価していく。結果的にリース開始当初に期間費用が大きく発生し，時の経過とともに費用が低減していくことになる。

　これに対し，米国では，すべてのリースを同一の性質の取引と見ることは，そもそもリース取引の経済的実態を捉えていないとの意見が強く，一部のリースについては，資産の取得に準じた性質の取引といえるものの，従来のオペレーティング・リースのような取引については，むしろ一定期間にわたって資産を使用する権利を享受するだけであるため，リース期間にわたって定額の費用を発生させる会計処理がより適切であり，取引のタイプにより会計処理を分けるべきであるとの主張が展開された。その結果，米国基準のリース会計においても，IFRS会計基準と同様に使用権資産とリース負債が認識されるものの，事後測定の仕組みに対しては異なる2つのモデルを併用するデュアルモデルが

採用されることとなった。

　米国基準とIFRS会計基準のもう１つの主な差異は，それぞれのリース会計基準の改訂がともに借手会計に関するものが中心であり，貸手会計に対しては重要な見直しがほとんど行われなかったことによって生じている。すなわち，リース会計の旧基準であるIAS第17号と米国基準のASCトピック840における貸手会計の違いが，IFRS第16号とASCトピック842においてもほぼそのまま引き継がれることとなった。

　もっとも，リースの定義においてはIFRS会計基準と米国基準とで共通の視点が採用されており，借手会計についても使用権資産の事後測定，及びこれに伴う損益認識が異なるだけであって，リース負債として認識する額は実質的に両基準で同じである。貸手会計も，IFRS会計基準におけるファイナンス・リースが米国基準ではさらに販売型リースと直接金融リースの２つに分類されるなど，モデルが異なるとはいえ，全く違う考え方が採用されているわけではない。リース会計改訂の目的の１つが，すべてのリースを借手の財務諸表上でオンバランスさせることにあった点を考えれば，コンバージェンスは実質的に達成されたとする主張も完全に否定されるものではない。ただし，実務レベルにおいて，企業によっては，その乖離は決して小さくない点に留意が必要である。

　本章では，IFRS会計基準との主な差異を中心に，米国基準の概要を解説していることから，重要な差異がないトピックについては記述を割愛し，簡素化されたものとなっている。また，米国基準はIFRS会計基準よりも詳細規定が多く設けられているが，本章における米国基準の記述は，こうした詳細規定のすべてを解説するものではなく，詳細においては米国基準における規定の原文を参照する必要があることをご理解いただきたい。

米国基準とIFRS会計基準の主な差異

1 適用範囲

以下についてはASCトピック842の適用範囲から除外されている（842-10-15-1）。

- 無形資産
- 鉱物，石油，天然ガス及びこれらに類似する非再生資源の探査または使用のためのリース
- 生物資産のリース
- 棚卸資産のリース^(*)
- 建設中の資産のリース^(*)

（*）を付したものは，IFRS第16号では適用除外とはされていない。また，IFRS会計基準との差異という観点からは，無形資産の取扱いが大きく異なっている。IFRS第16号では借手と貸手に分けて，それぞれIFRS第16号の適用対象外となる無形資産を限定し，かつ，借手については一部指定された対象外項目以外の無形資産について，IFRS第16号の適用を任意としたのに対し，米国基準においては無形資産のリースは借手・貸手とも完全に適用範囲から除外されている。

2 リースの分類

米国基準のリース会計では，借手・貸手とも，リースは2つ以上のタイプに分かれており，リース開始日において対象のリースがどの分類に該当するかを判断しなければならない（842-10-25-1）。

以下のいずれかに該当する場合は，借手はこれをファイナンス・リースに，貸手は販売型リースに分類する（842-10-25-2，842-10-55-2）。

(a) リース期間の終了までに借手に資産の所有権が移転する。

(b) 行使が合理的に確実と見込まれる購入オプションが付与されている。

(c) リース期間が当該資産の経済的耐用年数の大部分（75%以上）を占める。ただし，対象資産の経済的耐用年数が経過もしくはほぼ経過（75%以上経過）した段階から新たにリースが始まった場合を除く。

(d) リース料及び借手が提供する残価保証額の合計額の現在価値が，リース対象資産の公正価値のほとんどすべて（90%以上）を占める。

(e) リース対象資産が特殊な性質のものであり，貸手にとってリース期間終了時における代替用途がない。

これらはIFRS第16号の貸手会計におけるリース分類で，通常，ファイナンス・リースに分類される例として挙げられている状況に類似しているが，IFRS第16号ではファイナンス・リースを「原資産の所有に伴うリスクと経済価値のほとんどすべてが，リースを通じて貸手から移転するリース」と原則主義的に定義しており，上記は「通常，ファイナンス・リースに分類する状況の例」とされているにすぎない点が異なっている。

借手にとってファイナンス・リースに該当しないリースはオペレーティング・リースに分類されるが，貸手はさらに，販売型リースに該当しなかったリースを直接金融リースかオペレーティング・リースに分類する（842-10-25-3）。

直接金融リースとは，リース料及び残価保証額（借手が提供するもののほか，貸手と無関係の第三者から提供されるものを含む）の合計額の現在価値が，リース対象資産の公正価値のほとんどすべて（90%以上）を占め，かつ，リース料や残価保証額を回収できる可能性が高い（Probable）ものをいう。販売型リースにも直接金融リースにも該当しなかったリースが，貸手にとってのオペレーティング・リースとなる（842-10-25-3(b)）。

直接金融リースの判定における現在価値基準（90%以上）が，借手の支払うリース料，及び借手が提供する残価保証のみによって満たされる場合，そのリースは上述の販売型リースの条件(d)に該当し，販売型リースに分類される。そのため，直接金融リースに分類されるリースは，通常，借手以外の第三者による関与（例：残価保険）によって初めて，当該現在価値基準を満たすものに限定されることになる。

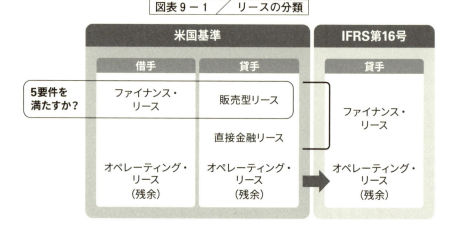

図表9-1　リースの分類

　なお，転貸する場合には，借手としてのヘッドリースのリース分類と，貸手としてのサブリースのリース分類を，それぞれ別々に検討する。サブリースの貸手がそのリース分類を検討する際には，上記要件における経済的耐用年数基準や現在価値基準について，リースの対象となる原資産をサブリースの契約条件と比較し，リスク及び経済価値の移転の程度を判断する。そのため，ヘッドリースにおける使用権資産のリース期間や公正価値をサブリースの契約条件と比べるIFRS第16号のサブリース分類とは差異がある（842-10-25-6）。

3　借手の会計処理

　米国基準におけるリース会計は，借手にデュアルモデルを採用しているところにIFRS会計基準との違いがある。
　ファイナンス・リースの事後測定はIFRS第16号の借手の処理と基本的に同じであるが，オペレーティング・リースの事後測定は，リース費用として当期に計上すべき金額（リース料に含めない変動リース料から生じる費用を除く）を算出したうえで，そのような額のリース費用を生じさせるように使用権資産を逆算で減価させる点がIFRS第16号と異なっている。具体的には以下の手順に従い，いわゆる期末日洗替え方式に類似した方法で行う。

① 当期のリース費用の算定（図表9－2参照）

契約当初のリース料（契約変更などがあってリース料が見直された場合は調整後の額）に当初直接コストの金額を加算した額から，すでに費用化された金額を控除した残額が，未経過のリース期間において各期に原則として定額（異なる方法の方が資産の使用に伴う便益の発生パターンをよりよく反映する場合は当該方法により費用を期間配分）の費用を発生させるように，当期のリース費用を計算する（842-20-25-8, 25-6(a)）。

なお，リース料に含まれていない変動リース料の当期発生額は上記計算に入れず，純損益に計上する段階でリース費用に加算する（842-20-25-6(b)）。

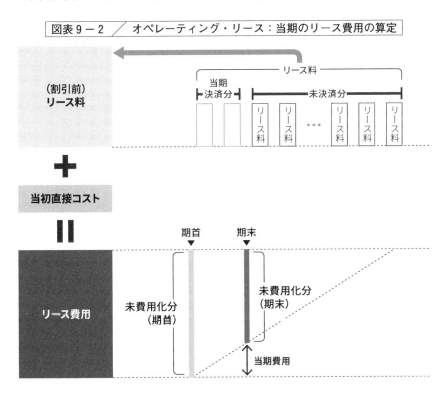

図表9－2　オペレーティング・リース：当期のリース費用の算定

② リース負債の測定（図表9－3参照）

測定時点の未決済リース料を当初割引率（リース負債の再測定により割引率が見直された場合は見直し後の割引率）を用いて計算した現在価値にリース負債として認識する額を見直す（842-20-35-3(a)）。

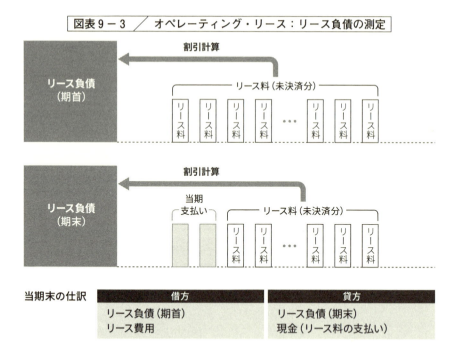

③ 使用権資産の測定

(a) 減損が過去に発生していない場合（図表9－4参照）

②で再測定されたリース負債として認識する額に，前払リース料または経過勘定処理されたリース費用，リース・インセンティブのうちまだ費用化されていない額，当初直接コストのうちまだ費用化されていない額，及び当期の減損損失（あれば）を加減算調整して，使用権資産の測定額を見直す（842-20-35-3(b)）。

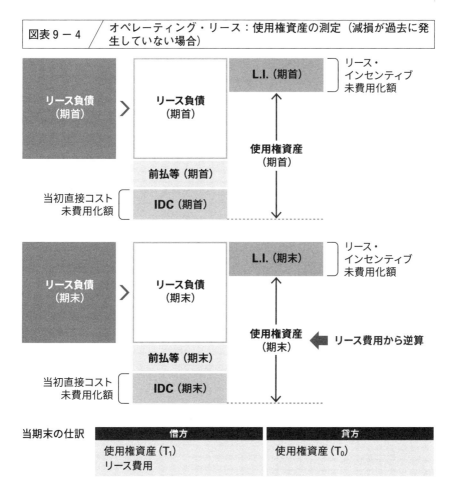

図表9-4 オペレーティング・リース：使用権資産の測定（減損が過去に発生していない場合）

②のリース負債の減少から生じるリース費用と，③の使用権資産の減価から生じるリース費用の合計額は，①で計算された当期のリース費用に一致する。

(b) 減損が過去に発生している場合（図表9-5参照）

使用権資産に減損が発生した場合は，その後の期において，以下の処理とする。

- 減損処理後の使用権資産は原則，定額法により償却する（異なる方法の方が資産の使用に伴う便益の発生パターンをよりよく反映する場合は当該方法による）（842-20-35-10）。
- 使用権資産の償却費相当にリース負債に実効金利法を適用した場合に計算される金利費用額相当を合算して，当期のリース費用（リース料に含まれない変動リース料から発生するものを除いたリース費用）を算定する（842-20-25-7）。

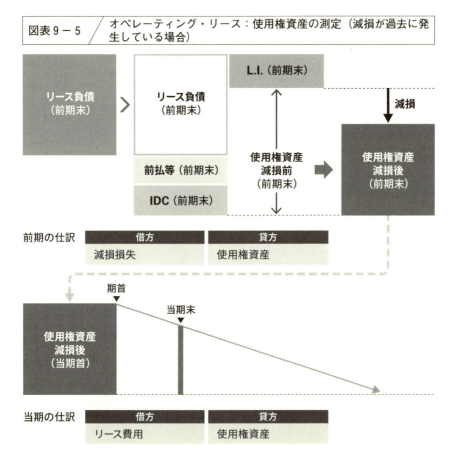

図表9－5　オペレーティング・リース：使用権資産の測定（減損が過去に発生している場合）

リース物件に対する改良費が有形固定資産として認識されている場合，これを，当該資産の耐用年数とリース期間のいずれか短い期間で減価償却することが米国基準では明記されている。ただし，所有権移転条項が付いていたり，行使が合理的に確実な購入オプションが付いていたりする場合はその限りでな

く，資産の耐用年数にわたり減価償却する（842-20-35-12）。

　米国基準においてもIFRS第16号と同様に短期リースに対する免除規定が設けられており，当該免除規定を利用する場合は，使用権資産及びリース負債を認識せず，リース期間にわたって毎期定額で費用を認識することができる（842-20-25-2）。ここで，米国基準における短期リースとはリース開始日においてリース期間が12か月以下であり，かつその行使が合理的に確実と判断される購入オプションが付与されていないものをいうとされている。IFRS第16号では購入オプションが付与されている場合，その行使の蓋然性にかかわらず，短期リースの免除規定の対象とはならないこととされており，この点において両者は異なっている。

　なお，IFRS第16号とは異なり，少額資産のリースをオフバランスできる免除規定は米国基準には設けられていない。したがって，少額資産のリースをオフバランスにするか否かは一般的な重要性基準に基づく判断によることになるが，この基準間の取扱いの相違が実務レベルにおいて重要な影響をもたらすとは認識されていない。

4 貸手の会計処理

　米国基準における貸手のリースは上述のとおり，販売型リース，直接金融リース及びオペレーティング・リースの3つに分類され，それぞれで会計処理が異なっている。

図表9−6 ／ 貸手のリースの分類と会計処理

	販売型リース (842-30-25-1)【図表9-7参照】		直接金融リース (842-30-25-7〜9)【図表9-8参照】		オペレーティング・リース (842-30-25-10〜11)
	原資産の公正価値≠帳簿価額	原資産の公正価値＝帳簿価額	販売損が発生する場合	販売益が発生する場合	
原資産	認識を中止する				認識を継続する
正味リース投資未回収額	リース債権(リース料及び残価保証額)及び無保証残存価値の現在価値の合計額として認識する。※なお，この場合における現在価値には当初直接コストが含まれない	リース債権(リース料及び残価保証額)及び無保証残存価値の現在価値の合計額として認識する※	リース債権(リース料及び残価保証額)及び無保証残存価値の現在価値の合計額から販売益を控除して認識する※		認識しないリース料をリース期間にわたって原則定額法により収益を認識する
販売損益	損益に認識する		正味リース投資未回収額に含め，リース期間にわたって収益認識する		N/A
当初直接コスト	損益に含めて認識する	正味リース投資未回収額に含め，リース期間にわたって費用化する			繰り延べて，リース期間にわたって費用化する

※リース期間にわたって金融収益を発生させる
　ASCトピック310の金融商品会計における減損会計の適用を受ける

　なお，リース料に含まれない変動リース料は，発生時に収益計上する。また，契約にリース要素とリース以外の要素（非リース要素）が含まれる場合，

第9章 米国におけるリース会計の概要　289

図表9－7／販売型リース

① 原資産の公正価値≠帳簿価額

② 原資産の公正価値＝帳簿価額

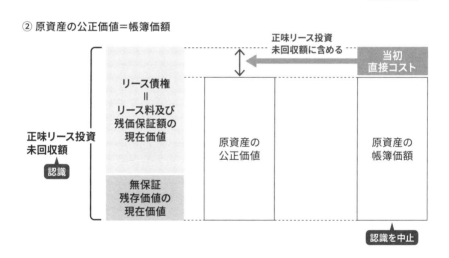

　貸手は原則として契約対価をそれぞれの独立販売価格の比率で両要素に配分する。ただし，IFRS第16号とは異なり，非リース要素を区分したとしても収益認識の時期に重要な影響を与えない一定の要件を満たす場合には，リース要素と非リース要素を区分しないことを選択できる。この場合，単一の履行義務として収益認識基準（トピック606）を適用するか，または契約全体を１つのオペレーティング・リースとしてトピック842を適用するが，どちらの会計基準を適用するかは，契約全体に占めるリース要素と非リース要素それぞれの相対

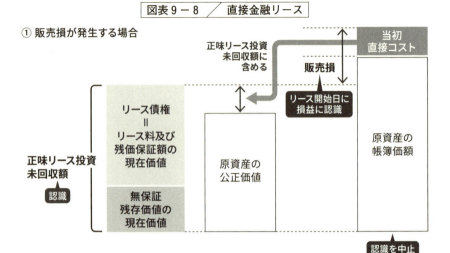

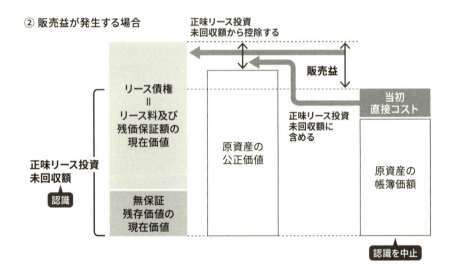

的な重要性で判断する必要がある（842-10-15-42A, 42B）。

　リース料及び残価保証額の回収可能性が高くない場合については、リース対象資産の認識を継続し、受け取ったリース料は預り金として処理する。リース料収益は回収可能性が回復するなど一定の要件を満たさない限り認識できない（842-30-25-3）。

第9章　米国におけるリース会計の概要　291

5 | 契約の変更

リース契約の変更については，借手・貸手ともに，IFRS第16号と同様に，以下の両要件を満たすリースは，別個のリースとして取り扱う（842-10-25-8）。

(a) 1つ以上の原資産に対する使用権を追加取得し，リースの範囲が拡大する。

(b) 当該リースの範囲の拡大に伴う対価の増加額が，特定の契約の状況を反映した独立価格に相応している。

別個のリースとして扱わない場合は，以下のとおり会計処理する。

(1) 借手の契約変更

借手は，①新たな使用権の取得，②従来のリースにかかる期間の延長もしくは短縮（延長オプションや解約オプションの行使に起因するものを除く），③従来のリースの（一部）終了，④賃料の改定，のいずれかに該当する場合，条件変更時の割引率をもってリース負債の再測定を行い，再測定差額を使用権資産で調整する（842-10-25-11，25-12）。③の場合は対応する使用権資産の認識を終了の割合で中止し，リース負債の減少額との差額は純損益に含めて認識する（842-10-25-13）。

上述の取扱いはIFRS第16号と同じであるが，さらに米国基準は借手の会計処理にデュアルモデルを採用していることから，契約の変更によってファイナンス・リースからオペレーティング・リースに分類が変更されたときの取扱いについても定めている点が異なっている。ファイナンス・リースとオペレーティング・リースの違いは使用権資産の事後測定にあることから，使用権資産の測定価額に関する要調整額を前払リース料またはリース・インセンティブに準じて処理する（842-10-25-14）。

(2) 貸手の契約変更

貸手の契約変更については以下のとおりである。

(a) オペレーティング・リースの契約変更は，すべて，変更前のリースの終了と新たなリースの開始とみなして処理する（842-10-25-15）。

(b) 直接金融リースにおける契約変更で，契約変更後も直接金融リースに該当する場合，変更後の契約における正味リース投資未回収額が契約変更の

前後で変わらないよう，割引率を調整する（842-10-25-16(a)）。

(c) 直接金融リースから販売型リースへの変更は，契約変更日をリース開始日とする新たなリースとして処理し，契約変更直前の直接金融リースにおける正味リース投資未回収額と原資産の公正価値との差額に基づいて販売損益を認識する（842-10-25-16(b)）。

(d) 直接金融リースからオペレーティング・リースへの変更は，契約変更直前の直接金融リースにおける正味リース投資未回収額をもってオペレーティング・リースの原資産の帳簿価額とする（842-10-25-16(c)）。

(e) 販売型リースが契約変更により販売型リースもしくは直接金融リースに該当する場合は，変更後の契約における正味リース投資未回収額が契約変更の前後で変わらないよう，割引率を調整する（842-10-25-17(a)）。

(f) 販売型リースからオペレーティング・リースへの変更は，契約変更直前の販売型リースにおける正味リース投資未回収額をもってオペレーティング・リースの原資産の帳簿価額とする（842-10-25-17(b)）。

図表９－９ ／ 契約の変更前と変更後

		変更後のリースの分類		
		販売型リース	直接金融リース	オペレーティング・リース
変更前のリースの分類	販売型リース	割引率を変更し，損益は出さない		オペレーティング・リースを新たに開始したとして処理，直前の正味リース投資未回収額を原資産の帳簿価額に振替え
	直接金融リース	直前の正味リース投資未回収額と原資産の公正価値の差額を損益に含めて認識	割引率を変更し，損益は出さない	
	オペレーティング・リース	販売型リースを新たに開始したとして処理	直接金融リースを新たに開始したとして処理	オペレーティング・リースを新たに開始したとして処理

オペレーティング・リースの契約変更を新たなリースの開始として扱うのはIFRS第16号でも同じであるが，IFRS第16号におけるファイナンス・リースの契約変更（第５章１「事後的なリースの条件変更」２「貸手のリースの条件変更」参照）と，米国基準における販売型リースまたは直接金融リースの契約変更とは，会計処理が異なっている。

6 ┃ リース料の事後的な見直し

借手は，契約変更以外では，以下のいずれかに該当する場合に限り，リース料を見直す（842-10-35-4）。

(a) 変動リース料における変動要素の一部または全部が固定化した場合

(b) リース期間や購入オプションの行使可能性が合理的に確実か否かの判断に変更が生じた場合。

(c) 残価保証のもとでの支払予想額に変更が生じた場合（なお，割引率は見直さない（842-20-35-5）。

一方，貸手はリース料の見直しを契約変更以外の理由で行うことはない（842-10-35-6）。

借手のリース料の見直しについての規定はIFRS第16号とほぼ同じであるが，IFRS第16号では上記の状況に加え，指数またはレートに基づいて算定される変動リース料についてキャッシュ・フローに変更が生じた場合にもリース料にその影響を反映させる点が異なっている。

7 ┃ セール・アンド・リースバック及びサブリース

(1) セール・アンド・リースバック

セール・アンド・リースバック取引が売却取引とリース取引の組合せとして処理されるか，金融取引として処理されるかは，当初の資産の譲渡がASCトピック606の収益認識の要件を満たしているか否かにより判断する（842-40-25-1）。リースバック取引自体の存在が売却要件の成立を阻害することはないが，リースバックが借手にとってのファイナンス・リース（貸手にとっての販売型リース）に該当する場合，リース対象資産への支配は移転しておらず，売却成立の要件は満たされないと考える（842-40-25-2）。なお，IFRS第16号にはこのような規定はなく，収益認識の要件を満たしているか否かにより判断することになるが，実務において重要な基準間差異をもたらすケースは限定的と考えられる。

IFRS第16号では，買戻し条件が付いている譲渡は売却要件を満たさないとしている一方，米国基準では，買戻し条件付きの譲渡は，通常は売却の要件を

満たさないが，リース対象資産とほぼ同じ代替資産が市場で容易に入手が可能であり，かつ，買戻し条件がその時点の公正価値による場合は，その限りではない（842-40-25-3）としている点で異なっている。この結果，収益認識に関する会計基準は両基準間でコンバージェンスが達成されているにもかかわらず，セール・アンド・リースバック取引については会計処理が両基準間で相違する可能性がある。なお，売却が認められる場合，米国基準においては，IFRS第16号と異なり，売却損益は全額一括認識される（842-40-25-4）。

(2) サブリース

　サブリースについては，ヘッドリースの借手としてのリース分類が2種類，サブリースの貸手としてのリース分類が3種類，全部で6パターンの組合せが考えられる。それぞれについての会計処理は以下となっている（842-20-35-14）。ヘッドリースがファイナンス・リースである場合の処理はIFRS第16号におけるサブリースの処理と同じである。

　なお，サブリースのリース分類に際して，米国基準ではリースの対象となっている原資産についてリスク及び経済価値の移転の程度を判断することから，ヘッドリースにおける使用権資産についてリスク及び経済価値の移転の程度を判断するIFRS第16号とは分類が異なる可能性がある点に留意が必要である（上述②「リースの分類」参照）。

図表 9 −10 ／ サブリースの分類

		サブリース		
		販売型リース	直接金融リース	オペレーティング・リース
ヘッドリース	ファイナンス・リース	ファイナンス・リースにおける使用権資産は認識を中止し，リース負債に関する処理はそのまま継続する		ヘッドリースの処理はそのまま踏襲する
	オペレーティング・リース	オペレーティング・リースにおける使用権資産は認識を中止し，リース負債についてはサブリースの開始日から，（ファイナンス・リースと同様に）実効金利法による支払利息の発生とリース料支払いによるリース負債の返済を加減する		

第9章 米国におけるリース会計の概要 295

3 財務諸表の比較：米国基準とIFRS 会計基準におけるリース会計

　同じリース契約のポートフォリオを有する企業について米国基準とIFRS会計基準，それぞれのリース会計での取扱いを比較した場合，財務諸表には以下の差異が生じると考えられる。

(1) 財政状態に対する影響

　原則，すべてのリースがオンバランス処理となることに変わりはなく，リース負債に関しては両基準間に大きな差異はない。一方，使用権資産は，ファイナンス・リースについてはIFRS会計基準の借手と同じ処理であるが，オペレーティング・リースにおける使用権資産の減価はリース負債の減少とほぼ同一ペースで進み，リース期間当初の減りが少なくその後逓増するため，一時点で見るとIFRS会計基準での処理に比べて残高が高くなると考えられる。

(2) 経営成績に対する影響

　米国基準のオペレーティング・リースでは，リース期間にわたって賃借料が毎期原則として定額で発生し，IFRS会計基準において発生する支払利息及び使用権資産の減価償却費が一括して賃借料として表示される。その結果，EBITDAはIFRS会計基準を適用した場合の方が高くなる。なお，オペレーティング・リースから発生する費用は原則として毎期定額であるため，IFRS会計基準を適用した場合と比べて，期間を通じての損益のボラティリティが抑えられる。なお，IFRS第16号では支払利息（営業外費用）とされるコストが米国基準のオペレーティング・リースにおいて賃借料（営業費用）として計上されるため，リース期間を通して営業利益は悪化する。

(3) キャッシュ・フローに対する影響

　オペレーティング・リースから発生する賃借料のうちの一部はIFRS会計基準では支払利息として取り扱われる。すなわち，支払利息を財務活動による

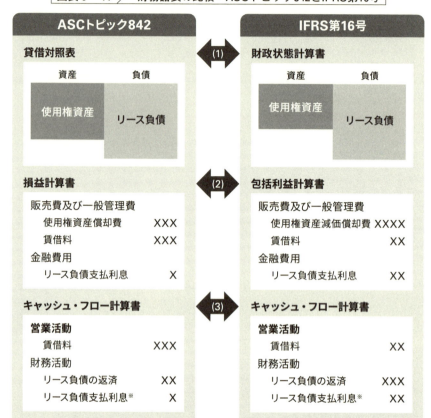

図表9－11 財務諸表の比較：ASCトピック842とIFRS第16号

※会社の選択する方針によっては異なる分類とすることも考えられる
（注）米国基準及びIFRS会計基準における財務諸表項目の名称については，それぞれの規定で一般的に用いられている呼称を使用しており，その名称の違いについて特段の意味はない

キャッシュ・フローに分類している企業は，IFRS会計基準を適用した方が営業活動からのキャッシュ・フローは多く表示することになる。

4 重要なポイント

(1) 連結パッケージ取り込みのための差異把握

　米国に大きな拠点を持つ日本企業は少なくない。日本基準で連結財務諸表を作成する場合，実務対応報告第18号「連結財務諸表作成における在外子会社の会計処理に関する当面の取扱い」（以下，「第18号報告」という）に規定された取扱いが認められるため，米国拠点で作成された米国基準に準拠した連結パッケージ（もしくは米国における中間親会社が作成した連結財務諸表）を原則としてそのまま連結に取り込むことが一般的である。

　第18号報告において，米国基準に基づく在外拠点の財務諸表を日本基準の連結上取り込む際に，リース会計に関して特段の調整は求められていないことや，連結パッケージは米国拠点のレベルですでに会計監査を受けていることもあり，親会社の経理部門としては連結パッケージの内容の詳細まで把握していない可能性もあるが，連結財務諸表においては米国基準の会計処理に即した表示や注記が必要となる。

　他方，日本の親会社がIFRS会計基準を適用している場合，米国基準に準拠した連結パッケージをそのまま取り込むことはできないため，米国拠点にIFRS会計基準ベースの連結パッケージを作成させて取り込むか，または，米国基準に準拠した連結パッケージとともにIFRS会計基準への修正に必要な情報を米国拠点から収集し，親会社で米国基準からIFRS会計基準への修正を行うことになる。

　したがって，両基準間の差異がどのような影響をもたらすかについてハイレベルに把握しておくことは重要である。

(2) 借手への影響

　借手会計の原則的な処理の違いについては，既述のとおり，損益計算書及びキャッシュ・フロー計算書に重要な影響を生じさせる場合があり，金額の大き

いリース，リース期間の長いリースになればなるほど，その影響は大きくなる。リース取引に重要性がない場合を除き，米国基準に従った処理をIFRS会計基準へのGAAP修正の調整仕訳を入れずに取り込むことは難しい可能性がある。

なお，少額資産のリースについては，米国基準上，これに原則的な処理の免除を認める規定はない。しかし，一般的な重要性の原則を踏まえると，重要性のないリースに原則的な処理を適用する必要は必ずしもない。IFRS会計基準の会計方針として少額資産のリースについて免除規定を適用した場合に，米国基準の財務情報に対してIFRS会計基準の免除規定を適用するGAAP修正が必要となるかどうかは，状況によって異なると考えられる。

借手における変動リース料の見直しの要否や，米国基準での直接金融リースにおける販売利益の繰延べの要否は，該当する取引の規模によると考えられ，これらの基準間差異が一般事業会社においてGAAP修正を必要とするほどの重要な差異をもたらすケースは限定されると考えられる。

一方，セール・アンド・リースバックにおけるIFRS会計基準での売却利益の繰延べは，リースバック期間が長い場合には，相当額に上る可能性がある。しかし，金額的に重要性のあるセール・アンド・リースバック取引そのものが頻繁に行われるわけではないので，該当する取引が発生したときに検討すれば足りると考えられる。

⑶　サブリース

サブリースの基準間差異で最も重要な影響を受けるのは不動産業と考えられる。サブリースの貸手としてのリースの分類が異なり，米国基準においてオペレーティング・リースに分類されたサブリース取引が，IFRS会計基準ではファイナンス・リースに分類される可能性は否定できない。一方で，オペレーティング・リースに分類されるサブリース取引については使用権資産が財政状態計算書に残ることから，IAS第40号「投資不動産」の適用を受ける可能性があり，投資不動産に該当する要件を満たす場合には使用権資産の公正価値情報の入手・開示が必要となる。これらへの対応は，米国拠点が通常の財務報告作成で保有しているデータだけではカバーできない場合もあり，内部統制も含め，相応の体制構築が必要となるケースも出てくると考えられる。

付録　日本基準との比較　一覧

　本書では日本基準を採用する企業がIFRS第16号を適用するにあたって，特に注意が必要な会計基準差異等について，下記のトピックを「日本基準との比較」と題したコラムで解説している。

トピック及び要約	章及びページ
リース会計の適用対象～「リース」の定義 　日本基準には概念的な定義しかなく，実務上「賃貸借契約」，「リース契約」といった契約上の法形式によって，リース会計の対象となることが一般的である。それに対して，IFRS会計基準においてはリース会計の適用対象を判定する詳細な規定があり，リース会計の適用範囲が広がる可能性がある。	第1章 （P 24）
リース会計の適用単位～契約の結合と構成要素の識別 　日本基準では契約の結合についての言及はなく，また，構成要素の識別についても，土地・建物の分離を除いて，どのように構成要素を識別・分離するかについては述べられていない。一方，IFRS会計基準においては契約の結合，及び構成要素の分離に関する詳細な規定がある。	第1章 （P 37）
借手におけるリース会計モデル 　日本基準ではリース取引をファイナンス・リース取引とオペレーティング・リース取引に分類し，前者は売買取引に，後者は賃貸借取引に準じて会計処理をする。さらにファイナンス・リース取引は所有権移転の有無によって2つに分けられる。それに対して，IFRS会計基準では，借手はすべてのリースに対して単一の使用権資産モデルを適用する。	第2章 （P 41）
ファイナンス・リース取引の測定と時間価値の考慮 　日本基準では一定の要件を満たす場合，借手はリース資産とリース債務の測定にあたり割引計算を行わないことができる。IFRS会計基準でもそのような処理は必ずしも否定されないが，簡便的な処理の適用には，一般的な重要性の概念を考慮しつつ慎重な検討が必要である。	第2章 （P 42）
ファイナンス・リース取引の当初測定 　日本基準において，借手は所有権移転条項の有無，貸手の購入価額が明らかかどうかにより，貸手の購入価額や借手の見積現金購入価額に基づいてリース債務を当初測定する場合もある。それに対して，IFRS会計	第2章 （P 45）

トピック及び要約	章及びページ
基準でのリース負債は，リース料の現在価値で当初測定する。	
リース債務からの支払利息の計上～定額法の許容 日本基準では一定の要件を満たす場合，借手は定額法による支払利息の計上も認められている。IFRS会計基準でもそのような処理は必ずしも否定されないが，簡便的な処理の適用には，一般的な重要性の概念を考慮しつつ慎重な検討が必要である。	第2章 (P 48)
リース資産の減価償却と，所有権移転条項の有無 日本基準の所有権移転ファイナンス・リース取引におけるリース資産は，自己所有の固定資産と同一の方法により減価償却費を算定する。一方，所有権移転外ファイナンス・リース取引の場合は，リース期間にわたって減価償却するが，償却方法は実態に応じて自己所有の固定資産とは異なる方法も選択できる。それに対して，IFRS会計基準では，所有権移転条項のついたリース，及び借手による行使が合理的に確実な購入オプションがついたリースについては原資産の耐用年数，それ以外のリースは原則としてリース期間にわたって，使用権資産の減価償却を行う。なお，IFRS第16号に減価償却の方法についての規定はなく，IAS第16号「有形固定資産」に基づき，首尾一貫した方法を会計方針として選択する必要がある。	第2章 (P 51)
ファイナンス・リース取引の借手の免除規定～要件に基準差異 日本基準では短期のリースや少額なリースは，ファイナンス・リース取引であっても，オフバランス処理できる。IFRS会計基準においても，認識の免除にかかる類似の規定はあるが，短期を判断するための「リース期間」の定義が異なり，また，少額を判断する視点・金額のレベルも日本基準とは異なる。	第2章 (P 58)
貸手におけるリース分類～数値規準vs.実質判断 リスクと経済価値の視点によりリースを分類する点は似ているが，日本基準では分類の判断に際し，数値規準が重視される傾向がある。それに対して，IFRS会計基準では，すべての事実と状況に基づくより実質的な判断が求められる。	第3章 (P 70)
製造業者・販売業者が貸手のファイナンス・リース取引 日本基準では製造業者・販売業者によるファイナンス・リース取引を販売基準または割賦基準により処理する。販売基準による場合の収益は，借手への現金販売額に基づく。それに対して，IFRS会計基準での収益は，リース料総額の市場金利による割引現在価値と対象資産の公正価	第3章 (P 77)

トピック及び要約	章及びページ
値のいずれか小さい方と規定されている。	
ファイナンス・リース取引の貸手における利息相当額の表示 日本基準では，ファイナンス・リース取引の貸手の会計処理には受取利息として処理する方法のほか，売上と売上原価をリース取引開始日，もしくはリース料受取りのつど認識する方法がある。これに対して，IFRS会計基準では，受取利息として処理する方法しか認められていない。	第3章 (P 79)
オペレーティング・リース取引の貸手の処理～リース・インセンティブ 日本基準にはリース・インセンティブの会計処理について明示された規定はない。それに対して，IFRS会計基準では，リース・インセンティブはリース料の控除項目として扱うと規定されている。	第3章 (P 92)
リース期間とは何か 日本基準において，リース期間は貸手・借手間で合意された期間とされるのみで，契約期間と同じとされることが一般的である。それに対して，IFRS会計基準では，解約不能期間に延長オプションの行使・解約オプションの不行使によりリースの継続が合理的に確実な期間を含み，その判断には時に重要な見積りを伴う。	第4章 (P 107)
リース料とは何か 日本基準上におけるリース料総額に何が含まれるかは一部を除き明確に示されておらず，リース料は合意された使用料であるとされている。それに対して，IFRS会計基準では，どのような場合に何をリース料（借手のリース負債，ファイナンス・リースの貸手における正味リース投資未回収額の測定の対象となるリース料，及びオペレーティング・リースの貸手においてリース期間を通じて定額法等で収益として認識するリース料）に含めるかが，細かく規定されている。	第4章 (P 113)
維持管理費用 日本基準においては，維持管理費用相当額はリース料総額から控除するのが原則とされているが，リース料に占める割合に重要性が乏しい場合は，借手・貸手を問わず，これらを控除しないことができるとされている。IFRS会計基準でも，構成要素の識別の過程で非リース要素として分離することが原則とされているものの，借手が構成要素の識別を行わず，全体を1つのリース要素として処理することを選択した場合は，その限りではない。	第4章 (P 114)

トピック及び要約	章及び ページ
実質的な固定リース料〜リース料の構成要素① 　日本基準では変動リース料についての定めがないため，実質的な固定リース料についての言及もない。そのため，会計処理の実務が統一されていない可能性がある。それに対して，IFRS会計基準では，形式的には変動リース料であっても固定リース料として扱い，リース料に含めるべきものを明らかにしている。	第4章 (P 116)
変動リース料〜リース料の構成要素② 　日本基準は，変動リース料を含むようなリース契約を明示的に扱っておらず，したがって，変動リース料の会計処理についても定めがない。それに対して，IFRS会計基準上は変動リース料を2種類のタイプに分け，それぞれに対して会計処理が定められている。	第4章 (P 121)
残価保証〜リース料の構成要素③ 　日本基準では借手・貸手ともに保証された額そのものがリース料総額に含まれる。それに対して，IFRS会計基準では，借手がリース料に含めるのは，保証のもとで支払うと想定される額である。	第4章 (P 123)
購入オプション〜リース料の構成要素④ 　日本基準では割安購入権にのみ言及があり，割安購入選択権の行使価額は所有権移転ファイナンス・リース取引において借手及び貸手のリース料総額に含まれる。それに対して，IFRS会計基準では，割安であるか否かを問わず，その行使が合理的に確実な場合，購入オプションの行使価額をリース料に含める。	第4章 (P 124)
リースの解約にかかる損害金〜リース料の構成要素⑤ 　日本基準では解約損害金を支払うことを前提としたリース料総額の算定を取り扱っていない。それに対して，IFRS会計基準では，リース期間の見積りとリース料における解約損害金の取扱いを整合させ，解約オプションがある場合，その不行使が合理的に確実な場合を除いて解約損害金をリース料に含める。	第4章 (P 125)
リース・インセンティブ〜リース料の構成要素⑥ 　日本基準ではリース・インセンティブについての明示的な規定はない。それに対して，IFRS会計基準では，リース・インセンティブの定義に合致する貸手による固定リース料減免としての支払額はリース料の控除項目として取り扱う。	第4章 (P 128)
貸手の計算利子率（リースの計算利子率） 　日本基準における貸手の計算利子率は，リース料総額と無保証残存価額	第4章 (P 134)

付録　日本基準との比較 一覧　　303

トピック及び要約	章及び ページ
の現在価値を，当該物件の現金購入価額または借手への現金販売価額と等しくする割引率である。IFRS会計基準におけるリースの計算利子率も類似した概念であるが，リース期間やリース料の定義に基準間差異があるため，算定結果は必ずしも一致しない。	
当初直接コスト 日本基準には当初直接コストの扱いにつき明確な規定はない。それに対して，IFRS会計基準では，借手・貸手それぞれに取扱いを定める規定がある。	第4章 (P 136)
リースに関連する原状回復コストの会計処理 リース契約を通じて認識した資産に関して借手が負う原状回復義務にかかるコストを資産除去債務として認識する点で大きな違いはない。	第4章 (P 137)
リースに関連する原状回復コスト（事後的な見直し） 日本基準では重要な見積りに変更が生じた場合のみ，資産除去債務の計上額を見直す。それに対して，IFRS会計基準では，毎報告日時点での最新の見積りに更新する必要がある。また，再測定に使用する割引率にも基準間で差異がある。	第5章 (P 186)
セール・アンド・リースバックにおける会計上の「売却」の成立 日本基準には，どのような場合に売却処理を行うかについて包括的な規定は存在しないが，SPEを用いた不動産流動化の場合には，リスク・経済価値アプローチに基づくリスクの移転にかかる数値基準があり，適正賃料によるオペレーティング・リースバックはリスクと経済価値のほとんどすべてを譲受人に移転しており売却の成立を妨げないとされている。それに対して，IFRS会計基準では，収益認識の基準であるIFRS第15号に基づき，資産の譲渡における支配の移転の有無により売却要件を満たすか否かを判断する。	第6章 (P 191)
セール・アンド・リースバックにおける販売損益の認識 日本基準はファイナンス・リースバックでは売却損益を全額繰り延べ，オペレーティング・リースバックでは全額を一括損益認識する。それに対して，IFRS会計基準では，契約上の売却価額が公正価値と異なる場合は別途調整を行い，会計上は対象資産が公正価値で売却されたとみなして会計処理を行う。また，売却損益のうち買手である貸手に移転された権利に係る部分のみが認識され，リースバックによって生じる使用権資産に対応する部分について，販売損益を認識せず，使用権資産の帳簿価額を調整して繰り延べる。	第6章 (P 211)

トピック及び要約	章及び ページ
サブリース〜リースの分類 　日本基準ではヘッドリース，サブリースともに，リースされている対象の原資産を参照し，リースの分類を決定する。それに対して，IFRS会計基準では，サブリースはヘッドリースで生じた使用権資産を対象資産とするリースであるとされることから，使用権資産に係るリスクと経済価値の移転の程度によりサブリースを分類する。	第6章 (P 215)
借手の表示 　日本基準ではファイナンス・リース取引において計上するリース資産は，原則として有形固定資産，無形固定資産の別に一括してリース資産として表示するが，各科目に含めることも認められる。それに対して，IFRS会計基準では，一括して使用権資産として表示するか，各科目に含めたうえで注記で内訳を開示する。	第7章 (P 234)
貸手のファイナンス・リース取引により生じる資産の表示 　日本基準では，貸手のファイナンス・リース取引により生じる資産について，所有権移転ファイナンス・リース取引の場合は「リース債権」で表示され，所有権移転外ファイナンス・リース取引では「リース投資資産」で表示される。それに対して，IFRS会計基準では，貸手は正味リース投資未回収額を債権として表示する。	第7章 (P 252)
開示 　日本基準では，ファイナンス・リース取引，オペレーティング・リース取引において，それぞれ開示が求められる項目が明確に定められている。それに対して，IFRS会計基準では，「開示の目的」が明示的に掲げられるとともに，特に定性的開示については，開示の目的に沿って必要と考えられる事項の開示を財務諸表作成者に求めるというアプローチが採用されている。また，定量的開示については，日本基準に比して多くの開示が要求されている。	第7章 (P 244, 255)

◆監修責任◆

長谷川　弘資

◆監修（50音順）◆

稲垣　大親
植木　恵
江﨑　千香
大山　千秋
桐ヶ窪　満
辻野　幸子
根津　順一
松尾　洋孝

◆執筆（50音順）◆

秋本　祐哉
岩瀬　和彦
榎本　洋介
佐藤　圭祐
松村　和宏

＜編者紹介＞

有限責任 あずさ監査法人

　有限責任 あずさ監査法人は，全国主要都市に約6,000名の人員を擁し，監査証明業務をはじめ，財務会計アドバイザリー，内部統制アドバイザリー，ESGアドバイザリー，規制対応アドバイザリー，IT関連アドバイザリー，スタートアップ関連アドバイザリーなどの非監査証明業務を提供しています。

　金融，テレコム・メディア，テクノロジー，パブリック，消費財・小売，ライフサイエンス，自動車等，産業・業種（セクター）ごとに組織された監査事業部による業界特有のニーズに対応した専門性の高いサービスを提供する体制を有するとともに，4大国際会計事務所のひとつであるKPMGインターナショナルのメンバーファームとして，143の国と地域に拡がるネットワークを通じ，グローバルな視点からクライアントを支援しています。

図解＆徹底分析

IFRS会計基準「リース」

2016年 7 月20日　　第 1 版第 1 刷発行	
2021年 4 月30日　　第 1 版第 9 刷発行	
2024年 9 月10日　　改訂改題第 1 版第 1 刷発行	
2025年 3 月 1 日　　改訂改題第 1 版第 2 刷発行	

編　者　あずさ監査法人

発行者　山　本　　継

発行所　㈱中央経済社

発売元　㈱中央経済グループ
　　　　パブリッシング

〒101-0051　東京都千代田区神田神保町1-35
電　話　03 (3293) 3371 (編集代表)
　　　　03 (3293) 3381 (営業代表)
https://www.chuokeizai.co.jp

© 2024
Printed in Japan

印刷／三英グラフィック・アーツ㈱
製本／誠　　製　　本　　㈱

＊頁の「欠落」や「順序違い」などがありましたらお取り替えいたしますので発売元までご送付ください。（送料小社負担）

ISBN978-4-502-51061-8　C3034

JCOPY〈出版者著作権管理機構委託出版物〉本書を無断で複写複製（コピー）することは，著作権法上の例外を除き，禁じられています。本書をコピーされる場合は事前に出版者著作権管理機構（JCOPY）の許諾を受けてください。
JCOPY〈https://www.jcopy.or.jp　e メール：info@jcopy.or.jp〉